乡村振兴的教育行动

汪桂琼 主编

光明日报出版社

图书在版编目（CIP）数据

乡村振兴的教育行动 / 汪桂琼主编 . -- 北京：光明日报出版社 , 2022.9
ISBN 978-7-5194-6713-5

Ⅰ . ①乡… Ⅱ . ①汪… Ⅲ . ①乡村教育—研究—四川
Ⅳ . ① G725

中国版本图书馆 CIP 数据核字 (2022) 第 128640 号

乡村振兴的教育行动
XIANGCUN ZHENXING DE JIAOYU XINGDONG

主　　编：汪桂琼

责任编辑：许黛如　曲建文　　　　策　划：余　鑫　丁　咚　张　华
封面设计：书点文化　　　　　　　责任校对：傅泉泽
责任印制：曹　净

出版发行：光明日报出版社
地　　址：北京市西城区永安路 106 号，100050
电　　话：010-63169890（咨询），010-63131930（邮购）
传　　真：010-63131930
网　　址：http : //book.gmw.cn
E - mail : gmrbcbs@gmw.cn
法律顾问：北京市兰台律师事务所龚柳方律师

印　　刷：成都蓉军广告印务有限责任公司
装　　订：成都蓉军广告印务有限责任公司
本书如有破损、缺页、装订错误，请与本社联系调换，电话：010-63131930

开　　本：170mm×240mm
字　　数：255 千字　　　　　　　印　张：16.5
版　　次：2022 年 9 月第 1 版　　　印　次：2022 年 9 月第 1 次印刷
书　　号：ISBN 978-7-5194-6713-5

定　　价：86.00 元

编委会

主　编：汪桂琼

副主编：陈元辉　胡进雨　何赳立

编　委（按姓氏拼音字母排序）

陈元辉　邓　勇　苟　熙　何赳立　胡进雨　黄　欣

李平平　李娅群　刘亚平　汪　逊　汪桂琼　王方全

王智伟　韦油亮　肖长龙　鄢春苗　曾　巧　张广云

张珈铭　张乃文　赵艳林　周安妮　周伯君

前言

　　20 世纪前期，著名教育家陶行知先生曾说"乡村教育是立国之大本"，他把乡村教育放在立国支柱的重要地位。这个论断的价值，在今天越来越凸显。乡村是社会的基础，乡村教育是乡村人才的重要来源，乡村现代化建设需要乡村教育的发展，农村人口受教育的程度，制约着一个国家教育的整体水平，乡村教育决定着国家农村劳动者的素质和社会经济的发展。只有乡村教育强大了，国家教育才会更加强大。如果乡村教育跟不上，众多的人口就会成为发展的巨大压力。乡村教育是国家教育的重要组成部分，是国家教育振兴的基石。乡村教育直接关系着全面建设小康社会和现代化目标的实现，关系着中华民族伟大复兴的全面实现。

　　乡村振兴是实现中华民族伟大复兴的一项重大任务，是关系国计民生的重大问题。中国共产党十九大报告提出了"产业兴旺、生态宜居、乡风文明、治理有效、生活富裕"的乡村振兴战略目标。教育兴，则乡村兴。乡村教育是乡村振兴战略的基础性工程，是社会主义新农村建设的希望。我国人口有14 亿多，半数以上的人生活在乡村，今天乡村的亿万学龄儿童在校生，他们是明天国家建设的主力军。

发展乡村教育，教师是关键。近十几年来，党和国家高度重视乡村教师队伍建设，在稳定乡村教师队伍和扩大规模、提高待遇水平、加强培养培训等方面，采取了一系列政策举措，乡村教师队伍面貌发生了巨大变化。特别是 2015 年国务院办公室发布《乡村教师支持计划》以来，各省努力解决乡村教师队伍建设领域存在的突出问题；继续推动实施农村义务教育学校教师特设岗位计划；加强乡村学校紧缺学科教师和民族地区双语教师培训；落实乡村教师生活补助政策；推进乡村学校信息化基础设施建设；推动优质学校辐射农村薄弱学校常态化；加强城乡教师交流轮岗等。上述措施，促使乡村教育质量得到了显著提高。

基于对乡村教育重要价值的深刻认识，我省教育行政主管部门于 2015 年 12 月颁布《乡村教师支持计划实施办法（2015—2020）》。四川各级党政相关部门及教师教育工作者，不断创新思路，改革机制，以教育扶贫为抓手，抓住乡村教师队伍建设这个关键问题，重点规划、优先发展乡村教师。通过全省乡村教师队伍现状展开大规模调查，竭力弄清四川乡村教师专业发展的现状及存在的主要问题。针对四川西部民族地区深度贫困县师资问题，推行了"民族地区'一村一幼'辅导员素质能力提升计划""深贫县乡村教师素质提升三年行动计划"，随即强力推动乡村振兴的"一对一"精准帮扶提升工程。《乡村振兴——乡村教师队伍建设的四川路径》一书，是我省相关教育行政部门和教师教育机构探寻乡村教师队伍建设科学路径及成果的辑录，是我省众多教育工作者心血与智慧的结晶。该书主要包含以下内容：

四川乡村教师专业发展现状调查与研究：通过全省乡村教师队伍现状的大规模调查，了解全省乡村教师的整体数量、性别、年龄、学历、职称等结构比例；获得了四川乡村教师生活状况，譬如薪资待遇与住房福利、身体状况与医疗保险、工作付出与荣誉获得、专业活动与专业发展、安心从教与职业倦怠、发展优势与面临困难等第一手资料。在此基础上分析了四川乡村教师专业发展的主要问题，提出了解决问题的策略与措施。

"一村一幼"计划：是我省创新实施的重大教育扶贫工程，是民族地区少年儿童学习国家通用语言、化解基础教育阶段教学语言障碍、培养良好行为习惯的奠基工程。2015年8月，四川省在大小凉山彝区13个县（区）启动实施"一村一幼"计划，以建制村为单位，一个村设立一个幼儿教学点。2017年扩展到藏区、羌区、彝区52个县（市），科学规划和建设"一村一幼"幼教点4706个，招聘16577名辅导员，覆盖20.9万儿童。"一村一幼"辅导员培训涵盖四川3个自治州、4个自治县，16个民族待遇县，面积34.3万平方公里，涉及少数民族人口540万。"一村一幼"计划，切实提高了保育质量，帮助少数民族子女与同龄人同步享受改革成果。通过学前教育推广普通话和养成好习惯，增强了"中华民族同宗同源，同为一家"的民族共识。通过"小手牵大手，孩子影响家庭"等举措，促进了少数民族地区的教育发展。

乡村教师素质提升三年行动计划：是2018—2020年间，为更新我省深度贫困县中小学校教师教育教学观念，改善教学方法，提升教育教学水平，通过"三方协同、四级管理、五级培训"的工作思路和方式，对四川深度贫困县师资进行全员培训，建立一支本土骨干教师队伍，搭建共学共研学习平台，整体提升教师能力素质而推动实施的乡村教师培训计划。

"一对一"精准帮扶提升工程：是在2020—2021年间，整合教育部全国中小学教师校长培训专家工作组专家团队，省内师范院校和省级教科研机构及部分优质中小学资源，构建"1+1+N"对"1+1+N"的帮扶机制。即由1个教育部专家团队、1个省级承训机构、N个优质中小学，具体对接7个未摘帽县中的1个研训机构和所有义务段学校，实施为期2年的"一对一"精准帮扶提升工程，着力提升未摘帽县乡村学校办学水平和育人质量，打造深贫县教师发展示范区。重点完成县域层面"五个一"帮扶任务：研制一份县级教师发展"十四五"规划；搭建一个具有丰富民族特色的课堂教学资源共享平台；建设一个研训一体的县级教师发展机构；培育一支带不走的校长教师培训团队；造就一批"五洗五会"好习惯的学生。学校层面"五个一"帮扶任务：编制一个"一校一策"的学校发展规划；打造一个具有民族地域特色的学校文化；编制一套学校管理制度；建立一套同步主题研训的校本研修制度；凝练一份同课异构的课堂教学案例成果。

上述"计划"和"工程"的实施，产生了良好的教育扶贫效果，为阻断贫困代际传递，振兴四川乡村教育，做出了创造性的贡献，走出了一条乡村教师队伍建设的四川乡村教育路径。这些成果及经验被借鉴、推广到邻省许多农村地区，受到教育部相关领导和专家的高度赞扬，还收获了联合国教科文组织的关注推广。

本书是对上述成果及经验的总结和提炼。本书在编辑过程中，得到教育部相关领导及专家、省教育厅相关领导、各市州县相关部门同人、省内相关高校及广大中小学教师和相关人员的大力支持，他们提供的实践经验和鲜活的案例，丰富了本书的内容，提升了本书的运用价值，在此，特向他们诚挚致谢！

编写组

目 录

第三章　战略创生
——乡村振兴重点帮扶县的"一对一"精准帮扶提升工程

第四章　靶向施策
——"一村一幼"辅导员的素质能力提升

第五章　教师成长
——四川乡村教师的成长故事

第一章 现实溯源

——乡村教师专业发展现状调查与研究

第一节 乡村教师发展整体现状

四川省辖 21 个地级行政区，其中 18 个地级市、3 个自治州，2016 个镇、626 个乡。根据第七次全国人口普查结果，从城乡人口来看，四川居住在城镇的人口为 4746.6 万人，常住人口城镇化率为 56.73%；居住在乡村的人口为 3620.9 万人，占 43.27%。全省地貌东西差异大，地形复杂多样，由山地、丘陵、平原、盆地和高原构成。分属三大气候，分别为四川盆地中亚热带湿润气候，川西南山地亚热带半湿润气候，川西北高山高原高寒气候，由此形成了全省较大的内部差异。西部为青藏高原和横断山脉，自然条件较差，以此形成了阿坝、甘孜、凉山 3 个民族地区，是国家层面的深度贫困地区，是国家全面建成小康社会最难啃的"硬骨头"。成都地处中国西南地区、四川盆地西部、成都平原腹地，境内地势平坦、河网纵横、物产丰富，自古有"天府之国"的美誉，是成渝地区双城经济圈核心城市，国务院批复确定的中国西部地区重要的中心城市，国家重要的高新技术产业基地、商贸物流中心和综合交通枢纽。省内其他市主要位于川中丘陵，人口稠密，城市化水平还不够高。

一、四川省乡村教师数量与结构

（一）整体数量

四川省有中小学专任教师 78 万余人，其中乡和村一级学校专任教师 14

万余人，占比约 18%；农村镇区学校专任教师 37.5 万余人，占比约 48%。

从全省乡村人口比例和乡村教师比例来看，乡村教师的占比高于人口占比，反映出乡村教师的整体数量较为充足。

（二）性别结构

全省乡村教师中，女教师占比为 64.93%，男教师占比为 35.07%。其中，成都市 12859 份问卷中，专任教师中女教师占比为 76.65%，男教师占比为 33.35%；民族地区 28750 份问卷中，女教师占总数的 61.77%，男教师占总数的 38.23%；全省初中学段教师 37747 问卷中，女教师占比为 51.77%，男教师占比 48.23%。

男教师在乡村教师中约占三分之一，显示出男教师的数量显著低于女教师数量，男女教师结构比有失衡的趋向；越是经济发达的地区，男教师占比越低，由于就业机会越多，男性从事教师职业的意愿越低；小学教师中女教师占比明显高于初中学段教师。

（三）年龄结构

全省乡村教师中年龄在 35 岁以下的占比为 44.62%。其中，成都地区乡村教师年龄在 35 岁以下的占比为 53.19%，民族地区教师年龄 35 岁以下的占比为 54.00%，义务教育段教师年龄 35 岁以下的占比为 40.50%。

全省乡村教师中年龄在 50 岁以上的占比为 15.72%。其中，成都地区乡村教师年龄在 50 岁以上的占比为 12.26%，民族地区教师年龄 50 岁以上的占比为 19%，义务教育段教师年龄 50 岁以上的占比为 16.61%。

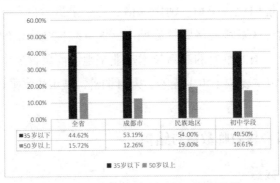

图 1-1　四川省乡村教师年龄结构

从上图可以看出，在经济发达地区和民族地区，35 岁以下教师占比较高，其他地区 35 岁以下教师占比较低，50 岁以上教师占比较高。这可能和经济较发达的成都市，乡村教师的补充机制和补充数量较好，民族地区近年来对乡村教育的投入显著增大有较大关系。而其他地区，则由于城市化的进程，乡村学生的减少、教学点的撤并等原因，乡村教师处于超编状态，补充新教师的数量较少。

（四）学历结构

1. 小学教师

民族地区研究生学历教师占比很低，小学学段本科学历教师占比差距非常明显。与全省 50.19% 的平均水平相比，阿坝、甘孜、凉山州的差距分别为 16%、15% 和 20%，凉山州的差距最大；与全国 61.15% 的平均水平相比，3 个州差距更大，分别达到 27%、26% 和 31%。成都地区小学段教师研究生学历占 3.94%，高于全省平均（0.88%）和全国平均（1.36%）；本科学历占74.34%，高于全省平均（50.19%）约 24 个百分点，高于全国平均（61.15%）约 13 个百分点。

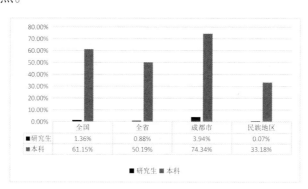

图 1-2　四川省乡村小学教师学历结构

从上图可以看出，乡村小学教师的学历结构，全省不同地区的差异显著。成都市小学教师无论是研究生学历比例还是本科生比例，都显著高于全省和全国平均值；而民族地区小学教师的研究生学历比例和本科学历比例，都显著低于全省和全国平均值。

2. 初中教师

初中学段，民族地区本科学历教师占比均低于全省 79.55% 和全国 83.84% 的平均水平，其中甘孜州差距最大，与全省平均相差 11.01%，与全国平均相差 15.2%。3 个州研究生毕业教师占比也均低于全省和全国平均水平。成都地区初中段教师研究生学历占 7.66%，高于全省平均（2.06%）约 6 个百分点，高于全国平均（3.51%）约 4 个百分点。本科学历占 87.19%，高于全省平均（79.55%）约 8 个百分点，高于全国平均（83.84%）约 3 个百分点。

全省乡村初中教师初始学历中专及以下占比为 25.51%，高职高专为 30.53%，本科 43.67%，硕士研究生占比 0.29%。目前的学历水平，高职高专及以下占比为 15.81%，本科 83.44%，与全省 79.55% 本科率平均数值相比，高了近 4 个百分点。40% 的初中教师通过职后学习、进修等获得了本科学历。四川省乡村教师硕士研究生学历占比 2.06%，但初中段占比仍不到 1%，高学历初中乡村教师较少。

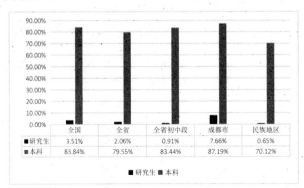

图 1-3　四川省乡村初中教师学历结构

从上图可以看出，成都市乡村初中教师的研究生学历比例显著高于全省、全国平均值；民族地区乡村初中教师的研究生学历比例显著低于全省、全国平均值，但本科学历比例差距略小。

3. 高中教师

高中学段，民族地区研究生学历教师占比与全省和全国平均水平差距明显。与全省平均相比，阿坝、甘孜和凉山州的差距分别为 6.27%、6.39% 和 5.13%。与全国平均相比，阿坝、甘孜和凉山州的差距则达到了 9.51%、9.63% 和 8.37%。

成都地区高中段乡村教师研究生学历占 14.66%，是全省平均（7.35%）近 2 倍，高于全国平均（10.06%）约 4 个百分点。本科以下的乡村高中学段教师，成都市为 0.55%，民族地区为 2.83%，与全省、全国平均值之间呈两极分化。

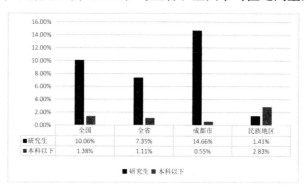

图 1-4　四川省乡村高中教师学历结构

由上图可以看出，四川民族地区乡村高中教师学历水平仍远低于全省和全国平均水平，成都市乡村高中段教师高于全国和全省平均水平。

（五）职称结构

1. 小学教师

小学学段，甘孜州、凉山州副高级职称分别低于省平均 1.3% 和 1.56%；在中级职称上，阿坝、甘孜和凉山均低于全国平均水平，差距分别为 4.49%、11.27% 和 9.42%；跟全省平均相比，甘孜、凉山两个州分别低于全省平均 4.89% 和 3.04%。成都地区小学段教师职称正高级占比与全省平均一致，都为 0.02%，与凉山州（0.01%）和阿坝州（0.00%）占比也相当，正高级教师人数极少。成都地区乡村小学段教师的副高级占比为 5.00%，低于全省平均（10.51%）约 5 个百分点，也明显低于凉山州（8.95%）和阿坝州（13.39%）。成都地区乡村教师的中级占比为 38.93%，和全省平均（37.87%）基本持平，与凉山州（34.83%）和阿坝州（39.75%）占比相当。成都地区小学段未定级的教师占比为 20.07%，远高于全省平均（11.63%）、凉山（17.47%）和全国平均（7.18%）。成都地区小学段教师职称主要集中在中级和助理级，二者占比和达 72.80%。

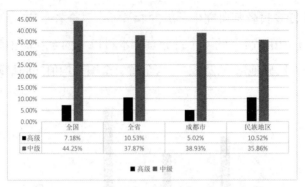

图 1-5　四川省乡村小学教师职称结构

由上图可知，成都市的乡村小学教师的高级职称占比显著低于全省和全国，这可能与成都市乡村小学教师的年龄结构有一定的相关性。但也需要注意到，随着时间的推移，对乡村小学教师中高级职称指标的投放。

2. 初中教师

初中学段，阿坝州在正高、副高和中级职称教师占比上均高于全省和全国水平。甘孜州和凉山州在副高级和中级职称教师占比上均低于全省和全国水平：副高级职称上，差距最大的凉山州低于省平均5.11%，低于全国平均5.3%；中级职称上，差距最大的甘孜州低于省平均8.3%，低于全国平均10.28%。成都地区初中段乡村教师职称正高级占比0.02%，低于全省平均（0.04%）、凉山州（0.06%）和阿坝州（0.21%）。成都地区乡村教师的副高级占比为20.86%，高于全省平均（19.64%），也高于凉山州（14.52%），低于阿坝州（25.29%），但差距不大。教师的中级占比为41.14%，高于全省平均（38.61%）、凉山州（32.95%），和阿坝州（41.09%）相当。

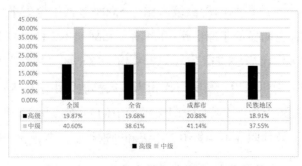

图 1-6　四川省乡村初中教师职称结构

由上图可以看出，四川省乡村初中学段教师中高级职称比例与全国相差不明显。

3. 高中教师

高中学段，民族地区 3 个州在副高和中级职称教师占比上均低于全省和全国平均水平。副高级职称上，差距最大的阿坝州低于全省平均 5.66%，低于全国平均 2.29%。中级职称上，差距最大的甘孜州低于全省平均 8.85%，低于全国平均 7.59%。成都地区高中段教师职称正高级占比 0.21%，与全省平均（0.24%）基本一致，但低于凉山州（0.28%）和阿坝州（0.22%）。成都地区教师的副高级占比为 34.50%，高于全省平均（30.97%）3.53%，明显高于凉山州（26.39%）和阿坝州（25.31%）。教师的中级占比为 39.96%，高于全省平均（37.94%）2.02%，高于凉山州（33.00%）和阿坝州（35.86%）。成都地区高中段教师职称主要集中在副高级和中级，二者占比和为 74.46%。

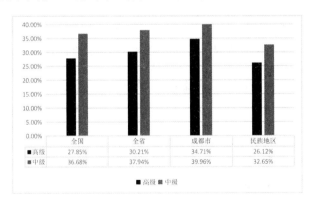

	全国	全省	成都市	民族地区
高级	27.85%	30.21%	34.71%	26.12%
中级	36.68%	37.94%	39.96%	32.65%

图 1-7　四川省乡村高中教师职称结构

由上图可以看出，成都市乡村高中学段教师中高级职称比例显著高于全省和全国，民族地区高中学段教师中高级职称比例与全省和全国有较大差距。

二、四川省乡村教师待遇与荣誉

（一）周转房享受情况

民族地区 51.60% 的教师能够享受到学校提供的周转房。其中，甘孜州

60.68%、阿坝 57.15%、凉山 46.39% 的教师享受到了学校提供的周转房福利。

成都地区乡村教师享受周转房的占比为 10.02%，低于全省平均（37.86%），整体占比较低。区县间（不含中心五城区）对比显示，区域差距明显，崇州、大邑、双流、温江和新都均超过 10%，尤其大邑县是落实乡村教师周转房最好的，占比达 30.12%。而都江堰、龙泉、郫都占比在 5% 左右，尤其都江堰落实较差，只有 3.74%。

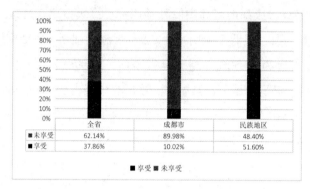

图 1-8　四川省乡村教师享受周转房情况

从调研数据可以看出，整体来说，离大城市越远的地区，乡村教师周转房落实越好。

（二）购买保险及公积金情况

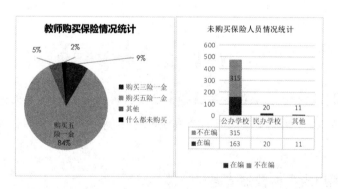

图 1-9　四川省民族地区乡村教师购买"五险一金"情况

民族地区 84% 的教师单位购买了五险一金，9% 的教师单位购买了三险一金，5% 的教师单位购买了其他类别保险，有 2% 的教师未购买任何保险。

未购买保险的教师主要是公办学校的不在编教师，总数为 315 人，占未购买总数的 65.9%。

数据显示，成都地区乡村教师购买了"五险一金"的占比为 85.17%，购买了"三险一金"的占比为 4.27%，共有 89.44% 的乡村教师享受到了购买保险的待遇，低于省平均（92.06%）。可见，还有相当数量的教师未享受到购买保险待遇，需要进一步落实。

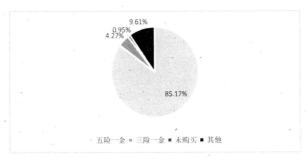

图 1-10　成都市乡村教师购买"五险一金"情况

（三）体检情况

民族地区 46% 的乡村教师每年体检一次，有 10% 的教师从未参加过体检。从未参加过体检的教师以小学教师为主，占未体检总人数的 61.9%。

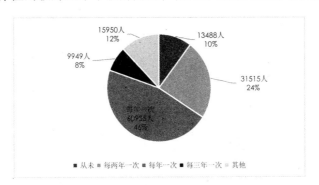

图 1-11　四川省民族地区乡村教师体检情况

数据显示，成都地区乡村教师体检以"每年一次"为主，占比为 77.33%，高于省平均（46.23%）。"每两年一次"的占比为 13.11%，"每三年一次"的占比为 1.73%。能享受体检福利的乡村教师总占比为 92.17%，明显高于省平均（77.68%）。可以看出，成都地区落实教师体检整体较好。

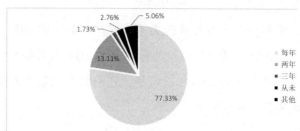

图1-12　成都市乡村教师体检情况

（四）荣誉获得情况

调研数据显示，在已获得的荣誉级别中，民族地区35%的教师获得过校级荣誉，高于省平均（27.56%）7.44%。41%的教师获得过县级荣誉，略高于省平均（40.99%）。13%的教师获得过市级荣誉，低于省平均（21.15%）8.15%。这表明：民族地区教师获得的荣誉级别以校级和县级为主，市级及以上荣誉偏少。

成都市乡村教师获得的最高荣誉主要集中在校、县、市三级，占比达91.78%，高于省平均（89.70%），获得过省级和国家级荣誉的乡村教师比例都低于省平均。可见，成都地区乡村教师获得高级别荣誉较少。

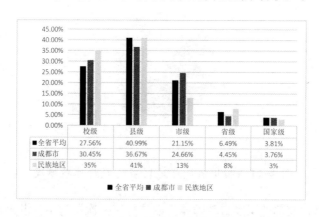

	校级	县级	市级	省级	国家级
全省平均	27.56%	40.99%	21.15%	6.49%	3.81%
成都市	30.45%	36.67%	24.66%	4.45%	3.76%
民族地区	35%	41%	13%	8%	3%

图1-13　四川省乡村教师最高荣誉获得情况

获得最高荣誉类别方面，乡村教师获得的主要荣誉是优秀教师，比例为

33.00%；其次是优秀班主任，占比15.00%；先进教育工作者占比6.09%。

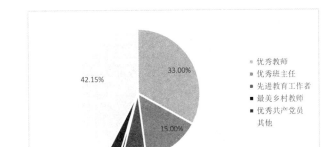

图1-14 四川省乡村教师获得的最高荣誉类别分布情况

初中教师所获得的最高荣誉中，66.96%为校级和县级，与全省68.55%的数值相比较，基本持平。

三、专业工作情况

（一）任教学科门数

民族地区3个州，任教3科及以上的老师占比为30.80%，比省平均（28.70%）高2.1%。结合学段来看，民族地区任教3科及以上教师中小学教师占比为82.2%，高于省平均（75.7%）6.5%。3州任教3科及以上的教师在高中、初中、幼儿园学段均低于省平均水平，分别低0.7%、3.4%和2.4%。这说明，民族地区教师跨学科教学问题主要集中在小学学段，以小学教师为主。

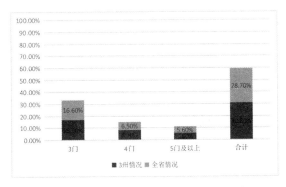

图1-15 四川省民族地区乡村教师任教学科门数分布情况

数据显示，成都地区乡村教师任教学科是 1 门的占比最大，为 48.01%，高于省平均（39.49%）近 10 个百分点，也明显高于宜宾的 35.91%、广元的 41% 和凉山州的 36.79%。成都地区任教 1 门学科的乡村教师整体情况较好。但是，成都地区也有近半数乡村教师任教学科都为 2 门及以上，课头多，任务相对较重。

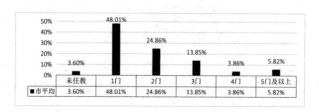

图 1-16　成都市乡村教师任教学科门数分布情况

乡村初中学段教师中，62.74% 和 30.91% 的教师分别任教 1 门和 2 门学科，任教 3 门及以上的教师占比为 5.85%。小学段仅有 25.29% 的教师任教 1 门学科，38.84% 的教师任教 3 门及以上，而高中段任教 1 门学科的占比为 85.22%，任教 3 门及以上的为 4.19%。学段越高，学科专门性要求越高。

（二）任教年级数

任教年级结合学段来看，民族地区小学学段任教 2 个及以上年级的教师占比为 65.20%，高出省平均（58.40%）6.8%；初中段和高中段任教 2 个及以上年级的教师占比均低于省平均水平。这表明民族地区跨年级教学的情况主要集中在小学学段。

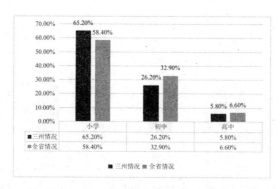

图 1-17　四川省民族地区乡村教师任教 2 个年级分布情况

按照学校所在位置来看，成都地区全区域乡村教师参与1个年级教学工作的占比为70.56%，高于乡、村两级的占比（65.56%），也高于全省平均（64.27%）；（与其他市州比学科、年级数）全区域乡村教师参与2个年级教学工作的占比为17.95%，与乡、村两级的占比（17.19%）相当；全区域乡村教师参与3个年级的占比为5.15%，低于乡、村两级的占比（7.15%）2个百分点，全区域乡村教师参与3个年级以上的占比为3.18%，低于乡、村两级的占比（6.68%）近4个百分点。

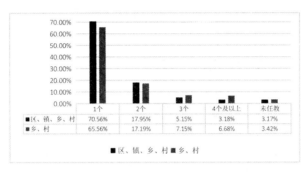

图1-18 成都市乡村教师任教年级分布情况（学校不同位置）

按照任教学段来看，成都地区高中段乡村教师参与1个年级教学工作的占比为81.38%，明显高于初中段的占比（69.00%）和小学段的占比（67.88%）；高中段乡村教师参与2个年级和3个年级教学工作的占比分别为13.83%和2.79%，低于初中段和小学段占比；高中段和初中段乡村教师参与4个年级及以上的占比仅为0.53%和1.81%，但小学段的占比为4.59%。

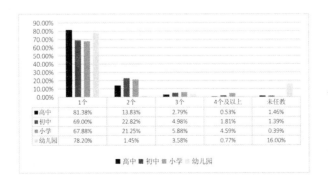

图1-19 成都市乡村教师任教年级分布情况（不同学段）

（三）每周上课节数

民族地区周任课节数（不含早晚自习）16~20 节占比为 21.90%，比省平均（19.80%）高 2.1%。任课节数 21~30 节占比为 6.00%，比省平均（5.50%）高 0.5%。这说明民族地区周任课学时较高，教师教学任务重。

数据显示，成都地区乡村教师每周上课节数多数在 11~15 节之间，占比为 42.35%，低于全省平均（48.08%）。其次是 16~20 节，占比为 18.28%，再次是 8~10 节，占比为 16.28%，基本与省平均相当。可以看出，成都地区乡村教师每周上课的节数较全省来说任务量略偏低。

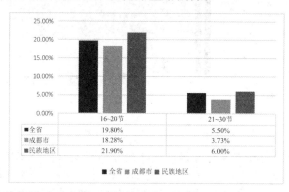

	16~20节	21~30节
全省	19.80%	5.50%
成都市	18.28%	3.73%
民族地区	21.90%	6.00%

■ 全省　■ 成都市　■ 民族地区

图 1-20　四川省乡村教师周学时对比统计

教师的周课时数是衡量教师工作量的重要指标。初中教师近一半周课时数为 11~15 节，处于比较合理区间。16 节及以上的占比 21.58%，低于全省平均。

（四）教学任务感知

成都地区 19% 的教师认为教学任务很重，43% 的教师认为比较重。民族地区 20.90% 的教师认为教学任务很重，48.24% 的教师认为比较重。乡村初中学段的教师中，14.80% 的教师认为自己的教学任务很重，选择比较重的也达 44.63%。

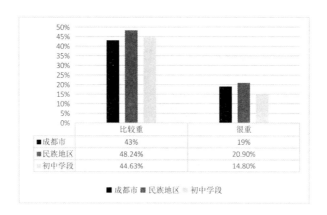

图 1-21 四川省乡村教师周学时对比统计

乡村初中教师对教学任务的主观感受与实际周课时数的关联度不大。

（五）教育教学水平和效果感知

数据显示，成都市近七成乡村教师在对自己的教学水平和效果的认知方面表示肯定，自我评价较高，认为自己的教学水平和效果很好的占比 13%，好的占比 57%，没想过的占比 1%，与全省平均水平基本一致。但在编教师对自己的教学水平和效果更为自信，选择好和很好的教师比例为 76.54%，非在编教师仅为 57.05%。

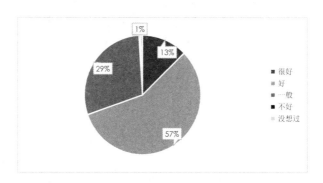

图 1-22 成都市乡村教师教育教学水平和效果感知

初中教师对教学任务的主观感受与实际周课时数的关联度不大。70.49% 的教师认为自己的教育教学水平和效果达到好或很好，他们对于自身的教学能力比较有信心。

（六）职业倦怠感

在职业倦怠感方面，民族地区 15% 的教师有职业倦怠，53% 的教师偶尔有。

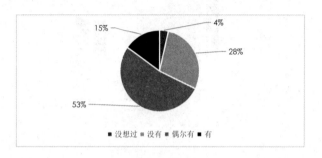

图 1-23　四川省民族地区乡村教师职业倦怠感情况

成都市乡村教师认为自己有或偶尔有的比例为 78.25%，比全省平均水平（73.04%）高 5.21 个百分点。年龄是教师职业倦怠感的主要影响因素，新入职（18~25 岁）乡村教师职业倦怠感相对较低，为 67.64%，31~50 岁的乡村教师职业倦怠感最高，选择自己有或偶尔有职业倦怠感的比例均在 80% 以上。

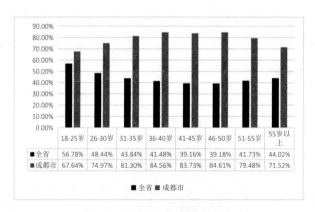

图 1-24　乡村教师年龄及其职业倦怠感情况

从在编和非在编比较发现，选择有职业倦怠感的教师中，在编教师的占比（23.53%）明显高于非在编的占比（13.53%）。选择没有职业倦怠感的教师中，在编教师的占比（14.89%）明显低于非在编的占比（25.72%）。在编教师中选择"有"和"偶尔有"职业倦怠感现象的总占比为 82.96%，非在编教师的占比为 69.63%。可见，乡村教师的编制对职业倦怠感影响较大。

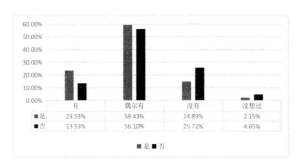

图 1-25 在编与非在编教师职业倦怠感比较

初中学段乡村教师对于是否有职业倦怠感这一问题，20.1% 的教师给出了"有"的明确回答，"偶尔有"的占比为 56.16%。说明乡村教师大部分存在轻重不一的倦怠感。

（七）影响安心从教的因素

影响民族地区教师安心从教的因素排名依次是收入水平、社会地位、生源质量、身体素质和学校发展状态。

成都市乡村教师中，收入水平、身体素质、社会地位以及专业发展是影响成都市乡村教师安心从教的主要因素。其中，收入水平是最主要的影响因素，排在首位，选择比例达 74.08%，高于全省平均水平；非教育教学事务亦是影响教师安心从教的重要因素，选择比例达 27.47%，说明成都市乡村教师在日常工作中承担了较多与教育教学无关的工作。

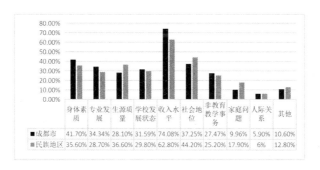

图 1-26 影响乡村教师安心从教的主要因素

对当前工作条件和环境的满意度方面，成都市乡村教师选择满意及非常满意的比例为43.14%，高于全省平均水平3.82个百分点；选择一般的比例是49.85%；不满意的比例是6.69%，亦低于全省平均水平（8.74%）。

初中乡村教师认为最影响自己安心从教的因素，排前三位的分别是收入水平、生源质量和社会地位。保障待遇仍是稳定乡村教师队伍的重要因素。

（八）面临困难情况

民族地区教师在职业发展中面临的最大困难，排名前五的选项依次是工资待遇、职称评聘、教学压力、专业发展和学生管理。

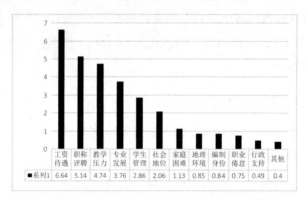

	工资待遇	职称评聘	教学压力	专业发展	学生管理	社会地位	家庭困难	地理环境	编制身份	职业倦怠	行政支持	其他
■系列1	6.64	5.14	4.74	3.76	2.86	2.06	1.13	0.85	0.84	0.75	0.49	0.4

图1-27 民族地区乡村教师面临的困难情况

四、专业发展行为与成就

（一）公开课情况

近3年，成都地区乡村教师在竞赛或活动中上过1~2节公开课的比例为39.01%，与省平均（40.07%）相当；但在上过3节及以上的占比中都低于省平均水平，而未上过公开课的占比为25.51%，高于省平均（16.40%）近9个百分点。可见，成都地区乡村教师在竞赛或活动中上公开课情况还不理想，需要进一步给乡村教师提供机会。

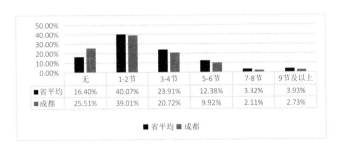

图 1-28 乡村教师上公开课数量情况

成都地区乡村教师在上过公开课的级别方面主要以校级和县级为主，学校一级占比达 73.58%，与省平均占比相当；31.01% 的教师上过县级公开课，略低于省平均；7.36% 的教师上过市级公开课，与省平均也相当。

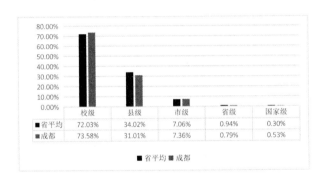

图 1-29 乡村教师上公开课级别分布情况

近 3 年来，初中教师在竞赛或活动中上公开课情况，可以看出 14.35% 未曾上过公开课，上过 1~2 节的占比 40.07%，3~4 节的为 24.87%，5 节及以上的为 20.7%。且 67.72% 的教师是在校级层面进行公开课展示和锻炼。这与县级及以上级别的活动举办频次有关，也与学校推选优秀教师参加活动的人员选定有关。乡村教师能走向省级和国家级展示舞台的仅为 1.47%。

（二）教育科研情况

民族地区 40% 的教师没有主持或参加过任何课题，高于省平均（35.10%）4.9%。在其他课题数量比例上，民族地区均略低于省平均 1 到 2 个百分点。这表明，民族地区教师教科研课题数量偏少。

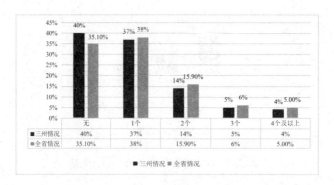

图 1-30　四川省民族地区乡村教师参加科研课题数量情况

成都地区一半以上的乡村教师主持或参加过的最高级别科研课题仅为校级，县级课题为 25.90%，市级课题为 14.58%，省级及以上仅为 7.64%。

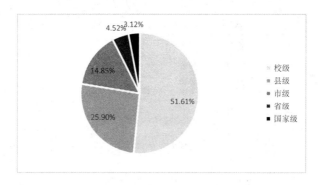

图 1-31　成都市乡村教师主持参加的最高级别科研课题级别情况

初中乡村教师中 34.82% 未曾参加过教科研课题研究，40.24% 曾参加过 1 个教科研课题，且超过 50% 为校级课题，不管是数量还是课题层级都显得较低。

（三）撰写论文情况

调研数据显示，民族地区 42% 的教师未发表过任何论文，高于省平均（33.99%）8.01%。发表 3 篇及以上的教师占比均低于全省平均水平。

在教育科研方面，成都市乡村教师公开发表过论文的比例为 56.03%，低于全省平均水平（66.01%）近 10%，低于宜宾近 14%，低于广元近 20%，与凉山州基本持平；在发表 3~4 篇的占比中明显低于省平均和其他市（除凉山州外）；未发表过论文的教师占比 43.97%，远高于省平均和其他市（除凉山州外）。可见，成都地区乡村教师在发表论文方面积极性不高，有待重视和提高。

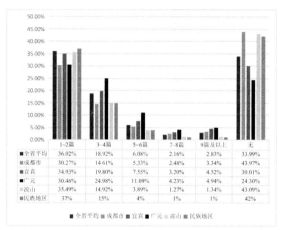

图 1-32 四川省乡村教师撰写论文数量情况

初中教师公开发表过的论文篇数及占比如下，38.59% 为 1~2 篇，22.39% 为 3~4 篇，说明教师更多倾向于完成任务型的研究工作，深入教育科研，积极进行教学反思并物化研究成果的现象不突出。

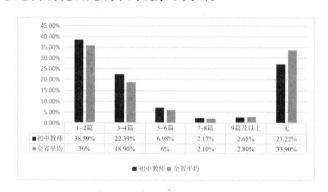

图 1-33 四川省初中学段乡村教师撰写论文数量情况

五、培训情况

1. 最认可的专业提升方式

专家引领是乡村教师们认为专业发展过程中最为有效的方式，其次是自主学习。

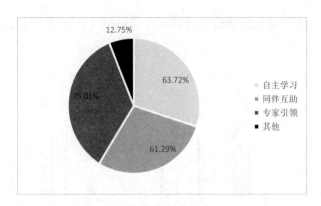

图 1-34 四川省乡村教师认为提高自身专业水平最有效的方法

对于提高自身专业水平最有效的方法，在自主学习、同伴互助和专家引领三方面，选择都较平均，自主学习和专家引领占比均为 64% 左右，对于同伴互助选择占比为 54%，与前两者相比稍低。乡村教师处于同等水平，相比向同事取经，更倾向于自主钻研和接受更高水平专家指导。

2. 参加入职培训的层级

民族地区未参加过入职培训的教师占比为 9.90%，高于省平均（7.78%）2.12%。参加区（县）级培训的占比为 45.60%，低于省平均（57.38%）11.78%。民族地区参加国家级、省级和市级培训的教师占比均高于全省水平，高出比例依次为 1.61%、7.54% 和 0.29%。

从参加入职培训的层级来看，成都地区教师参加区（县）级培训为主，占比为 53.99%，低于全省平均（57.38%）；参加市级培训的占比为 14.89% 略高于省平均；参加国家级和省级培训的教师占比均低于省平均水平，分别低 1.46% 和 2.72%；较为突出的是成都地区乡村教师参加校级培训的占比为 15.40%，远高于省平均（7.18%）。可以看出：成都地区对新教师入职培训的支持力度有待提高，尤其是参加较高层级的培训。

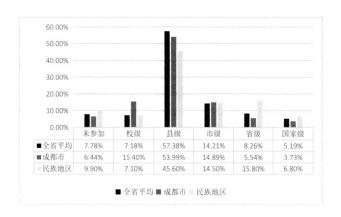

图 1-35 四川省乡村教师参加入职培训的层级情况

3．参加培训次数

民族地区教师未参加过培训的教师占比为 15%，高出省平均（11.57%）3.43%；近 3 年参加过 1~3 次培训的占比为 63%，高出省平均（58.45%）4.55%；参加过 4~6 次及以上的教师占比均低于全省水平。总体来看，近 3 年教师参加培训次数低于全省平均水平。

近 3 年，成都地区乡村教师未参加过培训的占比为 10.35%，比省平均低1.22%；参加过 1~3 次县级及以上培训的比例为 44.56%，低于省平均（58.45%）；但 4~6 次的比例 20.37%，7~9 次的比例 7.78%，都高于省平均；尤其是参加10 次及以上的比例（16.93%）远高于省平均（5.94%）。可见，成都地区乡村教师参加县级及以上培训的机会相对较多，好于省平均。

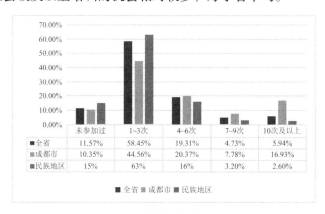

图 1-36 四川省乡村教师参加培训的次数

4. 参加校本研修情况

数据显示，成都市乡村教师选择每周一次的比例达 48.50%，高于全省平均水平近 13 个百分点；选择每半月一次的比例为 20.04%，也高于全省平均水平。可见，成都市乡村学校开展校本研修的频次相对更高。

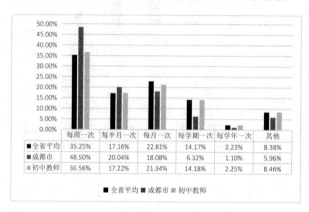

	每周一次	每半月一次	每月一次	每学期一次	每学年一次	其他
■全省平均	35.25%	17.16%	22.81%	14.17%	2.23%	8.38%
■成都市	48.50%	20.04%	18.08%	6.32%	1.10%	5.96%
▦初中教师	36.56%	17.22%	21.34%	14.18%	2.25%	8.46%

■全省平均 ■成都市 ▦初中教师

图 1-37　四川省乡村教师参加校本研修的情况

5. 期望的培训内容

民族地区教师最希望通过培训在课堂教学、教育理念、教学基本功和班级管理上获得收获，这四个方面都集中反映出教师对教育教学和教育管理能力提升的需求。

课堂教学是成都市乡村教师在培训中最为期望获得的收获，平均综合得分为 7.32，和省平均 7.39 基本持平；其次是教育理念、教学基本功以及班级管理，分别得分 5.19、4.41 和 3.79。可见，成都地区乡村教师对提升教学能力和教育管理能力方面的培训需求较高。

从教师最希望通过培训获得收获来看，课程教学仍是乡村初中教师关注焦点。这与学校开展校本研修、组织公开课竞赛等活动需求相呼应。排前四位的培训需求分别是课堂教学、教育理念、教学基本功及班级管理。说明初中乡村教师面临着迫切想提升课堂教学质量，增强自身教育专业知识和技能，管理好处于青春期的初中学生的局面。

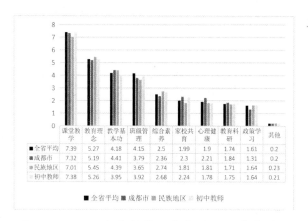

	课堂教学	教育理念	教学基本功	班级管理	综合素养	家校共育	心理健康	教育科研	政策学习	其他
全省平均	7.39	5.27	4.18	4.15	2.5	1.99	1.9	1.74	1.61	0.2
成都市	7.32	5.19	4.41	3.79	2.36	2.3	2.21	1.84	1.31	0.2
民族地区	7.01	5.45	4.39	3.65	2.74	1.81	1.81	1.71	1.64	0.23
初中教师	7.38	5.26	3.95	3.92	2.68	2.24	1.78	1.75	1.64	0.21

图 1-38　四川省乡村教师期望的培训内容情况

6. 最喜欢的培训方式

调研数据显示，导师带教、专题辅导和集中面授是目前民族地区教师最喜欢的培训方式。

成都地区乡村教师较为喜欢的培训方式是专题辅导和教师带教，平均综合得分在 3.5 分以上。

乡村初中教师对于专题辅导、集中面授和导师带教是最青睐的，且选择分值远高于其他培训方式。

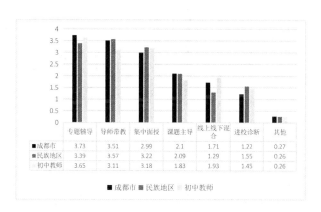

	专题辅导	导师带教	集中面授	课题主导	线上线下混合	进校诊断	其他
成都市	3.73	3.51	2.99	2.1	1.71	1.22	0.27
民族地区	3.39	3.57	3.22	2.09	1.29	1.55	0.26
初中教师	3.65	3.11	3.18	1.83	1.93	1.45	0.26

图 1-39　四川省乡村教师最喜欢的培训方式

7. 培训存在的主要问题

培训机会少、培训实效性不高、工学矛盾突出、培训针对性不强是当下乡村教师总结培训中存在的四大主要问题。

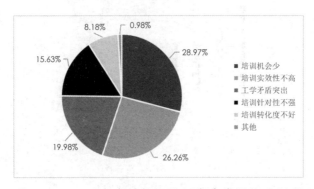

图 1-40　四川省乡村教师培训中存在的主要问题

六、初中乡村教师的细化指标分析对比

（一）分年龄段对比

此次调研还将乡村教师按年龄段进行了分年龄维度的细化调查。

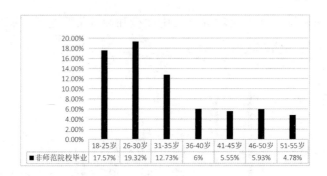

	18-25岁	26-30岁	31-35岁	36-40岁	41-45岁	46-50岁	51-55岁
■非师范院校毕业	17.57%	19.32%	12.73%	6%	5.55%	5.93%	4.78%

图 1-41　初中乡村各年龄段教师非师范院校毕业人数占比

可以看出，初中教师中在 26~30 岁区间的教师毕业于非师范院校的比例最高。其次为 18~25 岁的入职 5 年左右的教师。但这两个年龄段的教师持教师资格证占比都超过 99%。这说明，越来越多非师范院校的毕业生通过考取教师资格证，通过公招或特岗教师计划等进入教育行业。

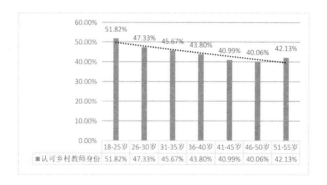

图 1-42　各年龄段教师认可乡村教师身份人数占比

从上图可以看出，除了 51~55 岁接近退休的教师外，随着教师年龄增长，初中乡村教师对自身乡村教师身份认可度反而下降。职业热情消减、乡村教师职业期待降低、教师工作平面式重复、职称评聘困难等都可能是产生这个现象的原因。

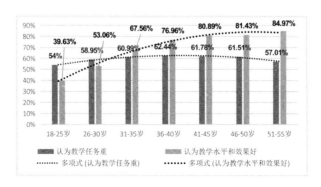

图 1-43　各年龄段教师对教学任务和教学效果的认知对比

从上对比图可以看出，随着年龄的增长，乡村初中教师对自己的教学水平和教学效果认可度呈上升趋势；对于教学任务轻重的感知，则是呈先上升再下降的趋势，也就是说，乡村中年教师感觉到教学任务最重。18~30 岁和 51~55 岁的教师在教师任务重的认知上，明显低于中间年龄段的教师。年轻教师因工作经验不足和入职时间不长等，大多未委以重任，50 岁以上教师则因身体原因、临近退休等，工作量也削减。而随着年龄和教龄增加，教师对于自身教学水平和效果的判断也逐级正向提升。但可以看到，18~25 岁的教师对自身的教学判断处于较强的自我否定阶段，仅有不到40%的教师认为自己教学效果好，这与其入职不久、经验不足有关，也与新教师自身专业水平在实践中未得到很好的检验证明有关。

（二）分区域对比

将调研数据按四川区域划分，以成都、泸州、达州、广元和凉山分别为城市样本进行二次抽样分析，从中能对比看出处于相同初中学段的乡村教师，在自身素质、思想观念、区域教师政策实施和教师工作等方面的差异。

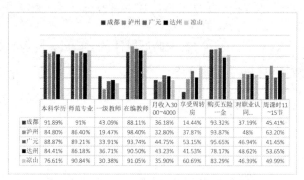

图 1-44　不同区域乡村教师对比分析

	本科学历	师范专业	一级教师	在编教师	月收入3000~4000	享受周转房	购买五险一金	对职业认同…	周课时11~15节
成都	91.89%	91%	43.09%	88.11%	36.18%	14.44%	93.32%	37.19%	45.41%
泸州	84.80%	86.40%	19.47%	98.40%	32.80%	37.87%	93.87%	48%	63.20%
广元	88.87%	89.21%	33.91%	93.74%	44.75%	53.15%	95.65%	46.94%	41.45%
达州	84.41%	86.18%	36.71%	90.50%	43.23%	41.53%	78.17%	48.62%	53.65%
凉山	76.61%	90.84%	30.38%	91.05%	35.90%	60.69%	83.29%	46.39%	49.99%

成都市教师本科学历占比最高，与教育发达地区对于教师的要求高相符，凉山因处民族地区这一数据最低。5个样本市中，成都和凉山教师毕业于师范专业人员均超过9成，教育高地和民族地区都更强调职业专业性。在教师职称评聘中，泸州一级教师占比远低于全省36%的平均水平，但在解决教师编制上，其又为最高样本市，原因可能为编制内教师因受岗位职级和数量限制，晋职更为困难。成都市初中乡村教师对于教师职业认同度是最低的，且与其他城市相差较大，这可能与成都教育教学要求高，教师收入在省会城市生活更存在现实问题等有关。泸州在这一数据上为最高，可以看到教师任教周课时11~15节比例也最高，较适中的工作量让泸州教师对职业也有较高认同值。

（三）分学段对比

将小学、初中和高中学段的乡村教师进行对比分析，能从中看出初中学段教师在学历水平、收入水平、职业情感和专业发展等方面的特点。

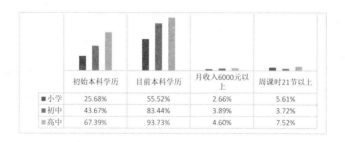

	初始本科学历	目前本科学历	月收入6000元以上	周课时21节以上
■小学	25.68%	55.52%	2.66%	5.61%
■初中	43.67%	83.44%	3.89%	3.72%
■高中	67.39%	93.73%	4.60%	7.52%

图1-45 小学、初中、高中学段乡村教师信息对比图

从图1-45可以看到，以职后学历提升来看，初中段教师有40%是经职后获得本科学历，为3个学段中增幅最大的群体。初中教师就职后的学历水平提升需求更迫切，要求更严。在周课时上，每周21节课时以上的群体，初中教师则是占比最低的。

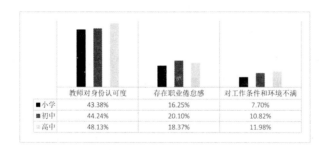

	教师对身份认可度	存在职业倦怠感	对工作条件和环境不满
■小学	43.38%	16.25%	7.70%
■初中	44.24%	20.10%	10.82%
■高中	48.13%	18.37%	11.98%

图1-46 小学、初中、高中学段乡村教师信息对比图

从图1-46看到，相比小学和高中学段教师，初中乡村教师中有职业倦怠感的群体占比是最高的，达20.10%。对乡村教师身份认同的教师占比位于中间位置，明确表明对现在工作的条件和环境不满的也处于中间位置。

	获国家级荣誉	上省级和国家级公开课	未发表过文章	未参与过课题研究
■小学	3.83%	0.92%	35.70%	35.18%
■初中	3.63%	1.47%	27.22%	34.82%
■高中	3.76%	2.93%	21.24%	31.93%

图1-47 小学、初中、高中学段乡村教师信息对比图

从图1-47分析得出，3个学段教师在获得国家级荣誉上人员占比几乎没有差别，在有机会到省级和国家级赛课或展示课平台方面，初中学段教师占比处于中间位置，优于小学但跟高中比相差1.46个百分点。从教师参与教育科研的情况看，27.22%的初中教师未曾发表过学术文章，34.82%的教师未曾参加过教育课题研究。

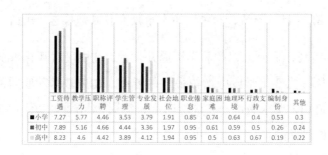

	工资待遇	教学压力	职称评聘	学生管理	专业发展	社会地位	职业倦怠	家庭困难	地理环境	行政支持	编制身份	其他
小学	7.27	5.77	4.46	3.53	3.79	1.91	0.85	0.74	0.64	0.4	0.53	0.3
初中	7.89	5.16	4.66	4.44	3.36	1.97	0.95	0.61	0.59	0.5	0.26	0.24
高中	8.23	4.6	4.42	3.89	4.12	1.94	0.95	0.67	0.63	0.67	0.19	0.22

图1-48 初中与小学、高中乡村教师对面临困难对比

图1-48显示的是各学段教师在面临职业困难时，从高到低的选择项对比。可以看到，工资待遇是几个学段教师共同的最大困难诉求点，初中学段教师的教学压力、职业倦怠、家庭困难、学校行政支持、编制身份等困难选择都位于中间位置。相对于其他两个学段，初中教师对职称评聘和学生管理、社会地位的困难反映是最高的。青春期的初中生身心处于剧烈变化中，教师认为学生管理压力较大。初中教师对于自身专业发展的困难认知相对小学和高中是最低的。

（四）分学科对比

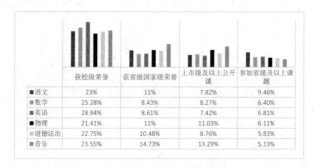

	获校级荣誉	获省级国家级荣誉	上市级及以上公开课	参加省级及以上课题
语文	23%	11%	7.82%	9.46%
数学	25.28%	8.43%	8.27%	6.40%
英语	28.94%	8.61%	7.42%	6.81%
物理	21.41%	11%	11.03%	6.11%
道德法治	22.75%	10.48%	8.76%	5.83%
音乐	23.55%	14.73%	13.29%	5.13%

图1-49 初中各学科教师信息选项对比图

从图 1-49 可以看出，样本学科的教师所获荣誉级别，在校级荣誉这一层面基本都处于同一水平。而在获得省级和国家级荣誉层面，占比最高的是音乐学科教师，数学和英语处于最低水平。在市级及以上级的公开课中，音乐学科同样占比最高，语文和英语为最低，与语文学科教师人数最多，竞争大有关。在省级及以上课题研究中，语文教师占比最高，说明在教育科研中，语文教师是最积极活跃、申报成果最多的，道德法治与音乐教师占比均未超过 6% 同为最低，跟学科科研申报课题难易度和课题立项覆盖学科领域不均有关。

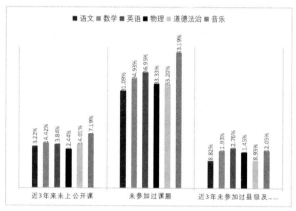

图 1-50 初中各学科教师信息选项对比图

从图 1-50 可以看出，近 3 年没有上公开课和未参加课题研究的学科中，音乐课均为最高，紧缺学科的教师缺乏展示和研究提升的机会。近 3 年县级及以上级别培训中，语文和道德法治的教师参训机会是最低的，不到 10%。如果校本研修跟不上，属于人文思想政治教授学科的教师素养提升堪忧。其余 4 门学科都在 11%~13% 之间，即超过 1/10 的学科教师能获得县级及以上的培训指导。

第二节　乡村教师专业发展的主要问题

一、乡村教师专业发展困境

四川省有中小学专任教师 78 万余人，其中乡和村一级学校专任教师 14 万余人，占比 18%，农村镇区学校专任教师 37.5 万余人，占比 48%，主要分布在川中丘陵县、阿坝、甘孜、凉山少数民族地区等。由于区域地理条件差，经济滞后，乡村一级学校教师年龄老化，音、体、美、科学、英语、信息技术、心理健康等学科教师紧缺，年轻教师稳定性差、专业发展内驱力不强等困境重重。

（一）乡村教师总量不缺，分布不均

总体来看，全省中小学乡村教师数量基本饱和，且体现了适度的乡村倾斜政策。数据显示：全省基础教育专任教师师生比为 1 ： 15.8，城市学校师生比为 1 ： 15.5，镇区学校师生比为 1 ： 16.3，乡村学校师生比为 1 ： 14.9。

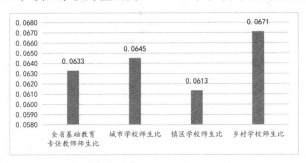

图 1-51　四川省乡村专任教师师生比

但由于环境条件制约，川中丘陵地区、民族地区等乡村教师"招不来、留不住"成为普遍现象。较之成都平原等区域的乡村教师，民族地区尤以凉山州乡村教师缺口严重。凉山州学生总量为 119 万余人，乡村学生占比 9 成，乡村专任教师师生比 1 ： 20.8，相较成都市乡村专任教师（专任教师师生比 1 ： 15），凉山州乡村专任教师缺口近万人。

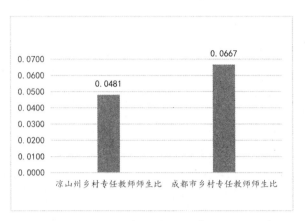

图 1-52 凉山州和成都市乡村专任教师师生比

同时，民族地区乡村幼儿教师极度匮乏，80% 以上的幼儿缺失规范幼儿园入学，靠数千个"一村一幼"临时教学点及临时招聘和短时集中培训上岗的"辅导员"带教，主要进行普通话教学和简单的保教保育活动。数据显示：3 区（甘孜、阿坝和凉山）仅乡村、镇区在园幼儿数高达 31.1 万人，在编幼儿专任教师仅 6067 人，专任教师师生比高达 1 ∶ 51.3，需补充幼儿教师数超 2 万名。

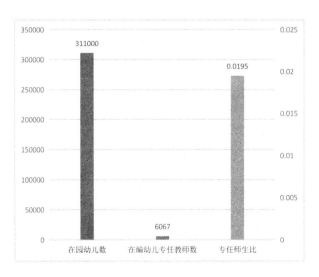

图 1-53 3 区（甘孜、阿坝和凉山）乡村、镇区幼儿教师情况

数据显示，成都地区乡村教师在编占比为 64.71%，与省平均 90.35% 相比，

少了 25.64%，远低于省平均水平。成都地区的乡村教师编制问题尤为突出，直接影响教师队伍的稳定。无编制的教师在收入和基本福利待遇上得不到有效的保障，没有归属感，对安心从教有极大影响，造成教师队伍的流动性和变动性变大。究其原因，一是城市发展带来的生源爆满，教育规模扩大。近年来，随着城市化步伐的加快，成都市城乡结构发生重大变化，城市人口大幅增长，成都地区常住人口从 2013 年的 1417 万人增长到 2019 年的 1658 万人。由此带来了学龄儿童人数快速攀升，教育规模的不断扩大，出现了城区中小学教职工编制不足的问题。二是编制改革需要加快推进。面对激增的学生人数，已有的编制名额已不能适应当下的需求，编制改革的步伐没能紧跟教育规模扩大的步伐，缺编问题较为突出。

（二）乡村教师结构不优，差异较大

主要体现省域乡村教师的性别结构、年龄结构、学历结构与学科结构数量不均、差异较大、分布失衡。

一是男女性别结构不优。整体上全省中小学教师男女占比约为 4∶6，表现为学段越低，女教师占比越高；越是经济和教育发达地区，女教师占比越高；年龄段越低女教师占比越高。相较于城市学校而言，乡村女教师占比较少，45 岁以上的乡村学校女教师不到三成。

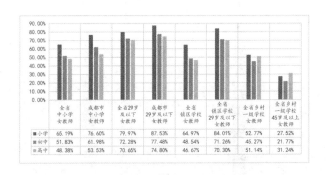

图 1-54 四川省乡村教师性别结构分布情况

二是乡村教师年龄两极分化。全省中小学教师整体年龄结构适度，25~34 岁、35~44 岁、45~54 岁 3 个年段占比如图。

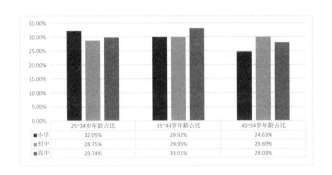

图 1-55 四川省乡村中小学教师整体年龄结构

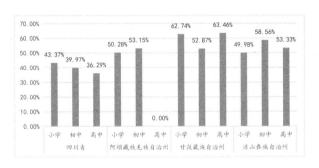

图 1-56 （乡村）中小学专任教师 35 岁以下占比（不包含镇区）

相较而言，幼儿园和小学段教师较为年轻，但位于镇区及乡村学校的中小学教师整体年龄偏大。以小学教师为例，全省 45 岁及其以上教师占比高于全省平均 3 个百分点。特别是乡村一级学校，教师老龄化更为凸显，平均年龄在 50 岁及以上占比超 20%。相较于全省，民族地区乡村教师队伍整体年轻化，凉山、阿坝 35 岁以下专任乡村教师占比皆过半，甘孜州 35 岁以下已超 60%，高出全省平均 10%~20%。

三是教师学历整体偏低，民族地区乡村教师低学历占比大。相较全国，四川初中教师研究生学历低于全国平均 1.44%，本科学历低于全国平均 4.28%；四川小学教师研究生学历低于全国平均 0.48%，本科学历低于全国平均 10.96%。在四川义务段教师整体学历低于全国平均基础，乡村教师整体学历大幅度低于全省教师平均学历。以民族地区为例，凉山州小学教师本科学历占比低于全省小学教师平均学历 20.16%，甘孜州初中教师本科学历低于全省平均 11%。

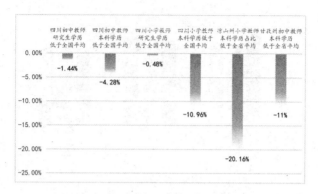

图 1-57 四川省乡村教师的学历情况

四是学科结构失衡。乡村教师学科不全，心理健康、安全教育、信息技术、科学、音体美等学科奇缺。以心理健康和安全教育乡村教师为例，乡村和镇区学校分别占比仅 5.03%、3.47% 和 7.14%、5.6%。音体美学科专职教师在乡村级学校极少，一般情况下是由语数学科教师兼任。同时，乡村教师教非所学占比大，调研发现：30% 以上的乡村教师所教学科、学段与所持教师资格证不符。

（三）乡村教师任务繁重，工学矛盾突出

一是跨学科跨年级执教任务重。乡村教师"多年级、多班级、多学科、多头绪"的"四多"工作，带来繁重的工作任务。调研数据显示：51% 的教师任教 3 门及以上的学科，44% 的教师跨两个及以上年级任教，30% 以上的教师平均周课时在 16 节及以上。

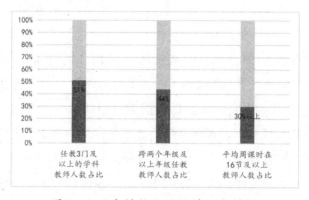

图 1-58 乡村教师的教学任务情况

二是大量留守儿童管理的高负荷。乡村学校生源占比较大的留守儿童、学困生、隔代教育或托管学生、寄宿制学生等,这些学生由于家庭教育的缺失,在家庭作业完成、生活养成教育、学习方法习得等方面相较城市学生差距较大,导致乡村教师工作的高负荷和低成效。

三是非教学之外的工作琐碎。作者访谈了解到由于"脱贫攻坚、控辍保学、禁毒防艾、普法教育、森林草原防火"等各种非教学工作之外的资料表册填写占用了大量时间,让教师疲于应对。超69%的教师评价工作任务重,参与各级各类教学研训活动分身乏术,73%以上乡村教师明确表示有职业倦怠感。

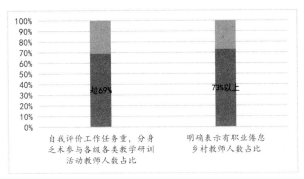

图 1-59 乡村教师的工作任务感知和职业倦怠感情况

另外,相较城市学校而言,乡村学校学困生数量多,教学质量低,乡村教师的职业成就感、获得感不强,调离、辞职、跳槽等现象导致乡村教师的流失性大。

(四)乡村教师整体素质偏低,学习内驱不强

一是乡村教师入口门槛低。由于大量优秀教师"招不来,留不住",乡村教师一再降低门槛。调查显示,乡村教师中年长者大部分是民办教师转正后长期留任教师,年轻教师中占比较大的是"特岗计划"分配的教师,还有部分是临聘教师,教师文化基础、教学基本功等相对薄弱。同时,区域内教师流动一般是乡村调往镇区,镇区调往县城的择优师资政策,致使每年乡村优秀教师的"流失"不断加大,留守乡村一级学校的往往是教师队伍的"老弱病残"者。

二是非编乡村教师稳定性差。由于近年来中小学教师编制的总控政策，成都等经济、教育发达地区"新体制"（一校仅有校长等少数几个管理者是在编人员，其余教师是通过同工同酬方式，财政购买服务的非在编教师）学校不断增多，带来非编制教师数量的激增。调研发现，部分非编制的乡村教师由于缺乏安全感和归属感，只是将当前工作作为职业过渡，工作变动性大，专业发展上的能动性不足。

三是乡村教师素质能力表现弱。调研发现：占比较大的乡村教师教学反思与研究能力弱。近40%的教师任教以来从未发表过任何文章，近20%的教师从未上过任何级别公开课，近40%的教师从未参加过任何级别的科研课题。

（五）乡村教师职后培训困难重重，成效不好

问题一是工学矛盾突出。由于乡村教师面临小规模学校、包班教学、跨学科年段任教等工学矛盾导致外出研训时间得不到保障。二是学习资源匮乏。由于县、市、省教学资源平台建设不足，特别是在线培训课程资源的匮乏，自主选修机制和教师培训的地方责任缺失，40%以上的教师认为参培机会少。三是县校教师培训能力弱。由于缺乏制度保障县、市两级教师培训经费额度的投入，部分县级教师培训还未能覆盖全员，导致县域培训和校本研修量少质弱。近3年内从未参加过县级及以上培训的乡村教师占比达11%，近25%的教师反馈一学期仅参加过一次校本研修。四是高校为主的"国培"实效差。由于"国培计划"对中西部省份的支持，近年来，每年以上亿元的资金投入乡村教师队伍培训项目中。但由于乡村教师面临留守儿童、学困生、隔代教育等区域现实教育教学问题，以师范院校为主体的国培实效性差，未能从根本上提升质量。

（六）乡村教师保障机制不完善，获得感不强

教师职称是教师社会地位的重要体现，是教师专业发展的物质保障（职称与工资福利待遇直接挂钩）。它可以充分调动教师的工作积极性，是教师勤恳工作、奋发向上的动力。科学合理的职称结构可以激发教师队伍的活力，

促进良性发展。调研数据显示，民族地区乡村教师中高级职称占比低于全省平均水平；有许多乡村教师未获得过任何荣誉称号，在已获得的各项荣誉中，76%是校级和县级级别，荣誉等级偏低。鉴于上述可知，乡村教师职业成就感不强。原因是：一、乡村教师职称评聘困难。民族地区教师职称结构不合理，中高级职称名额少，职称晋升竞争异常激烈，许多乡村教师工作一生也不能解决高级职称，这极大增加了教师在职业上的挫败感。二、缺乏针对乡村教师的荣誉激励机制。一方面，对于长期扎根乡村默默奉献的教师关注不够，社会尊师重教的氛围不浓，给予关怀太少；另一方面，教育行政部门对在乡村教师事业中涌现出的先进典型人物宣传力度不足，给予荣誉和激励太少。三、乡村教师教育教学成绩不显著。教育教学成绩是教师进行自我评价的重要依据，也是教师职业成就感的关键影响因素。教师的教育教学成绩表现为学生的学业成绩和学生的专业发展等方面。民族地区乡村学校学生学习基础差、学习习惯差、行为习惯差，生源质量低，无论是学生的学业成绩还是学生的专业发展都无法与城镇学生相比，教师很难出成绩，成就感也就无从谈起。

数据显示，成都地区乡村教师职称结构不合理，分配不均问题较为突出。如小学段教师的副高级占比明显低于省平均、凉山和阿坝，未定级的教师占比是省平均的近2倍，也明显高于凉山和阿坝；初中段正高级占比低于省平均、凉山州和阿坝州；高中段正高级占比也低于省平均凉山州和阿坝州。这些不合理因素可导致乡村教师工作懈怠、抱怨等问题的产生，影响教师的专业发展，不利于教师队伍的稳定和健康发展。究其原因一是教师队伍年轻化带来的结构失衡。成都地区乡村教师年龄在35岁以下的占比达51.2%，教师队伍中以新教师和青年教师为主体，他们的职称基本是中级及以下，而且晋升高一级职称难度较大，使得中级及以下职称占比过大，造成职称结构的不均衡。二是学段职称结构布局不合理。成都地区乡村教师小学段、初中段、高中段的各职称段占比有明显的差异。3个学段中，正高级教师、副高级教师占比，高中段明显高于小学段和初中段占比，而小学段和初中段的中级及以下的低职称占比远高于高中段。可以看出，成都地区在各学段设置职称结构时缺乏整体规划，是造成职称结构不合理的主要原因。

二、乡村教师专业发展的自检反思

（一）乡村教师生存环境和生活境遇关注不够

特别在乡村"空心化"发展的现实下，乡村教师成为一群孤独的留守者。与城镇教师相比，其生存环境和生活境遇特殊。生活条件上，乡村生活远没有城市生活丰富和有质量。由于信息闭塞、生活空间狭窄，乡村教师的精神生活匮乏。他们能够选择的文化娱乐活动大多是玩手机、看电视、打纸牌或麻将等。同时，乡村学生难教，评价与考核方式的僵化，生存环境的单一狭隘，往往演变成教师或麻木或沉重的生存方式。我们也应该关注教师的生活质量，关注乡村教师的生活状态、社群心理，才能使教育政策的制定更好地反映乡村教师的愿望，激发乡村教师的敬业精神，提升乡村教师的精神价值。

（二）乡村教师专业发展内生动力关注不够

当前乡村教师专业发展往往是自上而下的外发性要求，主要是通过简单的命令式或者考核要求来推进，缺少对教师内在自发性发展动力的激发。从乡村教师发展的外在动力来看，主要有聘任、晋升与奖励制度等，乡村教师与城镇教师相比，他们的晋升缓慢，发展通道窄化，应有的社会地位和经济地位未能满足其需求，会导致他们缺乏内在动力。同时，乡村教师整体水平较低，教学研究氛围差，同伴互助质低量少，身边缺少领军人物的专业指导，加之工学矛盾突出，导致乡村教师外出开阔视野机会少。长期的乡村驻守，使其教育视野狭窄，教学观念守旧，教学能力不高，职业认同度低，获得感不强，许多教师抱着得过且过的心态，专业发展内生动力弱。调查表明，仅有 16.7% 的乡村教师写教后记，83.3% 的乡村教师从不或只是偶尔通过这一形式来反思自己的日常教学。

（三）乡村教师的乡土文化融入与传递传承不够

老一代乡村教师即将退出乡村教育的历史舞台，新生代教师的加盟，在学科和年龄结构上优化了乡村教师队伍。但这部分"离农""离乡"长大的乡村教师，他们经历了都市生活的丰富与精彩，在留守与流动、事业与饭碗中反复纠结。城市化进程的推进，乡村学校"弱化""空心化"的背后是乡村文化"没落"、乡村教师"劣质化"的标签，更加速乡村教师漠视乃至远离乡村文化。新时代背景下，将劳动教育、研学实践基地等根植在乡村教育资源和乡村文化的广袤土地上，重塑乡村教育的文化自信，重塑乡村教师的自信，是教育部门乃至社会各界的责任。

（四）乡村教师教育情怀与师德教育关注不够

陶行知说："学校是乡村的中心，教师是学校和乡村的灵魂。"乡村振兴需要一批热爱乡村、愿意扎根乡村教育的教师生力军。而事实上，乡村教师由于工作稳定、缺乏竞争、生活懒散拖沓而呈现出一种教育的"惰性"样态。他们只"凭良心"把规定的教材教完，不愿意去研究和创新，甚至不愿意钻研教材，上课"临渴掘井"，多年重复一本教案乃至无教案上课。对于教学改革，乡村教师更是缺乏热情。调查显示，乡村教师的创新活动、创新成果和创新意愿，都较为显著地低于县镇和城区教师。

强化乡村教师教育情怀和师德师风建设，引导乡村教师将爱与信念、自律与坚守等融入乡村教育，树立为乡村教育振兴展现出乡村教师独有的精神力量和人格魅力，重塑乡村教师精神风貌和群体形象，是当下的重要任务。

（五）乡村教师专业发展的制度保障体系与支撑体系建设不够

《关于加强新时代乡村教师队伍建设意见》的出台，进一步强调：在人才项目、荣誉表彰、评奖评优中要向乡村教师倾斜，要提高地位待遇，让乡村教师享有应有的社会声望。但由于以县为主的义务教育管理体制下，受制于县域经费、教育管理水平等，占比较大的义务教育乡村教师队伍在教师职后培训经费得不到保障，校本研修量少质弱，县级乡村教师表彰奖励缺乏，教师专业发展制度和支撑体系得不到应有保障。加强县级教师发展机构建设，整合县域内教研、电教、技装等资源，实施省级统筹、市县分摊的乡村教师专业发展支撑体系，构建分层分类的乡村教师培训模式，借助现代信息技术平台，常态化保障乡村教师专业发展是建强乡村教师的有力措施。

第三节　乡村教师专业发展策略思考

乡村教师是乡村教育发展的脊梁，更是建设教育强省的基础支撑。结合四川实际，围绕培养造就一支师德高尚、素质优良、结构合理和甘于奉献的乡村教师队伍总目标，四川从 2015 年 12 月颁发《乡村教师支持计划实施办法（2015—2020）》以来，不断创新思路，改革机制，重点培育，整体提升四川乡村教师的专业水平，成效较为显著。

一、锤炼师德，熔铸乡村教师师魂

一是多措并举，帮助乡村教师树立崇高的职业理想，锤炼高尚师德。高素质的教师应当具有道德情操、理想信念、扎实学识和仁爱之心，教育事业的改革和发展需要教师更加忠诚于党的教育事业。作为乡村教育的直接执行者，乡村教师要努力塑造自身高尚的师德，拥有坚定的信念和崇高的理想，避免在思想认识层面存在偏差。加强思想政治工作，把加强乡村教师思想政治教育作为师德师风建设的首要任务，强化学校党团建设，对不同年龄段的教师采用不同的思想教育方法，既要激发中老年教师的职业热情，做青年教师的表率，又要激励青年教师投身乡村教育事业，强化教师专业认知和科学规划职业生涯等。从 1/3 的教师认为学校给予的支持不大，应反思从学校到校领导对于教师群体的专业发展、生活、工作、个人需求等是否有畅通的了解通道和切实解决实际问题的举措，真切地关怀教师，从精神上减轻教师的压力，调动积极性，厚植乡村教育情怀。

二是搭建平台，激发内驱，促进乡村教师专业发展。除了提供更多的学习培训机会，提升培训质量，还要为教师提供赛课和展示的机会，让更多年轻教师得到发展。多组织各类活动，促进交流借鉴。只有善于分析自己工作的教师，才能成为得力的有经验的教师。教师即研究者的要求，在今天教育改革发展背景下显得更为重要。成为教育理论实践者，更要成为乡村教育的研究者、探路者。乡村教师在日常工作中做反思和一些深度的教育教学研究，能有效将平时遇到的问题聚合化、类型化，并在实验探索中尝试解决。首先要树立对教育科研的兴趣和意识。其次个人要勇于挑战内在调节，确保研究的时间及精力。再次是找到正确的方法和路径，可以从小专题小课题入手，强化校本研修。最后学校要提供一定的研究支持，邀请专家指导，倡导形成研究氛围。

三是锤炼提升乡村青年教师的思想和能力。《关于进一步加强新时代乡村教师队伍建设的意见》中明确提出了"关心青年教师工作生活，优化在乡村建功立业的制度和人文环境"。青年教师是教师的重要组成和生力军，从行政角度，以表彰奖励、职称评聘"促进专业成长"。优化乡村青年教师发展环境，在培训、职称评聘、表彰奖励等方面向乡村青年教师倾斜，实施多种形式的乡村青年教师成长项目，加快乡村青年教师成长步伐。健全"传帮带"机制，充分发挥名师、名校长、骨干教师的示范引领作用，通过结对子、组建学科小组、纳入工作室等方式，主动为青年教师当导师、做榜样，帮助青年教师提高专业发展能力。继续实施乡村优秀青年教师培养奖励计划，提供更多学习机会。丰富精神文化生活。在保障教育教学的情况下，组织青年教师参加乡村各种文化活动，主动融入当地生活。

二、区域研判，对症开方补缺口

一是实施"一村一幼"辅导员机制，破解民族地区幼儿师资困境。四川藏区、彝区的幼儿普通话基础薄弱，因听不懂汉语授课而成为学困生、辍学生，形成贫困户代际循环，严重影响民族地区教育、经济、社会的可持续发展，影响农牧民子女共享教育改革红利。为了藏、彝区孩子在当地条件下享受相对优质的以本民族语言和普通话为主的学前教育，缓解民族地区儿童进入小学后的语言沟通交流障碍，创新推出"一村一幼"教学点政策。即一个村设立一个幼儿教学点，或根据村庄幼儿数量采取"多村一幼"或"一村多幼"，招收 3 至 6 周岁幼儿，开办 1 至多个混龄班，按照一个班两名学前辅导员标准，选聘"一村一幼"辅导员，并由省内师范院校集中组织 30 天普通话和保教保育技能培训后上岗任教。2017 年以来，四川招聘、培训辅导员近 1.7 万名，填补了幼师缺口，保障了民族地区 20.9 万儿童的学前教育。

二是开展师范生顶岗支教活动，填补民族地区师资缺口。教育实习是教师教育人才培养的重要实践教学环节。师范生顶岗支教，既提高了师范生的综合素养，又促进了地方基础教育的发展。针对凉山州生源峰值带来的教师数量短缺问题，组织省内高校优秀师范生顶岗支教活动。遴选的顶岗支教师范生在考研、择业等方面给予优惠政策。在集中培训后，省教育厅采取"一校对一县""多校对一县""多校对多县"等方式，进行对口顶岗支教，半年一轮换。近两年来，共计选派优质师范生7061名，极大缓解了民族地区师资短缺问题，还因师范生在顶岗过程中开展的各种学生社团活动、课题研究、校园文化建设等激发了民族地区教师队伍活力。

三是创新实施"两自一包"政策，补足经济发达地区乡村教师短板。2015年，由成都市武侯区率先创新试点"两自一包"新体制学校政策。即将学校人权、事权和财权放手校长，将经费按照师生人头划拨到校，由校长面向社会、高校等自主招聘不占编制的教师。实行经费包干、学校管理和教师人事自主的管理机制，扩大校长办学自主权，激发学校活力。武侯改革试点的成功，迅速在成都等经济较为发达地区推广应用。近年来，新体制学校或由财政统筹购买服务的非在编教师在成都市武侯、高新、天府新区和双流等区域盛行，非在编教师与在编教师数量相当。因校长自主选聘、自主使用、按劳发薪等人事权的自主性，极大激活学校办学活力，调动教师干事热情。

四是建立中小学教师编制"周转池"，提高乡村教师编制使用率。积极落实《关于加强新时代乡村教师队伍建设的意见》要求，挖潜调剂出来的各类事业编制资源优先用于补充中小学教职工编制，保障乡村教育事业发展需要。同时，采取区域统筹、保障急需、动态流转，按照一定比例建立中小学教师编制周转池，保障临时急需和阶段性用编。根据学校布局结构调整及学校规模变化，实施城乡统筹、余缺调剂、周转使用的中小学教职工编制管理新机制。以四川泸州为例，挖潜出各类事业编制1040余人补充调剂进入乡村教师队伍。

三、动态调整，优化师资结构促均衡

一是实施学区制改革，促进乡村教师区域内流动。以县为主，实施教育

学区制、集团化办学、校联体等改革制度，建立起"教育资源共建共享、教育教学统一管理、考核评价整体捆绑"模式，促进乡村教师在学区、集团和校联体之间交流轮岗，不断创设新的学校教育环境，缓解教师职业倦怠，优化区域教师学科、年龄结构，促进教育均衡发展。成都市 2015 年率先实施学区制改革，探索出四种学区制试点样本，极大缩小了义务教育的校际、城乡、区域教育差距。目前，四川省教育厅在地方实践基础上不断完善方案，出台政策，全省推行，为以县为主统筹城乡师资交流，提升区域质量均衡起到促进作用。

二是开展定向培养，确保乡村教师入口优质。定向培养的实施重在造就一支"下得去、留得住、教得好"的本土教师队伍，促进乡村教师队伍的稳定和发展。2018 年开始，四川正式启动"定向招生、定向培养和定向上岗"公费大学生培养计划。每年为省内 45 个原深贫县培养 1000 名紧缺专业大学本科生，集中在师范生、医学生等领域，录取的学生毕业后到原深度贫困县定向上岗不少于 6 年。同时，各市根据乡村教师实际需求前后启动"定向招录、定向培养、定向分配"的乡村小学教师全科培养制度。以泸州为例，从 2016 年始，针对本区域村小教学点教师需求，依托泸州职业技术学院，从初中遴选优秀学生进行定点培养 920 名全科小学教师，已分批次全部到岗，稳定性强，教学反响好。目前已根据需要，针对区域幼儿教师缺口开展定向培养。

三是鼓励学历提升，推动师范院校举办在职教师学历提升班。四川中小学教师整体学历低于全国平均水平，乡村教师学历尤为偏低。结合川内师范院校 7 所，有师范专业的本科及高职院校数十所，还有体系健全的省、市、县三级开放大学等优质资源，积极鼓励举办在职教师学历提升补习班，倡导乡村教师利用寒暑假和周末进行在职学历提升学习。各市州相继出台政策，确保教师学历提升的相关费用在取得学历认证和学位认证后凭据报销。针对民族地区，宜宾学院等省内师范院校，采取送教上门方式，到民族地区县城所在地，专项开展"一村一幼"辅导员、非编教师等补习升本班、考研班，帮助在职乡村教师提升学历层次。

四是优化学科结构，确立紧缺领域教师专项。调研发现，在实行中心校 +

校点的学区制地方，紧缺领域学科教师"走教制"成为常态。即中心校音体美、信息技术等教师进行每周送教到校点的常态教学活动。同时，省国培项目每年专项开展"紧缺领域教师队伍专项培训"，建立省级科学、心理健康、劳动教育等紧缺领域名师工作室，采取"工作坊"形式带动紧缺领域教师专业发展和学科深度研究。结合义务教育优质均衡县的国检验收，将"音体美教师的配置率、骨干教师率"作为必备监测数据，强化学科结构的均衡配置，保障五育并举的课程体系建设，确保青少年学生全面发展。

四、区域自治，地方统筹聚力量

一是微校联盟，聚沙成塔凝合力。四川地域广阔，盆周山区、丘陵地区等由于经济条件、地理位置等所限，村小及教学点小规模学校数量较多，仅村小教学点就有 7000 多个。如何让小规模学校教师专业得到提升？广元市率先探索的"微校联盟"发展模式得到各界认可。即针对区域内乡村小规模学校数量多、艺术等学科教师紧缺、教师数量少、包班普遍等，导致的研修无同伴、专业化程度低等问题，进行同县域或市域微型学校教师联盟合作，资源共享，自力更生式发展。因这类学校具备相似区域、相似校情、相似生源与师资，在同质共建共享基础上引入外力，易凝聚力量，共享智慧。广元"微校联盟"引来很多公益资源，破解了紧缺领域教师缺失、教学质量提升困难等问题，受到社会各界广泛关注。

二是优化布局，区域统筹去弱项。由于城镇化发展的需要，城市居民占比日增，乡村学校"空"、镇区学校"弱"、城市学校"挤"问题突出。为优化学校布局，四川将启动新一轮的基础教育学校布局调整，增加普惠性学前教育资源，改善乡镇寄宿制办学条件，在办好有必要保留的小规模基础上，将高中往县城集中，初中往镇区集中，小学往乡镇集中，进一步优化教育资源特别是教师资源的配置。预计 2022 年将完成 430 余所中小学和幼儿园、470 余个教学点的撤并任务，实现区域内师资统筹调配，整体提升乡村教育质量。

三是政策倾斜，表彰评比重师德。各地坚持把乡村教师队伍建设摆在优先发展的重要位置，大力实施乡村教师支持计划。广安市开展"三区"人才支持计划，选派具有中级以上职称的骨干教师到偏远地区支教，保持乡村教师队伍活力；资阳市不断强化乡村教师表彰制度，每年评比乡村教师"优秀园丁奖、好教师和好校长奖"数百名，并按照乡村教师基础性绩效工资高于城镇教师10%的待遇，提高乡村教师绩效工资考核；宜宾市提高乡村学校中、高级职称岗位设置比例，在农村学校连续支教3年以上的城区教师优先评聘中、高级职称。各地在逐步缩小城乡师资水平差距、补齐乡村教育发展短板等方面因地制宜，努力让乡村学生接受更加公平更有质量的教育。

五、创新模式，改革师培模式强实效

一是对口式支教，区域协同促发展。充分发挥成都等主干城区教育的引领辐射作用，遴选经济发达、教育兴盛区县采取"一对一""多对一""一对多"等方式对口支教甘孜、阿坝、凉山及乐山市民族自治区县，组织千余所优质中小学对口支教"三州"千余所学校，建立"县对县、校对校"对口帮扶机制。优质学校不仅选派优秀教师长期入驻受扶校进行研训指导、示范引领，还将其骨干教师送出来，跟岗研修，开阔视野，全面提升民族地区乡村教师专业水平。

二是定制式帮扶，精准施策提质量。四川幅员辽阔，区域教育状况复杂，科学研判，对症开方，方显成效。2018年，四川出台《四川省名师名校长工作室建设管理办法（试行）》规定：每个工作室要遴选1~2名深度贫困县优秀教师校长进入工作室开展研修，每个工作室要开展送教下乡、教育扶贫和对薄弱区域（学校）开展支教帮扶等活动。借助四川省名师名校长工作室力量，探索了县域乡村教师专业发展"定制式"帮扶策略，总结出摸清需求，定制"一对一"帮扶方案；入校诊断，实施"一校一法"帮扶良方；示范引领，推出"一课一研"提升路径；名校结对，落实"点对点"后续帮扶行动的"四步骤"及"三强化"扶助政策（强化民族地区教师专业知识和教学技能的提升，强化工作室名师课堂教学示范引领，强化民族地区教师教研方法的指导），借助工作室培育民族地区优秀种子教师。从根上探寻破除乡村教师专业发展制约因素，因地制宜，精准施策。

三是进驻式引领,定向发力破瓶颈。乡村教师尤其是民族地区教师发展需阵地前移、重心下移到乡村学校与课堂,真实融进乡村教师工作与生活的文化土壤,简单移植先进地区的教师培训培养经验往往会导致"水土不服"。2018年6月,四川启动援彝"第一校长"计划,每年选派50名教育综合帮扶成员出任凉山州部分乡村中小学"第一校长",历任3年,以期通过"第一校长"3年进驻式的专业引领与优质资源的整合利用,针对性带动学校发展及教师专业提升。2020年启动"凉山州'一对一'精准帮扶提升工程",即以教育部培训专家组指导下的省内优质师范院校为主体,联合N个优质中小学校,精准对接帮扶凉山州一县一片区内的所有中小学校教师专业提升,周期两年。在此两年期间,高校全面研判民族地区中小学教师专业发展需求,将优质中小学教师长期进驻到每个受扶学校进行面对面、点对点、实打实的帮扶指导,优质中小学教师长期的这种示范指导、文化浸润,潜移默化融进乡村教师生活与工作,从而带动民族地区乡村教师的学习自觉与发展内驱。

四是云教式直播,线上研训常态化。信息化时代,线上教学成为新常态。充分利用线上平台,向乡村教师打开一扇窗,常态化推进乡村教师与城市教师的研训活动是一种低投入高回报的教师专业成长新模式。2019年,四川启动"天府云教"直播课堂和"娇子网校",在全省遴选15所优质高中、10所优质初中、10所优质小学和5所优质幼儿园,开展全时段、全学科覆盖民族地区和乡村中小学的课堂直播及乡村教师互动式线上教研。2020年,专项开辟"川越视界,天府师说"在线平台公益论坛,针对民族地区教师进行"微课堂、微讲座、微论坛"在线互动式培训,旨在通过优质课堂资源的线上输出和线下指导,结合教师专业能力,提升关键内容的新课标、新课程、新教材、新课堂的线上研修,以信息化手段助推乡村教师专业发展。

六、综合谋划,提升教师培训能力

一是建强县级教师发展机构。加快县级教师进修学校、教研室和电教部门等实质性整合,独立建制成立县级教师发展机构;加强县级教师发展机构建设的政策保障,增强其在教师资格准入、教师培训、职称评审、教育评估、决策咨询等方面的服务功能；建立市县教师发展机构教研员、研培员准入制度，强化教师培训者队伍建设，加大培训者培训及考核力度；培育建设优质中小学教师发展基地，充分发挥基地校在深化校本研修、参与各级各类教师培训、推进教研教改等方面的示范作用。

二是改革教师培训机制，突出重点和针对性。省级统筹、州级推动、县级为主，投入专项经费，设置针对乡村学校乡村教师能力提升的专项培训项目，开设乡村学校乡村教师培训班，抓住少数关键，重点加强乡村学校校（园）长、班主任、新入职教师、学科骨干教师、非师范专业毕业教师培训。首先要制定政策、落实待遇，探索半年至1年周期教师浸润式培训模式，选派优秀中小学教师到乡村学校任教，指导乡村教师课堂教学、教研活动、学生管理，"手把手，一对一"实施驻校式教学示范引领，提升学校教学质量的同时实现教师培训；其次要提升非师范专业教师教育理论及实践教学能力。针对非师范专业毕业学生任教应接受至少半年的师范专业课程学习，通过网络研修、集中培训、教学实践等多种形式开展培训，重点学习教育学、心理学、教学法等课程内容，并对相关知识、技能进行测试，达到一定的标准后方可上岗执教；最后要加大新入职教师培训力度。制订新入职教师岗前培训课程标准，组织新入职教师接受不少于2年周期的专业培训，其中集中培训不少于2个月，跟岗教学实践不少于6个月，加大对新入职教师的职业理念和信念、师德教育、专业发展规划指导，注重提升新入职教师的教育教学理论和实践教学能力，加大对新入职教师任职能力考核，促进新入职教师专业成长。

三是创新培训组织及机制。深入推动师范院校、当地教师发展机构、内地优质中小学教师发展基地校构建"1+1+N"的运行机制，突出师范院校教育理论指导、优质中小学教师发展机构结对帮扶，当地教师发展机构培训活动组织、教师研修指导等功能；构建片区学校、教联体、集团化学校帮扶发展组织，采取联合教研、常态化教师交流等举措实施帮扶式培训；构建师范院校对地方教育行政部门、地方中小学校对乡村学校中小学校"一对一"精准帮扶组织，精准到区域、精准到学校、精准到学科、精准到个人，明确职责、落实任务、细化举措，提供帮扶菜单，满足于地方和中小学校及教师现实需求和发展需求，实施有针对性的帮扶培训。

四是改革培训内容和方式。针对乡村教师较为薄弱的教育理念，教师基本功，教学设计、课堂组织、学生管理等模块化设置课程。考虑到乡村学校教师地域交通、地方文化、生源素质、教学现状等因素，将培训阵地下潜，采取"名师送教""结对帮扶""线上教学示范"等多种方式，借助乡村学校学生及现有资源等进行教学示范、课堂观摩点评指导等，让教师直观地感受高质量的教育教学内容，通过对比反思自身存在的不足，从而快速将习得的经验成功迁移到自己的教育教学活动中。

第二章　破解机制

——深贫县乡村教师素质提升三年行动计划

第一节　行动背景与整体规划

一、行动背景

新中国成立以来，中国共产党带领人民持续向贫困宣战。经过改革开放以来的努力，成功走出了一条中国特色扶贫开发道路，使 7 亿多农村贫困人口成功脱贫，为全面建成小康社会打下了坚实基础。中国成为世界上减贫人口最多的国家，也是世界上率先完成联合国千年发展目标的国家。截至 2014 年年底，中国仍有 7000 多万农村贫困人口。

2015 年 11 月 23 日，中共中央政治局审议通过《关于打赢脱贫攻坚战的决定》。11 月 27 日至 28 日，中央扶贫开发工作会议在北京召开。中共中央总书记、国家主席、中央军委主席习近平强调，消除贫困、改善民生、逐步实现共同富裕，是社会主义的本质要求，是中国共产党的重要使命。11 月 29 日，《中共中央国务院关于打赢脱贫攻坚战的决定》发布。"十三五"期间脱贫攻坚的目标是，到 2020 年稳定实现农村贫困人口不愁吃、不愁穿，农村贫困人口义务教育、基本医疗、住房安全有保障；同时实现贫困地区农民人均可支配收入增长幅度高于全国平均水平、基本公共服务主要领域指标接近全国平均水平。脱贫攻坚已经到了啃硬骨头、攻坚拔寨的冲刺阶段，必须以更大的决心、更明确的思路、更精准的举措、超常规的力度，众志成城实现脱贫攻坚目标，绝不能落下一个贫困地区、一个贫困群众。四川是我国改革开放总设计师、"一国两制"伟大事业的开创者和奠基人邓小平的家乡。四川的省情可以用"四五六"来概括：户籍人口9100万，在全国排第四位；幅员面积48.6万平方公里，在全国排第五位；经济总量在全国排第六位。四川是全国扶贫任务最重的省份之一，国家14个集中连片特殊困难地区中涉及四川省大小凉山彝区、高原藏区、秦巴山区和乌蒙山区"四大片区"，贫困"量大、面宽、程度深"特征明显。2013年年底，全省有贫困县88个、贫困村11501个、贫困人口625万人，贫困发生率9.6%。

图2-1　2013年四川省贫困地区分布图[1]

图2-2　四川省88个贫困县分布图

[1] 脱贫攻坚网络展：四川篇. http://fpzg.cpad.gov.cn/429463/429470/429495/index.html.

　　深度贫困地区是脱贫攻坚战的坚中之坚。按照中央的决策部署，中央对"三区三州"，包括西藏、新疆南疆四地州、四省藏区，和四川凉山州、甘肃临夏州、云南怒江州作为国家层面的深度贫困地区给予重点的支持。由于历史和地理的原因，四川省深度贫困县的经济文化发展相对滞后，45个贫困县都处于彝区和藏区，在教育上与内地及发达地区的差距相当明显。

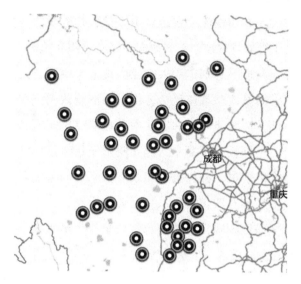

图2-3　四川省45个深度贫困县分布图

　　由于历史和地理的原因，四川省深度贫困县的经济文化发展相对滞后，绝大部分深度贫困县处于民族地区，在教育上与内地及发达地区的差距相当明显。进入新世纪以来，国家和省级层面高度重视深贫县和民族地区教育发展和教师队伍建设，四川省委、省人民政府早在2010年又根据全国教育工作会议精神和《国家中长期教育改革和发展规划纲要》及中央的有关部署要求，制定并颁发《四川省民族地区教育发展十年行动计划（2011—2020年）》明确指出"建设一支数量足够、素质合格、学科配套、适应现代教育需要的教师队伍是实现民族地区教育跨越式发展的基础和保障"。2015年，国务院《乡村教师支持计划》要求国培计划"全面提升老少边穷岛乡村教师素质"。针对民族地区教育整体发展较快，但学前教育和高中阶段教育发展滞后，义务教育发展水平和质量与人民群众享受优质义务教育的要求还有差距。2018年

1月，省委办公厅、省政府办公厅印发《关于实施深度贫困县人才振兴工程的意见》，代表我省启动深度贫困县人才振兴工程，突出加强人才引进、培养、使用和激励，力争打造一支规模宏大、留得住、能战斗、带不走的人才队伍，确保深度贫困县与全国全省同步建成小康社会。加快深贫县教育发展，关系全省乃至全国发展稳定大局，教师是教育发展第一资源，为推进深贫县教育跨越式发展，省人才办印发深度贫困县中小学教师素质能力提升培训实施方案，并指定川内4所师范院校牵头，协同项目县组织实施。

2018年2月，习近平总书记深入大凉山腹地考察脱贫攻坚，并在成都市主持召开打好精准脱贫攻坚战座谈会，指出要清醒认识把握打赢脱贫攻坚战面临任务的艰巨性，清醒认识把握实践中存在的突出问题和解决这些问题的紧迫性，不放松、不停顿、不懈怠，提高脱贫质量，聚焦深贫地区，扎扎实实把脱贫攻坚战推向前进。四川省委省政府认真贯彻落实习近平总书记关于扶贫工作的重要论述和对四川工作系列重要指示精神，牢记习近平总书记视察凉山彝区和阿坝藏区嘱咐，坚持把脱贫攻坚作为最大的政治任务、最大的民生工程、最大的发展机遇，聚焦"两不愁、三保障"，下足"绣花"功夫，决战贫困顽疾，取得重大进展。

由此，四川省教育厅、四川省扶贫和移民工作局联合下发了《四川省深度贫困地区教育脱贫攻坚实施方案（2018—2020年）》，将聚焦深度贫困地区教育扶贫，以高原藏区、大小凉山彝区45个深度贫困县为重点，以补齐教育短板为突破口，以解决瓶颈制约为方向，充分调动各方面积极性、主动性和创造性，采取超常规举措，推动教育新增资金、新增项目、新增举措进一步向深度贫困县倾斜，用3年时间打好深度贫困地区教育脱贫攻坚战。

这场脱贫攻坚战的目标是：到2020年，45个深度贫困县教育总体发展水平显著提升，学校办学条件达到国家规定标准；稳定实现义务教育有保障，实现建档立卡贫困人口教育基本公共服务全覆盖；实现各教育阶段建档立卡学生从入学到毕业的全程资助，保障贫困家庭孩子都可以上学，不让一个学生因家庭经济困难而失学；教师队伍素质明显提高，教育质量不断提升，建档立卡贫困家庭学生接受更好教育，都有机会通过职业教育、高等教育或职业培训实现就业，实现家庭脱贫；教育服务区域经济社会发展和脱贫攻坚的能力显著增强。

为加强乡村教师队伍建设，到 2020 年，定向培养 2400 人，招录招聘教师 1 万人，使深度贫困地区教师总量达 7 万人。推进实施城乡教师、校长交流（轮岗）管理，每年交流轮岗人数不低于应交流轮岗人数的 10%，推动优秀教师县域内均衡配置。加大"三区"人才支持计划教师专项计划倾斜力度，优先向深度贫困县选派急需的支教教师。同时，我省还加大"国培计划"、省级教师培训项目对深度贫困县的倾斜力度，省级重点培训 3.8 万人次，其余人员由市（州）、县（市、区）负责培训，到 2020 年实现中小学（含幼儿园）教师全员培训。

二、路径探索

（一）锚定价值

1. 理念定位

切实改善深度贫困县中小学校教师教学观念亟待更新、教学方法亟待改进、教学水平亟待提升的现状，根据深度贫困县实际，通过"三方协同、四级管理、五级培训"的工作思路和方式，量身打造、按需施训，为深度贫困县建立一支本土骨干教师队伍、搭建共学共研学习平台，整体提升教师能力素质。

2. 目标引领

从 2018 年起至 2020 年，加大"国培计划"和省级教师培训项目对深度贫困县的倾斜力度，省级重点培训 3.8 万人次，其余人员由市（州）、县（区、市）负责培训，到 2020 年实现中小学（含幼儿园）教师全员培训。

（二）明确任务

原则上每年 3 月下达当年培训计划，承担培训任务的院校及时对接项目县培训需求，于 5 月底前制订当年培训方案并报教育厅备案，并于下达计划后的 12 个月内完成当年度培训任务。

1. 做好组织领导

在省人才工作领导小组指导下，由教育厅会同财政厅等部门，以及有关培训高校共同推进实施。教育厅负责统筹项目实施，下达培训计划，开展指导检查和绩效评估，各有关部门和单位按照职责分工负责具体实施。深度贫困地区应明确工作部门具体负责教师培训规划、学员选派、培训组织、质量监管、沟通衔接等工作，建立教师培训工作台账，为培训项目实施提供便利；项目承担单位应当注重教学设计和质量评估，通过需求调研、课程设计和开发、专家论证、评估反馈等环节，推进培训工作科学化、精准化，项目结束后及时进行绩效总结和自评。

2. 做好经费保障

中小学教师素质能力提升培训所需经费，主要由国家、省、市、县、校共同承担。45个深度贫困县中尚未纳入"国培计划"项目县的24个县，全部纳入"国培计划"项目县，所需资金由"国培计划"中央专项资金予以保障；其余深度贫困县全部纳入省培计划，所需资金除教育厅每年统筹安排1500万元外，剩余资金由省人才振兴工程专项资金予以保障。以上资金均由财政厅会同教育厅下达培训资金到相应项目承担单位。未纳入国家和省培训计划的深度贫困县教师所需培训资金由地方财政经费予以保障。

（三）优化形式

1. 团队研修——着力关键，打造"用得上、干得好"的高素质乡村教师培训团队

培训目标：遴选项目县区域内具有良好发展潜力、能够承担乡村中小学和幼儿园教师送教下乡培训和教师工作坊研修指导工作的中小学骨干教师和教研员，由对接师院院校牵头、网络研修培训机构和项目县（学校）协同，组织院校集中研修、"影子教师"跟岗实践、返岗培训实践和总结提升四个阶段的系统培训，重点提升参训教师的培训和指导能力，打造一支"用得上、干得好"的高素质乡村教师培训团队。

培训时间：培训团队研修项目中纳入"深度贫困项目"的项目县，集中培训时间为每年30天，实施周期为连续2年共60天；纳入省培计划的项目县，每年集中培训时间为 20 天，实施周期为 1 年。其中，集中培训期间的跟岗实践时间不少于总天数的三分之一。

2. 送教下乡——重点提升，培育学科骨干教师教育教学能力

培训目标：在对接师范院校协同指导下，以项目县为主体，充分依托本地教师培训团队，分阶段实施主题式送教下乡培训，具体包括诊断示范、研课磨课、成果展示、总结提升等阶段，重点提升学科教师教育教学能力。按照送教下乡与校本研修指导并重的原则，有效利用网络研修手段，将送教下乡与教师工作坊研修、校本研修实践活动有机结合，突出现场诊断、课例运用、实践指导、生成性资源分享等，确保实效。

培训时间：纳入"深度贫困项目"的项目县，送教培训时间为每年 8 天，实施周期为连续 2 年共 16 天；纳入省培计划的项目县，送教下乡培训与教师工作坊研修整合进行，时间为每年 10 天，实施周期为 1 年。

3. 教师工作坊研修——建立机制，提升本土师培持续发展能力

培训目标：重在依托本地团队，分学科（领域）建立"用得好、辐射广、可持续"的骨干引领全员的教师常态化培训机制，持续提升本土教师教育教学能力。项目县协同培训高校在参加教师培训团队研修的学员中遴选工作坊主持人和"三人行"团队，面向当地教师遴选参坊学员，组建教师工作坊，实施送教集中面授培训、线下有组织的现场实践活动和网络研修相结合。

培训时间：纳入"深度贫困项目"的项目县，教师工作坊研修时间为每年 6 天，实施周期为连续 2 年共 12 天，其中，每年网络研修学时不少于 100 学时，包括课程学习、问题研讨和成果展示等。纳入省培计划的项目县，教师工作坊研修与送教下乡培训整合，时间为每年 10 天，实施周期为 1 年。

（四）细化人数

做好细化人数工作，是落实精准性培训和个性化培训的基础工作。在对各深贫县进行调研的基础上，根据不同县城的教师规模与结构、发展水平和区域教育发展的热点难点关键点问题，在总体人数的框架下进行双向协商、微量调整，确定每个项目的人数，如送教下乡培训、教师工作坊研修、培训团队研修等，确保应培尽培，培训精准落实。

2018 年度深度贫困县中小学教师素质能力提升任务分解表

市州	区县	2018 年国培计划				2018 年省培（一年周期性项目）			培训人次合计	国培经费测算（万元）	省培经费测算（万元）	经费合计（万元）	责任高校
		小计	培训团队研修	送教下乡培训	教师工作坊研修	小计	培训团队研修	送教下乡+工作坊混合式研修					
乐山市	金口河区	410	30	240	140	—	—	—	410	219.6	—	2335.8	西华师范大学
	峨边彝族自治县	—	—	—	—	1030	60	970	1030	—	327.0		
	马边彝族自治县	—	—	—	—	1450	90	1360	1450	—	462.0		
凉山州	金阳县	1070	80	710	280	—	—	—	1070	585.6	—		
	喜德县	1360	100	900	360	—	—	—	1360	741.6	—		
凉山州	普格县	—	—	—	—	1420	80	1340	1420	—	450.0	1657.8	四川师范大学
	雷波县	—	—	—	—	1970	120	1850	1970	—	627.0		
	布拖县	1060	80	700	280	—	—	—	1060	580.8	—		
甘孜州	康定市	—	—	—	—	1140	70	1070	1140	—	363.0	2151.0	成都师范学院
	雅江县	390	40	250	100	—	—	—	390	228.0	—		
	道孚县	400	40	260	100	—	—	—	400	232.8	—		
	甘孜县	580	50	380	150	—	—	—	580	326.4	—		
	白玉县	390	40	250	100	—	—	—	390	228.0	—		
	色达县	360	30	230	100	—	—	—	360	200.4	—		
	乡城县	350	30	220	100	—	—	—	350	195.6	—		
	稻城县	340	30	210	100	—	—	—	340	190.8	—		
	得荣县	330	30	200	100	—	—	—	330	186.0	—		
阿坝州	汶川县	—	—	—	—	1240	80	1160	1240	—	396.0	1588.8	绵阳师范学院
	茂县	960	60	650	250	—	—	—	960	510.0	—		
	松潘县	660	50	430	180	—	—	—	660	361.2	—		
	金川县	600	40	400	160	—	—	—	600	321.6	—		
合计									17510	5108.4	2625.0	7733.4	

2019—2020年度深度贫困县中小学教师素质能力提升任务分解表

市州	区县	2019年国培计划				2019年省培			培训人次合计	国培经费测算（万元）	省培经费测算（万元）	经费合计（万元）	责任高校
		小计	培训团队研修	送教下乡培训	教师工作坊研修	小计	一年周期性项目						
							培训团队研修	送教下乡+工作坊混合式研修					
凉山州	盐源县	—	—	—	—	2970	170	2800	2970	—	942.0	942.0	西华师范大学
凉山州	昭觉县	—	—	—	—	1730	120	1610	1730		555.0		四川师范大学
甘孜州	越西县	1800	120	1200	480	—	—	—	1800	964.8	—	1732.8	四川师范大学
	理塘县	—	—	—	—	660	50	610	660	—	213.0		
甘孜州	丹巴县	—	—	—	—	610	50	560	610	—	198.0		成都师范学院
	九龙县	—	—	—	—	670	50	620	670	—	216.0		
	德格县	520	40	340	140	—	—	—	520	285.6	—	1536.0	
	新龙县	400	40	260	100	—	—	—	400	232.8	—		
	石渠县	500	40	330	130	—	—	—	500	277.2	—		
	巴塘县	580	50	380	150	—	—	—	580	326.4	—		
阿坝州	九寨沟县	—	—	—	—	720	50	670	720	—	231.0		绵阳师范学院
	黑水县	440	40	280	120	—	—	—	440	249.6	—		
	壤塘县	390	40	250	100	—	—	—	390	228.0	—	1572.6	
	阿坝县	590	50	380	160	—	—	—	590	330.0	—		
	若尔盖县	—	—	—	—	740	60	680	740	—	240.0		
	红原县	540	40	350	150	—	—	—	540	294.0	—		
	合计								13860	3188.4	2595.0	5783.4	

市州	区县	2020年国培计划				2020年省培（一年周期性项目）			培训人次合计	国培经费测算（万元）	省培经费测算（万元）	经费合计（万元）	责任高校
凉山州	美姑县	—	—	—	—	1710	110	1600	1710	—	546	546.0	西华师范大学
凉山州	甘洛县	—	—	—	—	1550	100	1450	1550		495.0	852.0	四川师范大学
凉山州	木里藏族自治县	—	—	—	—	1110	80	1030	1110		357		四川师范大学

甘孜州	泸定县	—	—	—	—	960	70	890	960	—	309.0	462.0	成都师范学院
	炉霍县	—	—	—	—	470	40	430	470	—	153.0		
阿坝州	理县	—	—	—	—	540	50	490	540	—	177.0	624.0	绵阳师范学院
	小金县	—	—	—	—	750	50	700	750	—	240.0		
	马尔康市	—	—	—	—	640	50	590	640	—	207.0		
					合计		7730	—		2484.0	2484.0		

（五）分工协作

1. 师范院校主要任务

（1）学校成立深度贫困县中小学教师素质能力提升培训工作领导小组，领导小组由学校领导、相关职能部门负责人和专家组成，建立培训专家团队和后勤保障等相关团队，保障培训工作有序推进。

（2）牵头协同远程培训机构与项目县进行深度对接，与项目县教育行政部门签订协同实施培训协议，明确双方责、权、利，并按照职责和任务确定三方经费开支标准和范围，实行项目经费预决算制，严格经费报销，确保专款专用。

（3）在充分调研和沟通的基础上，以项目县中小学教师培训实际需求为导向，按照省教育厅《关于深度贫困县中小学教师素质能力提升培训实施指导意见》的要求，一体化设计培训团队研修、送教下乡培训及教师工作坊研修等子项目的培训实施方案，报省教育厅备案后实施。

（4）做好项目实施和统筹指导工作。包括：①负责培训团队研修项目集中培训、影子跟岗、返岗实践和网络研修等工作。②牵头设计送教下乡培训总体方案，审定各学科送教培训实施方案，负责过程指导、效果评价和生成性资源加工审核。③协同远程培训机构负责教师工作坊研修项目方案总体设计、网络研修社区平台与课程资源建设，监督、指导网络培训机构，按照线上线下混合培训有关要求，组织开展工作坊研修工作。

（5）做好项目阶段性和终结性工作总结，按照深度贫困项目和省培训计划有关管理办法，报送培训简报和绩效报告，提炼培训经验，形成典型案例，固化优质培训资源。

2. 远程机构主要任务

（1）参与培训团队研修项目的协同实施，负责建立教师工作坊，提供适切的网络研修课程和网上网下活动计划，做好培训平台的运行维护和技术服务。

（2）在"深度贫困项目"送教下乡培训项目实施中建立教师工作坊，利用研修网络组织线上问题研讨、经验分享，成果展示等研修活动。

（3）参与送教下乡与教师工作坊研修混合培训项目的协同实施。牵头负责教师工作坊研修方案总体设计、网络研修社区平台与课程资源建设，参与教师工作坊主持人的培训，做好培训平台的运行维护和技术服务。

3. 项目县主要任务

（1）按照省上深度贫困县中小学教师素质能力提升培训及要求"深度贫困项目"和省培计划的有关要求，履行中小学教师培训的主体责任，整合教研、电教、培训机构等资源，成立深度贫困县中小学教师素质能力提升培训项目工作领导小组，保障培训工作有序推进。

（2）落实培训任务具体牵头承担单位，认真开展本区县乡村教师队伍素质能力专项调研，准确把握教师培训需要，主动与牵头师范院校深入对接，提出培训实施建议方案，签订协同实施协议，明确双方责权利。

（3）根据不同类型项目实施要求，结合本区县实际，组织实施或参与项目实施过程，制定相应的项目管理制度，加强过程监管，针对出现的问题及时对项目实施工作进行改进。

（4）在培训团队研修项目中负责选派参训学员，组织学员按照项目规定时间报到参训，协助做好学员集中培训期间的教学管理工作；负责在项目县当地开展的参训学员集中培训、跟岗研修和网络研修活动的组织和实施；负责参训学员返岗实践活动安排与使用（安排在送教下乡、教师工作坊等任务中至少承担1个项目培训任务），在培训实践中提升培训实施能力。

（5）在送教下乡项目中，负责以培训团队研修成员为主组建送教团队，基于送教需求研制切合实际送教培训方案，师范院校商定后，全面负责送教下乡的工作实施。按照要求遴选参训学员，制定项目实施管理办法，全程对参训学员进行管理、督促与指导；遴选优质中小学提供示范课、研究课现场，协助做后勤服务工作。

（6）在教师工作坊研修项目中，负责在参加教师培训团队研修的学员或本县教学名师、学科带头人中遴选工作坊主持人，组建"三人行"指导团队，遴选参坊研修学员，开展教师工作坊集中面授培训、线下有组织的现场实践活动，指导个体自主学习活动。

（7）按照送教下乡培训和教师工作坊研修项目的经费额度进行分项预算，在额度内按照规定标准开支费用，按照规定流程报销费用。实行培训经费预决算制，加强资金使用和监管，做到专款专用，向高校报送本单位项目经费的管理和使用情况。

（8）向牵头师范院校报送培训的实施情况，提交培训工作简报和总结材料，提炼典型特色经验，与高校协同配合，完成学员培训项目的资源生成工作，与远程机构协同配合，完成学员网络研修的成果展示和资源生成工作。

第二节　路径探索与行动创新

一、三方协同的管理护航

（一）建立"大学—远程机构—项目县"三方协同实施制度，项目实施整体联动，互相配合，合力推进

成立深度贫困项目工作小组，建立高校、远程机构、项目县三方联动的领导机制。为高效地开展项目工作，协同实施三方都成立"深度贫困项目"工作小组，深度贫困县项目实施在三方工作小组的领导下整体联动，互相配合，合力推进。项目实施中各方任务有分有合，既各司其职，又相互配合，实现"分工合作，分职管理"的项目协同实施。

建立过程管理协同制度，有固定的项目沟通流程，信息及时共享，保证

项目顺利实施。高校与远程机构和项目县建立项目过程管理制度，三方的项目工作人员建立联系 QQ 群，在群中实时沟通项目工作开展情况，项目实施要求的系列文件、共享学员学期报告，定期召开网络工作例会，共同分析、解决项目实施过程中的问题。

（二）建立详尽的过程管理制度，项目实施按章进行，程序标准，培训效果有效保障

为了通过制度规范项目实施，加强培训管理，提高项目实效，在吸取过往深度贫困项目实施的经验教训的基础上重新修订和增补出台了一系列管理文件，严格要求深度贫困项目培训班都按照文件的规定正规统一地进行培训开班前的准备工作，对学员报到与注册、开班典礼、建立学员档案、进行学习过程管理、做好考核与结业、培训资源的开发、培训结束后提交资料等环节都提出了严格的要求。同时，成立了深度贫困项目督查组，加强了过程监控。在培训过程中，严格要求各班执行"首席专家负责制""双班主任制"，要求各培训班配备专人的教学班主任和行政班主任，成立班委会，严格学员的考勤，要求学员认真履行请假制度，按时参加培训和考核。

（三）建立专业的教学管理制度，按标准化、专业化的要求实施教学管理

学校层面组建学校国培首席专家指导委员会，负责研制培训方案、培训班教学课程表审定、教学业务指导、过程检查评估和资源开发指导等工作，形成了有效的专业支撑。各项目实行首席专家制，首席专家负责设计培训方案，组织培训资源，全程参与和过程指导，充分保证了培训项目的专业水准。同时，重新修订和增补出台了关于集中培训教学管理的文件，严格要求各培训班按照深度贫困项目子项目的培训对象、培训目标、培训内容和形式安排培训课程，对专家团队的师资组成比例、教学场地、跟岗实践的基地学校安排、学习资源的寻找和使用、培训教学过程的记录等环节都提出了明确的指标要求，各项目按照要求，标准化、专业化地施训，有效地保证了培训质量。

针对线上线下混合研修，学校结合中小学教师学习规律，进一步明确原

创项目小组的工作职责，督促学员有条不紊地开展学习，大学项目组为培训安排了相应的学习进度安排。学员根据此进度安排，可以合理地安排自己的学习时间，既不会耽误自身的教学工作，又能保证自己的学习进度、质量；坊主可以根据教学进度安排了解整个培训进行过程中自己的工作职责，方便了坊主与学员的互动交流。项目组为各角色制定了操作手册，便于各角色查阅。为了保障项目的顺利开展，大学还组建由技术部、专家组、教务部和客服部组成的培训项目组，全力开展项目服务工作。为了提供及时、高效的服务质量，项目工作人员组建了项目维护 QQ 群，维护工作直达各区县和学校。为了能及时解答学员问题，保障培训顺利实施，大学每天安排专人值班，解答 QQ 群问题，接听电话，回复邮箱咨询，及时解答学员的问题与困惑，确保学员顺利学习。

（四）建立多元的省、县两级教师培训团队培用制度

学校为了深度贫困项目集合和遴选了一批来自全国各地的知名专家团队，成员来源多样，有高校专家、教科研机构研究员、一线名优教师。这批专家队伍不仅专业能力突出，而且培训能力很强，是"有学养，会上课"的专家团队。对省内的部分国培专家，特别是本校的项目首席专家和青年学者，在使用同时，还提供各种机会打造和提升这支团队，一方面为他们提供更多高端研修的机会，不断提升他们的研培能力；另一方面为他们提供更多的实践机会，参与不同模式的教师培训，让他们了解和熟悉教师专业发展的新理念、新趋势、新模式和新方法。同时，根据深度贫困项目实施的新变化，省级专家团队增加了一个很重要的功能就是帮扶项目县县级教师培训队伍，在深度贫困项目实施中，省级专家和县级专家协同工作，省专家要指导县级培训专家团队设计送教方案、主持教师工作坊、辅导网络研修、主持校本培训，让县级本土专家团队在与省级专家的共同工作中，共享资源、共同研讨、共同进步，在这样的过程中，不仅帮扶了县级教师培训专家，对省级专家也是一个很好的提升和修炼的机会。

在深度贫困项目中，针对县级教师培训团队提出了一整套完整的"选、培、用"制度。通过团队研修项目培育一支专兼结合、素质优良、结构合理的县

级教师培训专家团队，通过送教下乡、网络研修与校本研修整合培训锻炼、打造这支团队，通过"培育、实践、反思"全面提升团队成员的教育教学能力和培训指导能力，组建一支"用得上、干得好"的县级教师培训队伍，让这支队伍在实践中磨炼，在磨炼中学习，在学习中提高，让本土培训团队充分发挥示范引领作用，长期持续地支持本地教师队伍专业发展。通过精心遴选、培训打造、使用磨砺、专业管理等环节帮助县级本土专家团队成长。（1）精心遴选团队：每个项目县按培训者与参训乡村教师 1∶30 的比例，在小学、初中学段有关学科建立县级教师培训团队。（2）培训打造团队：采用院校（机构）集中研修、县级教师发展中心和中小学校"影子教师"跟岗实践、返岗培训实践、网络研修、总结提升五个环节，全面提升县级培训团队的教育教学能力和培训指导能力。（3）使用磨砺团队：在送教下乡、网络研修与校本研修整合、工作坊网络研修项目中充分发挥团队的示范引领能力，在一线教师培训中成为培训专家团队的中流砥柱。同时，在团队使用过程中，高校机构和远程培训机构对团队成员进行持续的跟进、指导，在实践中磨炼，在磨炼中学习，在学习中提高。

（五）建立科学的质量监控制度

1. 建立了专家组督查制度，通过对培训前期准备工作预审、培训过程中的课堂观察与学员随机访谈、培训后期网络社区研修开展情况的巡查等方式进行了督查，对每个培训班督查组都进行了不少于一次的深入课堂督查和不定期座谈督查，主要通过听取首席专家工作汇报、开展学员座谈、课堂观察等方式，了解学员到位情况（特别是缺勤、迟到、早退）、培训专家到位情况、培训教学活动开展情况以及学员培训感受度和对培训的意见及建议。

2. 建立"深度贫困项目"信息化传输制度，从实施方案到学员报到信息反馈、简报共享、培训生成性资源上传等实现信息化，有效监控了培训质量。

3. 通过网络平台打印证书，打印证书前实现参训学员全员匿名测评，测评设置 24 个子项目，对培训的方案设置、课程安排、专家情况、学习资源、学习环境、后续跟踪、信息沟通等方面进行了详细的调查，全面真实科学地了解参训教师对培训的意见和建议。

（六）建立详尽的后勤保障制度

"兵马未动，粮草先行"，要保障培训项目的有效实施，后勤保障是非常重要的环节，有时甚至是影响培训效果的关键因素。以四川师范大学为例，学校建立了详尽的后勤保障制度，制定了关于培训学员的住宿生活的安排和标准、培训教学条件保障、学员资料袋要求、学员安全保障、学员车辆出入学校安排、重大事件应急预案和经费保障制度，对培训具体实施中涉及的后勤的方方面面都进行了详细的安排和说明，教师培训学院和具体承办项目的项目组各司其职，做好分工，通力合作，保障项目顺利实施。具体而言，教师培训学院基本承办了培训的所有后勤安排，各项目组负责具体的通知和落实，这样有利于不打折扣地为学员安排食宿和生活以及调动全校的力量为培训提供教学条件的保障，同时，项目组可以减少后勤安排带来的琐事工作，专心于培训课程的准备和安排。

二、两段循环的成长阶梯

在深贫县培训团队研修中，采用"任务导向式"培训模式，集合集中研修、"影子教师"跟岗研修与后续的返岗培训实践、总结提升等是以"开展乡村教师培训"任务为导向的五个有机组成部分，采取专家讲授、课题研究、实践体验等培训方式，保证了培训的实效性。

以成都师范学院幼儿教师培训团队研修项目为例，高校与项目县密切合作，幼儿园骨干教师、教研员与高校教师共同研讨、密切配合，形成培训团队合力，共同解决乡村幼儿园教师培训的困难和问题。具体来说，以理论性与实践性有机结合，专题学习与交流研讨相结合，观摩考察与反思体验相结合，各种方式相互渗透融合，在理论培训中强调实践案例分析，在实践练习中突出理论与能力提升，在交流研讨中分享经验；以典型案例为载体，以问题解决为主线，发挥参培教师的主体作用，研修团队教师研讨真实的保教问题和乡村教师发展需要，在参与、合作和专家指导下主动建构，总结、反思，发展实践智慧，提升培训实践能力；以参与式培训为主要方式，灵活采取案例式、探究式、情境式、讨论式、任务驱动、现场观摩等多种方式开展研修，提高参培教师的参与度，增强培训吸引力和感染力，提升课程实施的实效。

第一阶段重点进行院校集中研修。培训定位于提升幼儿园骨干教师和教研员解决农村幼儿园教师保育教育突出问题的能力、培训方案设计与实施的能力、改进教研方式方法的能力，打造高素质县级乡村幼儿教师培训骨干团队。以"基于幼儿发展与幼儿园科学保教的教研能力提升"为主题，主要聚焦县域培训团队教研能力、教师培训实施方案设计、名师工作坊主持能力、送教下乡培训能力、网络与校本研修组织能力等的提高。本阶段主要实施有关学科核心能力、教研能力、培训能力、资源开发能力等的培训，同时开展关于乡村幼儿园教师送教下乡培训成果梳理和提炼的培训，在培训过程中帮助培训团队成员提炼梳理微讲座、工作坊、文本资源指导等实践操作。通过参与式、合作式、自主式的学习，奠定培训团队的组织基础、思想基础、理论基础和技术基础。

第二阶段重点进行跟岗研修，参培教师到跟岗基地充当"影子教师"，通过导师制促进参培教师不断深入了解跟岗基地的保育、教育、教研、培训等方面的现状，采取现场观摩、评议活动、组织活动等方式了解基地园课程改革与发展趋势，调动参培教师已有的保教工作经验与跟岗中获取的一线经验的冲突、融合，促进参培教师更新教育观念，丰富保教经验，提升保教工作水平；深入了解跟岗幼儿园的教研教改模式，学习组织开展教研和培训的方法，为参培教师返回工作岗位后指导开展教研、培训实践做好准备。

三、三云相生的疫情应对

随着信息技术的发展和时代的变化，线上线下混合式学习已成为新的学习方式。通过线下转线上集中研修培训，不仅层层打通了在线教学的关卡闭环，全力打造了规范高效的在线课堂，而且极大缓解了项目县的工学矛盾，为项目县节约了培训成本，是"改革之需"，是一举多得的良好举措。

由于疫情的影响，为在规定的时间内保质保量完成第二年的培训任务，在前期的充分准备和措施、办法落地之后，绵阳师范学院精心组织，统筹指导，积极采取信息化管理手段，于 2020 年 7 月 20 日起到 8 月 28 日分 4 个阶段进行了为期20天的集中研修线上培训任务，是全省率先开展线上集中研修培训的高校。线上授课过程中采取名师专题课堂、双师教学、远程协同教研等方式，通过云课堂、云观摩、云研讨等形式，切实帮助乡村教师不断提高教育教学水平。

集中研修线上培训任务期间，专人负责网络后台运作，充分利用师训宝APP进行全员考勤签到、布置作业、课程评价、课程反思；利用QQ群、微信群，上传各种学习资源和学习简报；组织专家教师及时在网络平台上解答学员提出的专业性问题。同时，引导学员直接参与教学内容设计、班级活动组织等，极大提升了培训工作的整体质量。

集中研修线上培训任务期间，培训中心每天对教学情况、学员在线情况、师生互动情况、学员反馈意见等数据进行持续跟踪，及时调整。结果显示，线上教学顺利有序，教学内容实用丰富，学员对学习平台及学习资源充分肯定，项目县和学员满意度高。10天的跟岗培训，绵阳师范学院也采取绵阳云跟岗的方式，把摄像机直接搬进校园和课堂，让学员足不出户就能观摩绵阳优质中小学的校园文化建设和完成跟岗培训任务。

四、四位一体的成长机制

参训的教师是最好的培训资源。要以教师培训为平台，充分利用高校人才培养优势，整合利用教育研究资源，开发利用一线教育实践培训资源，把教师培训与教师培养、教育研究和教育实践有机结合起来，取得了较为理想的培训效果。

经过几年时间的探索与实践，西华师大逐渐形成了"养、训、研、服务一体化的教师培养培训模式"。把职前培养、职后培训、教师教育研究与培养培训服务融为一体，充分发挥了系统整合功能：让参训的骨干教师走进大学课堂，为大学生传经送宝，与大学生互动交流，感受大学生的青春气息；让培训教师与参训学员结合培训或一线教育教学工作实际，发现问题、分析问题，共同探讨解决问题的对策，培训搭台，问题引领，积极从事基础教育及教师教育的研究工作，既培养了一线教师的问题意识与研究能力，也促进了师范生教学技能的有效形成和发展，更有力推动了教师教育在内容、模式等方面的自我革新和发展。与此同时，在教师培训中集多种培训方式于一体，把短期集中培训、跟岗实践、送教下乡培训等有机融合起来，在各自完成不同培训任务的基础上实现功能的合一，以形成服务于基础教育的整体力量，从而形成了"养、训、研、服务一体化的教师培养培训模式"，大大提升了培训成效的辐射范围。

1. 项目设计努力构建培训课程群

依据需求分析，构建培训"课程群"。"课程群"不仅仅涉及"课程内容"，更多体现于不同性质课程内容之间的关联结构。"课程群"凸显了专家之间的联动、强化了不同性质课程内容的耦合。

2. 团队集中培训研修旨在"育种子"

两年的团队集中研修，意在打造一支用得上的高素质乡村本地专家团队，团队集中研修坚持以人为本、按需施教、注重实效，从问题出发、以案例为载体，将理论知识学习与实践反思性学习相结合，高效课堂教学研讨与优质中小学观摩调研相结合，现场学习与网络研修相结合，提倡团队学习、学徒式认知学习、体验性学习、参与式学习、合作学习，教学做合一。在两年的集中研修中，通过参与式研修、案例分析研修、现场研磨研修、讲座互动研修等研修方式，参训教师培训需求诊断分析能力，方案设计能力和培训活动组织能力，教研方式方法、教研策划、教研活动组织能力，教师师德修养、心理健康素养和依法执教的意识得到了大幅度提升，基本建立了一支高素质乡村本地专家团队，增强了本地培训团队的造血功能，有效地推动了本地培训团队和培训工作可持续发展。

3. 送教下乡力争"务实受好评"

送教效果如何，取决于送教目标定位是否准确、内容选择是否适当、师资队伍是否精良、方法运用是否得当、过程组织是否严密。两年的送教，学校领导、培训中心、首席专家及团队全程参与，严密组织，务求时效，针对凉山州民族地区教育特点和教育特殊需求，靶向设计，力求送出成效。师培中心多次召开会议，分析培训需求、研讨培训方案、精心定位送教目标，精心设计送教内容，精心选拔送教团队，精心设计送教过程，精心选择组织形式，送教收效显著，得到项目县一致好评。送教注重一线教师所关切的问题诊断与解决式的能力提升培训。所有学科都选择了基于问题解决的课堂教学设计示范与解读，不仅紧密结合了一线教师的教学实际，也容易破解困扰一线教师的教学难题。送教团队构成体现了多元融合的特点，有高校专家、一线专家、一线教学名师、本地教研人员、国培学员，还有本地普通教师的随堂展示。几乎涵盖了教师队伍的所有层次，便于为参训教师多视觉展示一堂课，或多角度分享一个教育问题。送教过程强调平等交流和对话，加强与学员的情感互动，尊重学习主体，强调参与式培训，让学员在培训中深度参与，做教学设计的主人，而不仅仅是通过听和看来参与培训。

4. 网络研修与工作坊研修努力实现"全程可视化"

（1）培训实施过程中，实行"三段式"管理，全程控制培训质量。训前做好"诊断测评"，通过问卷形式，了解学员的现有教学能力水平，据此为学员设计主题式研修课程与活动；训中做好"中期评估"，通过项目日志、项目周报、项目简报、学情通报会、管理QQ群等形式，全程跟踪培训教学、学习指导和作业批改，改善教学行为，提高教学的实效性和指导管理的针对性；训后做好后测、"项目总结"及跟进服务，提升学员满意度和后续服务质量。（2）采取自动掉线或即时回答所学课程"随堂练"等在线学习监控技术手段，加强对学员学习过程的监管，切实保证大规模远程培训落到实处。（3）项目建立"一体两翼"的管理支持模式。"一体"：本着"一切服务于教师"的宗旨，项目紧紧以参训"教师"为服务主体。着眼于参训教师的教育教学中的真问题、真需求的发现与解决，以达到提高参训教师教育教学水平的目标。"两翼"：为使校（园）本研修突破"本校研修"的局限，获得更广阔的专业支持，搭建行政、业务双线支持体系。

五、统筹兼顾的县域推进

深贫县项目实施县，是项目落地的主体，在持续两年的周期性培训中，按照统一规划、一县一策的原则，推动培训项目在县域内的全覆盖，区域教师得到协同发展，乡村教师得到能力提升，全员培训实现综合改革。以下阿坝藏族差旅自治州汶川县就是一个统筹兼顾的县域推进的典型案例。

（一）保障抓机构，建立项目管理机制

1. 建立完善"三线并举"的项目管理机制

——建立"国培计划"项目领导小组。州教育局成立了以分管局长为组长，相关科室为成员的领导小组。县教育局成立了以分管县长为组长的领导小组，各级小组核心成员明确，职责清晰。

——建立"国培计划"项目执行小组。县上设立了"国培计划"项目办公室，县级以教研、进修校、电教等部门整合的教师培训中心为组长，以各校分管校长为成员，建立了项目实施中心组1个，后勤保障组1个，并委派专人负责；学校以校长为组长，以教师为成员，建立了项目实施小组22个，指导学习，跟踪项目实施的全过程，提炼经验，梳理问题，提出改进意见。

——建立"国培计划"项目督查小组。建立了以教育局纪委书记为组长，政府教育督导室主任为副组长，教师培训中心、进修校、计财、教研、电教教仪等为成员的督查小组。不定期对"国培计划"项目开展进行经费、成效督查，项目实施两年督查小组共开展5次经费督查，共开展8次成效督查，存在的问题均在规定期限内得到整改落实。

2. 建立完善"投入与使用并重"的经费管理机制

严格按照"明确目标、突出重点，科学规划、合理安排，责任清晰、规范管理，专款专用、注重实效"的原则投入使用。经审计，所有项目经费使用符合项目要求。我县将"国培计划"项目实施工作统筹纳入县级中小学幼儿园教师培训总体规划，仅2016年落实县级配套专项经费113332万元，解决了所有培训教师的生活及差旅费问题；2017县级拨付培训经费501000元，弥补校本培训经费的不足；学校落实公用经费的5%解决了所有参培教师的交通费等问题，使所有参培教师没有产生一点经济负担。

3. 建立完善"机构与项目县并举"的协同机制

项目实施年初，与机构（绵阳师院学院、国家开放大学）就项目的制定、

具体实施、细则等进行了沟通对接，向机构传达了本县的实际需求，机构针对需求拟订了培训计划，在项目实施过程中，多次派专家进行实地指导，基本构建起了高等院校、网络研修机构与项目区县共同参与的城乡教师培训共同体模型，建立了与培训机构的"联合立项，分工负责，协同推进"工作机制，确保项目有效实施。

（二）落实抓责任，健全督查考核体系

1. 精心部署，整体联动

——多次组织召开专题会议，做好总体部署。通过组织开展以校（园）长、辅导教师、教研员、一线教师等为主体的层级会议，进一步解析了全年的培训项目及每一个项目的实施要求，两年共组织召开大小型会议11次。

——多次修订项目实施方案，做好精准落实。论证每一个项目每一个环节实施的可行性，并针对论证结果存在的问题进行修订调试。最终以层层签订目标责任书的形式，明确各个小组、各个负责人的具体责任和目标任务。

2. 统筹兼顾，全员推进

对全县教师进行摸底调研，细化分类，针对中西部和幼师教师培训团队置换脱产研修项目、中西部和幼师送教下乡培训项目、信息技术、网络培训与校本研修整合、教师工作坊五类项目的实施方案和实施要求，按需选派参训教师。全县以100%的送培率、100%的参训率、100%的合格率共选派19名教研员、一线教师到绵阳师范学院参加教师"培训团队置换脱产研修"，250名教师参加了乡村教师"送教下乡"培训，239名教师参加了"网络研修与校本研修整合"培训，100名教师参加了"教师工作坊"网络研修。

（三）成效抓改革，创新项目实施路径

1. 打造优秀教师培训团队，做好置换脱产研修

汶川采取竞争择优的形式，能够承担中小学和幼儿园教师送教下乡培训和网络研修指导乡村工作的中小学骨干教师和教研员19人，参加绵阳师院组织的一年两次的置换培训。打造了一支"用得上、干得好"的高素质乡村教师培训团队。

2. 锤炼优质教师精品课程，做好送教下乡培训

——科学制定培训目标。以"改革课堂教学模式，构建有效课堂教学"为主题，把"培养教育教学骨干"和"提高乡村教师的专业水平和教学能力"作为培训目标。

——合理设置培训内容。根据"国培计划"课程标准，结合受训教师的实际情况，以激发教师研究、开发地方教材兴趣为拓展方向；以民族地区双语教学、羌语教学为特色；以运用理论与实际相结合的方法构建研修内容。

——规范实施培训流程。以"诊断示范、研课磨课、成果展示、总结提升"四个环节为流程，按照"听一次、看一次、做一次、教一次"的理论与实践整合形式进行送教。

——探索创新培训方式。一是开展专题讲座。培训中，请兄弟县专家分学科举办各种专题讲座，通过理论与实践相结合的专业引领，开阔了学员的视野，激起了学员思想的碰撞。二是开展主题研讨。话题涉及教育理念、课程标准、教学方法、多媒体教学、有效教学等多个话题，既有广度又有深度。三是进行案例评析。通过专家诊断教学中的问题，介绍并剖析诸多典型课例，突出案例中的问题特征与方法价值，引导学员在广泛充分的参与体验中收获提升。四是组织现场观摩。请高校专家上示范课，兄弟县专家上优质课，本地专家上观摩课，学员们自己上研究课。全年共邀请了古蔺、泸县、乐至、都江堰、大邑、资中、资阳、南充等十余个兄弟县（市）近50位专家到县与我县教师进行"本土"教学提升的指导研学。

3. 预设丰富的课程资源，做好网络研修

——开展信息技术应用能力专项提升培训。以任务驱动为主线，确定研修主题，分阶段设计系列课程模块，提出线上与线下研修活动与成果要求，并以整校进入的方式，引导参训教师基于前测进行自主选学。为589名学员提供了"个人空间"，为每个培训者设立"工作坊"活动。建立远程教育信息反馈机制，对阶段学习情况进行定期通报，我县各网络培训项目均达到注册率100%，参训率100%，合格率100%。在微课大赛中，我县3位教师分别获得一、二、三等奖，上传微课视频多份。

——开展网络研修与校本研修整合培训。项目实施中，国开大学聘请了江苏省常州市宋海英教授、王海燕校长等专家到汶川围绕区域学科工作坊活动设计、校本研修的管理、上机操作等主题对我县网络管理人员及骨干教师进行了为期3天的骨干培训者集中培训和基于磨课的线上线下的网络校本研修活动。同时，强化辅导员和校级管理员的职责，指导与监管学校组织全体教师开展网络研修与教学实践相结合的常态化校本研修活动40余次，建立了校本资源库。

——开展教师工作坊。以任务驱动为主线，通过诊断测评、实践反思、总结提升和成果推广等阶段进行跨年度递进式培训。我县在参加教师培训团队置换脱产研修的学员中遴选了3名教师作为坊主持人，按照学科建立了3个工作坊，结合坊员的实际需求以及县教研室的年度教研安排，每年开展集中面授培训、线下有组织的现场实践活动4次以上，指导个体自主学习活动18次。

（四）亮点促特色，深度融合本土实际

1. 培训对象重心下移，向乡村教师倾斜

在参与"国培计划"各项目的559名学员中，有520名是乡村教师，通过项目启动实施第一年的需求分析，我们第二年采取了需求跟进，按教学模式，分为普通类和双语类进行分类送教，同时建立了"用得好、辐射广、共成长"的骨干引领全员的常态化研修机制，重点关注乡村教师的能力提升。

2. 培训学科注重薄弱，向理科教师补给

我县理科教学一直存在薄弱点，所以这次以"国培"为契机，开展多场教学实践活动。帮助教师解决教育教学实际问题，采用集中面授与网络研修相结合的方式进行专项培训。在网络研修项目中仅物理、化学两个学科就进行了3次集中面授活动。邀请南充、乐至、绵竹市等数学、物理教研员到我县开展送教和专家实地指导活动；还邀请了5个项目县置换团队化学班共计14人到汶川中学交流学习，相互促进，共同提高。

3. 培训模式改革创新，向线下研讨延伸

大力推进混合式递进培训，着力推行短期集中面授、网络跟进研修和课

堂现场实践相结合的混合式培训。努力探索培训模式的有效性，比如，在"教师工作坊"的集中面授活动中，将中小学英语教师汇集在一起培训，相互了解和理解彼此的教学行为，增加衔接和协调性；在语文研修活动中，我们请数学老师上示范课，让语文教师感受数学教师语言的精练，怎样更好地把课堂还给学生。深入开展"以校为本、区域合作、跨时空、重交互、重提升"的线下专家示范引领磨课活动。

4．培训成果梳理提炼，开发挖掘本土资源

汶川根据本土实际，借力"国培"，邀请机构与本县教研员、一线教师进行了10余次"乡土教材教研"，编印了大量的乡土教材，而且现阶段"乡土"教材课已正式走进课程、列入课表，形成了《汶川》《云朵上的家园》《汶川县龙溪中心小学乡土教材》《感恩于心、知恩于行》《沃布基的故事》等一系列地方教材。实现了"开发试用，择优加工，推广运用"的工作机制和优质资源共建共享原则。

第三节　行动成就及社会效益

一、项目县域实践的现实成绩

（一）成果固化，引领教师专业发展——以汶川为例

1．教师培训体系得到加强

建立了科学的培训体系。培训内容涉及各学科领域，对象覆盖了全县95%以上的教师（除新招聘和调入的教师外，均参加了信息技术能力提升培训），信息技术、置换脱产研修、送教下乡、集中面授等混合式培训模式得到创新。教师们回校后的再培训让学校的校本培训也得到拓展和延伸。形成了《文件、制度汇编》《学员守册》《优秀案例集》《教学经验及论文集》《简

报及图片集》《汶川教育》等文本资料，会同培训机构建立了本地培训资源库。

2. 团队示范作用得到发挥

两年的培训，使汶川培训团队在方案设计能力、活动组织能力、教学实施能力、网络辅导能力、工作坊主持能力、课程开发能力等多方面得到了显著提升。形成本地骨干教师、学科带头人、名师到专家的良性梯级发展，打造了一批本地教学能手和专家。中国中铁映秀幼儿园的刘静园长多次被邀请到绵阳师院和乐山师院去进行经验交流。

3. 教师教学技能得到提高

通过培训，学员们在构建有效课堂、学科把握、知识梳理、问题辨析等方面明显有提高，教学设计、实施、研究、评价的能力普遍增强。掌握了先进的教育教学理念，学会了必要的知识技能，对提高课堂教学效益起到了推动作用，促进了教学方法的改变和教学技能的提高。

4. 学科教学群体能力得到提升

通过两年的系统培训，教师的专业精神、基本品质和基本经验不断成熟，基本技能、专业知识和专业能力不断提升，多名国培学员在各级各类教学竞赛中取得优异成绩，成长为我县的学科带头人、骨干教师和学校的中层干部。

5. 全员常态混合研修见成效

针对本次培训的学科特点和培训的"短训"模式，在工作的着力点、培训任务的重点、培训质量的要求等方面做了周密细致的安排，正确处理了长期研修和短期培训的关系，使得培训工作紧凑而不紧张，多样而不松散，有效地确保了培训质量。

二、行动计划的社会效益

（一）培训预期目标实现高完成度

1. 培养一批种子

通过该项目，为项目县培养了本土教师培训团队种子教师，他们将成为一支专业水平高、辐射能力强的"领雁"教师团队，参与并助推区域教师发展。

2．创新一种模式

深度贫困地区教师能力提升项目探索实施了新型学习模式与传统学习模式相结合的创新型、混合式培训模式，力求寻找到一个适应时代、适合教师专业发展特点的常态培训模式，以此持续地帮助教师实现专业成长，推动区域教育的整体发展。

3．建立一个平台

基于"互联网+"的混合学习模式，建立了跨越时间、空间的多维一体的研修平台："高校+项目县"的无缝联动研修平台，"集中面授+网络研修"联动的研修学习平台。

4．生成一批优质资源

在项目中，通过专家开发、学员生成、项目创生产生了一大批资源，有项目首席专家开发的培训课程资源、课程主讲专家开发的课堂教学资源、远程教育专家开发的网络学习资源，有学员在首席专家指导下研制的各种培训方案、学员之间与专家之间交流创生的思想火花记载（日志、总结等）、网络研修中学员完成的各项作业、网络研修中学员交流产生的思想，有项目中形成的一套工作制度、一种培训模式、一支地方队伍。

5．凝聚多个学习组织

在项目中形成了多个学习型组织，有项目要求组建的，有机构需求创生的，有学员追求自发组织的。为在培训过程中不断完善培训，提高培训质量，建立了首席专家定期研讨的工作共同体和学习共同体。在学员追求中，为了促进学习，合作交流，学员自发组建了本班之间、班级之间的"同学间"学习共同体，为完成后续研修任务，建立了区域内和跨区域的学员工作共同体和学习共同体。在后续研究中建立了"四川师范大学—各地教师"的学习共同体。

（二）多方获得丰富收获

1．学员收获

受训的学员业务素质在培训中得到提高，他们在教学观念、理念、教研活动的组织与实施、专业发展等方面得到全面提升，理论水平提高，业务能力增强，练就了一支"用得上、干得好"的高素质乡村教师培训团队。这些老师回到工作岗位后,能够把在培训中学习到的理论和技能运用到自己的工作中,能够发挥良好的示范引领作用,带动其他教师发展,提高教育教学质量。同时还收获了学员之间的友谊,搭建了相互交流的平台。

2. 学校收获

学校在组织实施培训的过程中锤炼了管理团队,锻炼了师资,收获了与学员之间的深厚情谊,也为在校生提供了不可多得的学习机会。国培的受益者不只是参培学员和培训教师,承担培训任务的学校的学科专业发展、在校学生的发展也是国培工作的受益方。在本次培训中,各学科积极组织师范专业在校学生参与到服务工作中,让在校大学生到培训现场听课,参与交流研讨,让学生获得在大学课堂上难以获得的知识和技能,促进职前职后一体化。国培工作也使学校与项目县与内地一些知名中小学及幼儿园的联系更加紧密,有利于进行校地合作,同时也切实体现了学校服务地方的功能与方向。

3. 改善了项目的教师发展生态

参培学员作为"种子"教师返回项目县后起到"以点带面"的作用,全面提升了当地教师的教学、教研能力;通过培训搭建起了各项目县之间、项目县与高校之间的交流平台,有利于教育教学理念、成果共享;培训过程中生成的大量优质教学成果极大地充实了当地教学资源库;通过"拷贝式"培训模式将各师范院校先进、新颖的培训模式运用到项目县具体的教师培养、培训中去。

第三章　战略创生

——乡村振兴重点帮扶县的"一对一"精准帮扶提升工程

第一节　凉山州"一对一"精准帮扶提升工程的背景及方案研制

一、凉山州基本情况

凉山位于四川省西南部，是全国最大的彝族聚居区，幅员6.04万平方公里，辖16县1市（安宁河谷地区6县市为汉族和少数民族杂居区，大凉山区域10个县为彝族聚居区，木里县是全国仅有的两个藏族自治县之一）。468个乡镇，其中340个乡（民族乡13个）、128个镇、15个街道办事处、135个社区、3724个行政村，有彝、汉、藏、回、蒙等14个世居民族，总人口约530.96万，其中彝族人口占53.89%。境内最高海拔5958米（木里恰朗多吉峰）、最低海拔305米（雷波大岩洞金沙江谷底），年均日照数1627~2562小时、气温14℃~17℃、降雨量1000~1100毫米、无霜期230~306天，属亚热带季风气候区。1935年中央红军长征过凉山，彝海结盟在中国革命史上写下光辉一页，成为党的民族政策实践的开篇典范。1950年凉山解放，1952年成立凉山彝族自治州，1956年实行民主改革，从奴隶社会"一步跨千年"直接进入社会主义社会，1978年与原西昌专区合并成立新的凉山彝族自治州。州府西昌市，城区海拔1510米，年均气温16.9℃，被誉为"一座春天栖息的城市"。

凉山是全国典型的深度贫困地区。由于自然、社会、历史等原因，生产力发展水平低下与社会发育进程滞后，是全国典型的区域性整体深度贫困样本，属于贫中之贫、困中之困、坚中之坚。2014 年，按照国家精准识别要求，全州通过识别纳入全国信息系统的贫困村 2072 个，贫困户 21.4 万户，贫困发生率 19.8%（贫困发生率在 20% 以上的共 1350 个，其中 50% ~ 80% 的 383 个、80% 以上的 71 个）；11 个民族聚居县均为深度贫困县，有贫困村 1821 个、建档立卡贫困人口 84.2 万人，贫困发生率 29.3%。通过历年动态调整，全州系统内建档立卡贫困人口达 97.5 万。

2019 年是凉山经受重大考验、砥砺奋进突破的一年。面对脱贫攻坚任务艰巨繁重、经济下行压力持续加大、多种矛盾困难相互叠加的严峻复杂局面，全州上下深入学习贯彻习近平总书记视察重要指示讲话精神，牢记总书记"我对凉山寄予厚望"的关怀嘱托，聚焦聚力脱贫攻坚"头等大事"、转型发展"第一要务"，接力奋斗、感恩奋进，用汗水浇灌收获，以实干笃定前行。全年实现地区生产总值 1676.3 亿元、地方一般公共预算收入 153.6 亿元，圆满完成 318 个贫困村退出、14.2 万贫困人口脱贫年度任务，雷波、甘洛、盐源、木里县 4 个县退出贫困县序列，全州累计退出贫困村 1772 个、减贫 80.1 万人（因复贫等原因存在重复）。贫困发生率降至 4%，呈现经济稳定增长、民生持续改善、各民族团结和睦、社会和谐稳定的良好局面。但任务仍然艰巨，全国仅剩的 52 个贫困县 7 个在凉山，10 个贫困发生率最高的县 6 个在凉山，6 个贫困发生率超过 10% 的县 4 个在凉山。

2020 年是脱贫攻坚决战决胜和"十三五"规划全面收官之年，是全面建成小康社会、实现第一个百年奋斗目标的里程碑之年。凉山坚定以习近平新时代中国特色社会主义思想为指导，深入学习贯彻习近平总书记系列重要指示讲话精神，紧扣全面建成小康社会目标任务，坚持稳中求进工作总基调，以决战态势挂牌督战，全面完成剩余 7 个贫困县摘帽、300 个贫困村退出、3.7 万户、17.8 万贫困人口脱贫任务，确保同步全面建成小康社会，加快建设美丽幸福文明和谐新凉山。

二、凉山州教育贫困的原因

凉山州作为脱贫攻坚政策体系的关注焦点，广受国内外社会各界关注，接受了多种渠道的帮扶项目，为凉山州的脱贫工作打下了坚实的基础。自1994年"国家八七扶贫攻坚计划"以来，凉山州接受了众多形式的教育帮扶，除了校园硬件设施建设帮扶外，也有大量来自外地的优秀一线教师来支教帮扶。凉山州基础教育阶段学校硬件设施建设已初见成效，但学校"软件"建设未见明显成效。由于外界的支教式教育帮扶辐射范围小，仅能覆盖部分学校，且由于外来优秀支教教师没有大凉山的生活背景，对大凉山民族地区的文化背景不熟悉，自身的教育理念与当地的教育实际具有极大的差距，与当地师生语言交流不畅，且支教时间短，难以融入当地文化及学校教育中，未能从根源上解决大凉山民族地区教育资源薄弱的问题。因此也就造成了外界对凉山州的教育久扶久帮，投入多，有成效，但效果弱的局面。找准凉山州教育贫困的问题根源，源头诊治，彻底依托教育扶贫阻断民族地区贫困代际传递是当前教育部门的要任。找准摸清凉山教育短板的主客观因素是第一任务。

一是凉山州自然因素限制。凉山彝族自治州主要分布在大凉山地区，除州府所在地西昌市地势平坦、全年气温情况良好外，其余地区多处于高海拔地区，全年气温相对较低。全州境域内山地面积居多，生态环境比较脆弱，农户生计方式单一，家庭收入来源依靠务农和放牧。农户绝大多数居住在高山耸立、峡谷纵深、山川相间的半山腰和高山区，其地形大多坡陡不平，耕地被山川河流分割为零星块状。农户家庭居住依耕地分散而分散，交通不便、信息闭塞。即使在国家精准扶贫政策的帮扶下，道路交通基础设施建设大力倾斜的情况下，凉山州内因道路结冰或山体滑坡导致交通不便仍占据一年内约三分之一的时间，造成了农户出行困难。首先，交通问题对学生的出行造成了不便，根据访谈了解，部分学生步行到中心学校的时间甚至将近两小时。长距离的山路交通存在着众多安全隐患，为缩短上学时间以及确保交通安全问题，小学阶段低龄在校住宿的情况普遍存在。其次，由于交通不便，导致大量非本县域内户籍的教师不愿长期任教，也在很大程度上影响了县域内教师城乡流转机制的运行。

由于自然环境的限制，凉山州内工业水平低，大部分县域内的农户家庭以种植业和养殖业作为家庭收入来源。因当地生态环境较为脆弱，气候相对恶劣，农业经济仍然处于"靠天吃饭"的状态，在生产投入上主要以人力投入为主。因此，根据对一线教师的访谈情况了解，到目前为止，仍然会出现学生在上课期间旷课回家干农活、做家务、放牛放羊的情况。甚至在寒暑假期间，家长仍会因为家庭收入问题默许未成年子女外出务工。在国家精准扶贫政策的支持下，凉山州在2020年12月完全脱贫，但由于农户家庭生计资本仍旧以家庭为单位的种植和养殖放牧为主，脱贫后返贫风险高，仍然可能会因此影响子女顺利完成基础教育；同时，这也增加了一线教师"控辍保学"的工作压力，需要抽出大量时间针对学生及家长进行劝返的思想工作。

二是凉山人力资源限制。教育帮扶的目的是为受帮扶对象提高文化知识水平，习得谋生技能，帮扶的对象主要为受教育者，帮扶需要借助教育者来实现。凉山州地区的本土师资远不能满足当地从脱贫攻坚转向乡村振兴发展的需要。自"八七扶贫攻坚计划"至"精准扶贫"以来，国家政策开始从救济式扶贫转向开发式扶贫，教育帮扶从普及九年义务教育到学校硬件支持。当下，凉山州地区新建校舍信息化设备已达到基本要求，电脑、网络、多媒体教室等出现在学校中。尽管在国家的"特岗计划""大学生志愿服务西部计划"以及《四川省师范生顶岗实习凉山州支教计划实施方案》等政策的支持下，凉山州民族地区近两年基础段共补充教师5300余名，每学期共有1500名师范生在凉山州深度贫困县顶岗实习，但师资仍无法满足凉山州未来发展的需求。根据数据显示，在逐年递补"特岗教师"的前提下，凉山州依然教师缺额11148名（其中，幼儿园3263名，义务教育7210名，高中265名，中职410名）。因当地产业薄弱，编制内教师的工资待遇完全依赖于中央财政拨款落实，单纯依靠本土财政难以支撑大范围推广政府购买服务补充教师。教师编制不足问题是凉山州义务教育阶段最棘手的问题，教师缺编问题严重制约了当地教育发展。

受自然条件以及经济条件的限制，州内教师招聘条件相对宽松，大量非师范生、专科学历毕业生通过考试进入教师队伍。首先，根据数据显示，凉山州内现有在编教师的学历水平明显低于四川省平均水平，其中小学段教师专科学历占比高于四川省平均20个百分点，初中段教师专科学历占比高于四川省平均近 10 个百分点。其次，大部分新教师因未接受专业师范教育，入职后优先被分配到农村薄弱学校任教。根据访谈了解，大量的新教师入职后在校内缺少"传帮带"的师傅引领，并且入职后分配的教学任务多，在岗位上进入状态慢。再次，结构性缺编情况普遍存在，农村中小学普遍缺音乐、美术、体育、心理健康教育、信息技术等专业教师。甚至在小学阶段的语文和数学学科也存在大量的所教非所学现象，且在走访随机听课的过程中甚至存在教师在教学中出现专业性错误的问题。16.1% 的教师为非师范专业，未受过师范生的专业训练，欠缺教育教学专业理论知识；有 31.3% 的教师存在所教专业与所学专业不一致的情况，专业素养不足，通过培训效果有限。另外，由于州内教师数量不足，教师教学工作压力大，教师们对于外出参加培训学习抱有一种矛盾心理。年轻教师普遍乐于走出凉山接受培训学习，却因为外出学习无人代课而排斥外出学习。

表 1 基础段学校教师学历对比统计表

小学段	研究生毕业	本科毕业	专科毕业	高中阶段毕业
四川省	0.8809%	50.1868%	46.4057%	3.5440%
凉山州	0.0883%	30.0307%	66.3369%	2.5266%
初中段	研究生毕业	本科毕业	专科毕业	高中阶段毕业
四川省	2.0590%	79.5541%	18.3807%	0.0061%
凉山州	0.7952%	71.8933%	27.3115%	0.0000%
高中段	研究生毕业	本科毕业	专科毕业	高中阶段毕业
四川省	7.3542%	91.5279%	1.1130%	0.0049%
凉山州	2.2232%	96.4121%	1.3647%	0.0000%

三是凉山主观因素限制。凉山州为少数民族聚居区，其中彝族人口为288.75 万人，占总人口的 54.16%。凉山州地处偏远，由于交通问题，州内少数民族与外界交流少，受汉文化影响比较小，至今仍保留大量的传统生活方式。受地理环境以及家庭教育的影响，彝族学生在入学前普遍接受的是本土民族语言的学习，国家通用语言普通话学习不到位，学生在进入义务教育阶段后，明显学习吃力。由于国家的通用教材主要以汉字为载体进行知识传播，

对于接触汉字和普通话较晚的学生加大了学习难度，大部分学生因此产生了厌学和畏难的心理。根据专家走访情况反馈，大部分彝族学生的普通话语言水平对学校教学质量影响严重，这个现象在低年龄段学生中表现得尤其明显。由于州内特别是农村地区使用民族语言人口占比大，缺少普通话交流的环境，大部分家庭汉语应用水平一般，这对教育帮扶的效果也带来了负面影响。

州内大部分农村家庭长辈自身文化程度不高，且其家庭成员未能因享受到良好的教育而摆脱贫困境遇，对学校教育的认可度形成了两极分化的局面，认为接受教育的出路非"做官"不可，只有通过读书考学之后当了公务员、教师等才算有出息。根据访谈的农村教师反馈，一线教师在家校沟通方面十分困难，很多家庭对子女的学校教育工作方面的积极性和配合度不高，尤其是对子女因未能考上普通高中而去上中等职业学校存在一定的排斥心理。如果学生在学校成绩并不优秀，则可能会出现部分家长在农忙时主动让学生旷课回家务农的情况。受传统观念影响，凉山州内仍然存在多子多福、养儿防老的观念。经调研走访发现，凉山州内少数民族农户家庭普遍存在多子女现象，家庭中养育 3 个以上孩子属于普遍现象，由于家庭中子女较多，家长对每个子女的教育关注和情感关注分配份额相对减少。因此，年长子女负责照顾弟弟妹妹的学习和生活起居属普遍现象。

三、凉山州"一对一"精准扶贫提升工程实施方案

坚持以习近平新时代中国特色社会主义思想为指导，深入贯彻落实中央和省委省政府决战决胜脱贫攻坚的决策部署，发挥省内师范院校和省级教科研机构资源优势，聚焦凉山州 7 个未摘帽县教育脱贫攻坚，全面分析结对帮扶片区学校面临的新形势、新任务。按照"半年见效，一年达标，两年固本"的总体工作思路，帮扶指导 7 个未摘帽县及片区学校发展规划研制、研训机构建设和落实学校文化建设、教师专业发展、课程与教学改革、教育质量提升与学生综合素质提高等工作，重点打造民族地区教师发展示范片区，助推我省全面打赢教育脱贫攻坚战。

（一）目标任务

2020—2021 年，整合教育部全国中小学教师校长培训专家工作组专家团队（简称教育部专家团队），省内师范院校和省级教科研机构（简称省级承训机构）及部分优质中小学资源，构建"1+1+N"对"1+1+N"的帮扶机制，即由 1 个教育部专家团队、1 个省级承训机构、N 个优质中小学，具体对接 1 个未摘帽县的 1 个研训机构（含教研室、进修校、电教馆等，下同）和所有义务段学校（重点是片区内所有学校），实施为期 2 年的"一对一"精准帮扶提升工程，着力提升未摘帽县乡村学校办学水平和育人质量，打造深贫县教师发展示范区。重点完成县域层面"五个一"帮扶任务：研制一份县级教师发展"十四五"规划，搭建一个具有丰富民族特色的课堂教学资源共享平台，建设一个研训一体的县级教师发展机构，培育一支带不走的校长教师培训团队，造就一批"五洗五会"好习惯的学生。学校层面"五个一"帮扶任务：编制一个"一校一策"的学校发展规划（含片区所辖中心校发展规划），打造一个具有民族地域特色的学校文化，编制一套学校管理制度，建立一套同步主题研训的校本研修制度，凝练一份同课异构的课堂教学案例成果。

（二）帮扶措施

1. 指导研制规划，强化校园文化建设

指导 7 个未摘帽县立足县情实际，做好"十四五"教育发展规划，重点强化教师队伍建设规划。未摘帽县级研训机构在省级承训机构指导下，率先组织被帮扶的片区学校参照《义务教育学校管理标准（试行）》进行自我诊断，教育部专家团队进校后进行实测和修正，全面深入诊断片区内学校发展现状，精准研判学校发展面临的主要问题，指导制订学校发展三年规划和具体行动方案。重点聚焦学校办学理念、校园文化，指导凝练提升具有民族和地域特色的校训、校歌、校徽等，推进校园净化、绿化、美化，促进民族地区良好的校风、教风、学风建设，营造育人氛围。

2. 优化学校管理，营造外部育人环境

指导片区内学校建立和完善人事、财务、资产、校务会议、突发事件处

理等学校管理制度，提高规范管理水平，形成学校领导班子凝聚力，优化学校内部管理体系，规范学校制度；探索学区制管理模式，优化学区教育资源配置；发挥学校作为乡镇文化高地作用，引导民族地区家长转变落后观念，建立健全家校合作育人机制，积极推进民族地区学生"洗脸、洗手、洗头、洗衣、洗澡""五洗"习惯养成，指导学生形成"会预习、会阅读、会作业、会思考、会复习"等良好学习习惯，形成学校、家长、社区资源共享，协同育人的良性运行机制。

3. 引领专业发展，推进教育教学改革

建立健全未摘帽县教研训一体化的教师培训机制，提升县级研训机构指导教育教学的能力和水平，促进教研室、电教馆、进修校等实质性或功能性整合，培育一支专业的带不走的县级培训团队，指导带动县域内所有学校发展，增强自身造血功能；指导学校制订教师专业发展计划，加强学校研修团队建设，支持和加强片区研修及校本研修的指导；参照《"一对一"片区学校精准帮扶项目实施指南》开展系列专题培训活动，强化民族团结教育和师德养成，指导教师个人根据自身发展特点制订专业发展计划，主动开展自主研修，深化对比反思和实践，全面提升教育教学水平。

4. 提升校长办学治校能力，指导学校课程建设

加大校长培训力度，采用送培进校、外出跟岗等方式更新校长教育教学思想，提升校长办学治校能力，指导学校开齐开足开好国家课程，推动国家课程的校本化实施，积极开发凉山州地域课程和校本课程，丰富课程资源，指导学校积极探索促进学生全面发展，构建"五育融合"的学校课程体系，提高教育教学质量。

5. 提升教育信息化水平，搭建教学资源共享平台

指导学校按照《全国中小学教师信息技术应用能力提升工程 2.0 整校推进实施指南》要求，积极探索以校为本、基于课堂、应用驱动、注重创新、精准测评的教师信息素养发展新机制，提高教师应用信息技术进行学情分析、教学设计、学法指导和学业评价等能力。充分发挥优质中小学课堂资源优质，采取同步主题研训和同课异构教学实践探索，通过同步在线和异步在线等方

式，结合片区学校实际，精准推送以课堂教学为主的教学资源，支持学校开展"双师"教学模式改革，促进"三个课堂"落地生效。

（三）实施步骤

1. 项目启动

省教育厅和教育部专家团队组织 7 个省级承训机构、7 个未摘帽县教育行政部门及 7 个县区研训机构、7 个片区学校校长召开"一对一"片区学校精准帮扶提升工程启动会，落实责任分工，研究工作计划和项目重难点任务。

2. 项目推进（2020 年 12 月前）

教育部专家团队、7 个省级承训机构和遴选的优质中小学校长、教师，一道深入对口未摘帽县和重点帮扶的片区各学校开展全面诊断、精准研判需求、研制帮扶实施方案和常态化系列帮扶活动，重点打造未摘帽县教师专业发展示范区，提升教育教学质量。

3. 总结评估（2022 年 3 月前）

省教育厅和教育部专家团队开展"一对一"精准帮扶项目绩效评估活动，全面总结、凝练提升"一对一"精准帮扶模式特色亮点经验和典型案例，积极宣传教育扶贫成效，推动扶贫经验成果的推广应用。

（四）工作保障

1. 加强统筹协调

成立以教育厅分管厅长为组长，教育厅人事教师处处长和各省级承训机构单位、凉山州教体局负责人为副组长，承训机构具体实施部门负责人及优质中小学校长、未摘帽县教育行政部门负责人为成员的"一对一"精准帮扶提升工程领导小组，统筹协调"一对一"精准帮扶提升工程重要工作。领导小组办公室设在省教师培训项目办公室（省教科院），由省教师培训项目办负责人兼任办公室主任，负责工程实施的日常工作。

2. 明确责任分工

各省级承训机构牵头实施"一对一"精准帮扶工程项目，组建帮扶专家团队，研制帮扶实施方案，推进实施系列帮扶措施。优质中小学要与被帮扶片区学校紧密合作，建立"一对一""手拉手""师对师"友好帮扶关系，扎实推进同步主题研训活动，积极开展同课异构线上线下研讨活动，提升民族地区教师课堂教学能力，整体提高教学质量。未摘帽县教育行政部门主动配合，未摘帽县研训机构全程参与，逐步提升自身研训能力，积极指导全县教育教学。省教师培训项目办负责督导、指导、绩效评估，确保帮扶工作落地落实。

3. 落实帮扶经费

"一对一"精准帮扶提升工程纳入"国培计划"中西部项目和省深度贫困县中小学教师素质能力提升培训实施方案规划实施。按照被帮扶片区学校专任教师人数，统筹安排项目经费。各承训机构要遵循"国培计划"专项资金管理办法以及国家、省关于培训费管理相关规定，加强资金使用监管，做到专款专用，确保专项资金使用合规高效。

附件：四川省7个未摘帽县"一对一"片区学校精准帮扶项目实施指南

"一对一"精准帮扶项目是"国培计划"中西部项目内容，其目的在于助力教育脱贫攻坚，促进乡村教师专业发展，提升乡村学校办学水平和育人质量，振兴乡村教育。各省级承训机构参照实施指南，实施帮扶项目。

一、全面诊断，精准施训。组建专家诊断团队，到对接县所在的片区学校进行现场诊断，汇集问题，聚焦目标，精准研制施训方案，靶向施策，精心研制一份"一对一"帮扶培训方案，助力教师专业和学校质量提升。

二、聚焦问题，专题培训。基于片区学校和教师的群体发展需求，开展师德师风建设、民族团结教育、教育教学基本技能、信息技术应用、保学防辍举措、留守儿童心理辅导等共通性的必修和选修课程内容，帮助民族地区教师树立现代教育教学理念，丰富专业知识结构，提升教育教学问题解决能力。针对被帮扶学校教师现状，构建一套民族地区教师必要掌握的知识体系，并纳入考试内容。

三、跟岗研修，示范引领。充分发挥高校师范生顶岗作用，置换部分未摘帽县片区中心校骨干教师置身于对接的优质学校课堂教学、班级管理、校本研修等真实教学教研场景中，切实感知体验，通过经验萃取、对话交流、反思提升，不断拓宽视野，提升理念，发展自我。在名师示范引领和帮扶指导下，被帮扶学校教师要完成一节课堂改进教学计划的课例。

四、送教进校，课堂示范。协同教育部专家和优质中小学优秀教师和校长，深入被帮扶学校，采用"同课异构""现场答疑""实地指导"等方式，"一对一""手把手"帮扶，促进民族地区教师充分吸收内化，实现习得迁移与转化，每个教师完成一份课堂教学改进的课例实录。

五、线上线下，同步异步。充分借助现代教育信息技术手段，开展线上同步和异步教学教研指导。以优秀教师示范课、重难点知识讲解微课等，建立"学科对学科""名师对民师（民族地区教师）"在线研讨系列活动。提供丰富的在线课程学习资源，实行被帮扶学校教师自主选派机制，引导被帮扶片区学校教师模仿改进教学，凝练教育教学成果，因地制宜地提高教学质量和水平。

第二节　凉山州"一对一"精准帮扶提升工程行动

一、凉山州7个受扶县基础教育诊断方案

（一）两次会诊，精准研判

2020年6月22日，"一对一"精准帮扶提升工程在普格县召开启动会，各个承训机构现场观摩四川师范大学对普格洛乌沟片区两所帮扶的重点学校现场诊断。会后，各承训机构相继组织专家团队，深入帮扶县片区学校，分组进行调研诊断。2020年9月，教育部全国中小学幼儿园教师校长培训专家工作组秘书处组织培训专家工作组23位专家与四川省内师范院校、省级教科研机构专家组成专家团队，分7组赴凉山州7个未摘帽县片区学校开展入校诊断指导活动，力从学校规划、课程教学、内部管理三个维度，找准问题，

就乡村教师发展提出务实可行的改进建议，助力乡村教师专业发展。在现场诊断期间，各专家组按照《全国教师校园长培训专家工作组赴凉山州"一对一"精准帮扶活动指南》的要求，采取现场考察，听取汇报，听课、看课、座谈、访谈、查阅资料、协商研讨等方式，对相应县片区的3所学校开展了认真细致的调研工作，收集了大量宝贵的信息资料。根据所采集的信息，各专家组认真严谨地制作了对应县的《现场诊断调研报告》。四川省教师培训项目办为每个专家组配置专职工作秘书，研制凉山州两次会诊后的总体诊断报告，深度剖析凉山州7个未摘帽县存在的教育症结，寻找解决方案。

1. 调研对象及内容

调研对象主要包括凉山州7个未摘帽贫困县及其重点帮扶片区66所学校教育教学现状及问题，1902名任职教师发展现状及问题。具体学校分别是普格县及其洛乌沟片区9所学校，喜德县向光明片区7所学校，布拖县交际河片区9所学校，金阳县天台片区7所学校，昭觉县四开片区18所学校，美姑县洪溪片区12所学校，越西县中普雄片区4所学校，共计66所义务段学校（含村完小和教学点）教师和学生。

调研内容主要围绕未摘帽贫困县重点帮扶片区学校按照构建"1+1+N"对"1+1+N"的帮扶机制、重点完成县域层面和学校层面"五个一"帮扶任务的要求，全面了解被帮扶县和学校的办学现状，分析诊断其办学面临的困难、问题。

2. 调研的基本情况

（1）县域师生整体情况

凉山州7个未摘帽县有幼儿园181所，义务段学校377所，普通高中12所，中等职业学校4所和特殊教育学校1所；有各级各类学校专任教师19962名，其中幼儿园专任教师1217人名，小学专任教师11546人，初中专任教师3932人，高中教师936人；有各级各类在校学生合计536872人，其中在校幼儿126493名（包含一村一幼的幼儿数79836人），在校义务段学生390043人（小学在校生304430人），高中在校生18122人（中职学生2167人），特殊教育学校学生共计47人。（7县专任教师和大班额数情况如图所示）

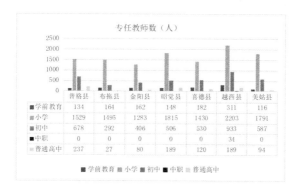

图 3-1　凉州 7 县专任教师数

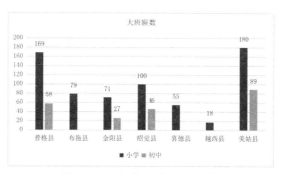

图 3-2　凉州 7 县大班额数

（2）县域教师发展需求

首先，教师立足工作岗位实际，急需得到帮扶提升的内容聚焦在学生管理、家校沟通、课堂教学、信息技术和学科知识五个方面，需求占比分别为58%、51.8%、44%、43.8% 和 31%。特别是新的教学理念指导下的学困生转化、课堂教学方法是急需培育内容。

其次，教师希望得到帮扶的形式集中在置换外出学习观摩、名师到校执教示范课、一师对一师、一学科对一学科"手拉手"的结对帮扶（占比57.5%）、跟岗实践和指导研课磨课、开展赛课活动等方式。

再次，教师希望帮扶的专家资源主要集中在教育发达地区的优秀教师、本地本校的优秀教师及部分接地气的教科研人员。占比分别为 66%、50%和 36%。

最后，教师对远程同步或异步的培训需求占比 70% 的教师需要或非常需要。

（3）县域学生发展实际

学生人数众多，卫生习惯、学习习惯较差，有81.69%的教师认为学生学习意愿不强，近一半的教师认为学生课外阅读不足、上课不认真和独立思考不够；部分民族地区低段学生与教师之间存在较为突出的语言沟通障碍。

（4）县域义务段学校发展现状

7个未摘帽县学校根据《义务教育学校管理标准》10个指标进行自测评估显示：学校文化建设、家校共育、教师教学技能和基本功、教师信息技术与学科教学融合、地方资源利用与课程建设、学生学习研究等较为薄弱，权重4分及以下占比过半。

（5）县域教师发展机构现状

7县教师发展机构"名存实亡"，主要体现在：教师进修校编制占比较大数额被教育行政挪用或者老龄化严重，未能发挥教师专业引领与师资培训等研训职能；教研室名义存在，实则重在协助教育行政发号施令，任务布置与检查，在教学教研、校本教研、课堂教学、作业设计与考试命题等方面缺乏专业指导能力。

3. 调研结论

（1）发展基础

第一，教师队伍整体趋于年轻，未来发展有潜力。7个未摘帽县对接片区调研数据显示，30岁及以下教师占比42%，任教5年内教师占比40%。

第二，教育行政对教师队伍建设高度重视。数据显示，占比87.47%的教师认为本地本校对教师专业发展提供了比较大的支持。

第三，教育行政和一线学校教师对此项目给予高期盼。在调查中，教育行政认为这是一次发展契机，一线学校教师呼吁不搞形式主义，落到实处，留住人才，发展教育，切实解决扶贫扶志根本问题。

（2）凸显问题

①教师队伍整体素质不高

教育质量的关键在教师，教师是引领孩子走向山外的桥梁。7个未摘帽县教师整体素质不高，主要体现在：

教师数量不足。 每个县帮扶片区学校都存在严重缺编问题。数据统计，7个县缺编教师高达6588人（如图所示）。美姑洪溪初中1000余学生的学校，教师近48人，缺编近40人。目前，各县主要采用师范生定岗实习、临聘教师等方式解决教师缺编问题，但同时出现稳定性不高、责任心不强等系列新问题。

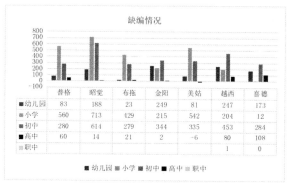

图 3-3　凉州 7 县教师缺编情况

教师结构不好。 主要体现在教师整体学历不高，教师入职初始学历是专科及其以下者占比74%，经过在职学历提升，本科及其以上学历占比50%；教师整体趋于年轻，7个未摘帽县30岁年龄教师占比42%，任教5年内教师占比40%；学科结构不太合理，音体美、科学、道德法制等学科教师奇缺；教师所学专业与任教学科不一致占比近30%；教师职称结构布局待调整，高级职称教师相对聚集某片区学校。

教师理念不新。 7个专家组在随堂听取的40多节课堂教学中发现，教师教育教学理念跟不上基础教育大发展大变革需求。主要体现在：无课堂管理与调控，眼中无"人"，未面向全体学生；教学方式单一，照本宣科，一讲到底，仅停留在知识的传递，未根据学生发展做适度的拓展与方法指导；与现代教育信息技术手段脱节，多数教师靠一支粉笔加一块黑板、一张嘴进行传统授课。

教师能力不优。 通过课堂观察与教师访谈发现，7个未摘帽县教师在"课堂教学能力、信息技术应用能力、班级管理能力"三大能力方面尤其薄弱，缺乏挖掘学生资源、发现学生闪光点、发挥学生所长的意识，缺乏就地取材、因地制宜地制作、使用教具的能力，在班级课堂调控、课堂教学结构优化等方面缺乏教学技术。

教师动力不够。通过观察与访谈发现，教师精神文化生活匮乏，自我权益维护意识薄弱，民主参与管理学校机会较少，教师职业发展通道狭窄，教师挫败感、职业的倦怠感、工作的应付感、雇佣感强烈。调研问卷发现，35%以上的教师有很强烈的倦怠感，42.7%的教师时常有倦怠感。

②学校管理者队伍领导力不强

一个好校长就是一所好学校。7个未摘帽县以校长为首的学校管理层，专业能力整体不高，领导力不强，主要表现在：

校长履职能力弱。对照两标，即《义务教育学校校长专业标准》和《义务教育学校管理标准》，校长在"学校发展规划、学校文化营造、课程教学领导、教师专业发展、学校内部管理和外部环境调适"六大专业能力方面差距较大，缺乏对校长专业标准的认知和自身角色的准确定位。同时，对照《义务教育学校管理标准》的六大管理职责、22项管理任务、88条具体内容等方面难有能力落实。主要体现在：

一是校长缺乏办学主张。校长未能结合区域实际和学生发展实际鲜明提出办学主张，并围绕办学主张在校园文化营造、课程建设及教师专业发展等方面做出示范、引领。

二是校长规划学校能力不足。学校"十三五"发展规划、教师发展规划与教师培训培养的年度工作计划、校本研修计划等文本与实际脱节。多数学校发展没有清晰目标和发展路径，是一种上级要求的应然状态和自然生长状态。

三是学校机构及制度体系建设不全。多数学校没有设立教代会或工会，或者设立了未能正常发挥其功能；多数学校各部门之间，职能职责不清，工作要求不明，干部合力不够，质量标准欠缺；特别缺乏教师专业发展的制度保障和支撑体系。

学校中层干部能力差。学校教导处、德育处等中层干部在课程管理、教学管理、教师管理、学生管理、常态校本教研等方面规范性不够，精细化不够，扎实落实不够。常态的教学基本标准有待完善，教学基本规范有待加强。指导教师"备、上、改、评"和"三字一话"等能力不具备，促进教师信息技术教学制度及落实不够。

③教师专业发展体系支撑内外交困

"人财"缺失的双重叠加带来系列问题的连锁反应，特别是课堂教学质量低，教师留不住、下不去等问题凸显。

一是县级教师发展机构虚设。由于县级教研室（进修校）等教师发展机构人员编制普遍挪用到县级教育行政部门，或成为"养老人员"安置点，导致县级教师发展机构人员不齐、专业不精、有名无实，未能承担服务一线教学指导、培训培养县级学科骨干教师等职能。

二是课堂教学质量低下。由于彝族学生语言障碍、家庭教育支持力弱，导致教师课堂教学效率较低。学生课后在听、说、读、写、练等方面基础薄弱，教师教材解读、教学设计、课堂教学技能及信息技术手段应用能力差。7个未摘帽县义务段学校学生考试成绩一般停留在20~40分，甚至个别学科出现均分个位数情况。

三是教师引不来留不下。7个未摘帽县均不同程度反馈，由于地理环境恶劣，经济水平低下，难以引进和留下优秀青年教师。四川省采用高校师范生顶岗补缺，半年一轮换，临时解决了教师缺口问题，但同时产生系列新问题。布拖县之前因新招聘200名教师未到位，几所初中就要延至9月底开学，类似这种"等米下锅"现象非个别区县存在。

④信息化水平较低，资源使用不足

学校实验室设备、器材不足，教育信息化设施存在短缺或配置完备，但不会使用或利用不够；教师上课基本都会使用PPT，很多教学资源会直接从网上检索，但基于本校学生基本情况的重构不足，部分学校在州、县教育主管部门的大力支持下，与成都七中网校网班对接，但学校教师普遍认为网课更新较慢，慢于学校教学进度，用不上；但七中生源情况不同，网课并不适用于凉山学校，因此，网络课程资源作用发挥微弱。部分教师在空余时间，自己会看看网班的教学实况，借用七中教师的教学设计。需进一步重视网上资源的挖掘、重构和使用的问题。

4.7 个县诊断帮扶的对策建议

（1）帮扶思路

第一，首研路径，寻可能。首先高度重视项目的前期调研和设计，寻找具有创新性、实效性的路径。首先应突破"简单套用发达地区经验来解决民族地区问题的老路"，完全从民族地区的实际出发，探寻针对性的策略和方法。其次不能简单基于政策、标准要求，过于强调"应该怎样"，而是应从民族地区实际出发，更多研究"可能怎样"。最后针对民族地区教育的众多问题，不能贪大求全，而应针对关键问题发力。

第二，阵地前移，进战壕。不能套用过去简单组建培训班的方式实施项目工作，而应组织专家深入项目学校，与校长、教师等以"共同工作"的方式，在共同战斗中做出示范引领，探索改进学校管理和教育教学的具体方法。

第三，按需设计，重实效。民族地区教育面临的困难和问题是具有全面性和系统性的问题。作为周期项目，应抓住关键需求，做出实效。不仅促进民族地区教育的实际改进，而且强化民族地区学校"能够改进的信心"。

第四，学用一体，学为用。传统培训的基本定位大多定位为"提高校长和教师的某些能力"。事实上，培训是不大可能提高一个人能力的。培训的定位重在"促进工作改进"，在帮助工作改进的过程中逐步发展能力。

第五，持续支持，不断档。任何改革或是新的方法运用，都毫无疑问会遇到新的困难和问题。如果没有及时和持续的支持，就极易放弃新的尝试而回到老路。因此，应有持续的专业支持，帮助校长和教师解决工作改进中遇到的新问题。

（2）帮扶举措

第一，以培训项目提供智力支持。

培训者培训。省级培训专家和县级培训者共同组成培训班，以研讨为基本方式，统一思想统一认识，统一工作要求、工作方式、工作目标任务，摸清区域真问题，切实发挥研训机构指导与服务功能，培育区域骨干种子教师，实施"造血"功能。

教师培训。分为集中培训和共同工作两种方式。集中培训：片区几所学校教师集中起来，通过专题报告、问题研讨等方式，进行思想意识和观念的引领。共同工作：每所项目学校派驻一名专家及语文、数学、德育学科等导师各一名，进驻学校，指导课堂教学，反复进行研磨课堂，培育造就学校各学科领军人物，并在项目期间多次到校与学校老师共同工作并持续开展远程指导。

校长培训。统一集中校长，进行以民族地区学校建设为主题的专项研讨培训，坚持以制度管人为培训主题，以集中培训和任务驱动为基本形式，重点实现学校管理规范化。

第二，以共同工作做出示范引领。

落地学校规划，推动学校科学发展。完善形成"十四五"学校规划，加大规划薄弱环节研制与落实，明确责任主体，加强过程督导。

加强学校管理，提升学校治校水平。支持帮助学校领导集体设立治理学校的规章制度，明确办学目标，形成良好的学风校风。用制度治理学校，用评优选先的奖励机制，体现多劳多得、优劳优得，引领主要学科教师的专业能力达标，促进薄弱学科教师的专业发展。

加强教风建设，提高教书育人水平。结合学校的特色文化，依托凉山州教学常规管理细则，制定学校教学常规管理细则，严格实施，规范管理，提升课堂教学效益。

抓实校本教研，增强教育科研能力。学习课程标准，领会并实践课标理念，改进教学方法、手段，以"小先生""小老师"等形式充分发挥学生主体作用；加强校本研修，充分汲取金阳县域和中国优秀传统文化资源，探究以"解决问题"为目标的研训活动，形成定时间、定地点、定内容、定标准、定评价、定领导的校本研修机制；围绕研课磨课开展研训活动，组建研训共同体，发挥传帮带作用，促进教师专业成长，提升教学实践质量；围绕课题开展研训活动，形成微课题、小专题、校本课题、县级课题、州级课题、省级课题等不同的研修团队，全方位探究教育教学中存在的问题，提升教师教育科研能力；围绕学生成长开展研训活动，初一围绕日常行为养成开展活动，初二围绕青春期心理健康开展活动，初三围绕理想前途开展活动。

完善环境文化建设，实现环境育人目的。围绕学校的特色文化，结合学校各功能区的特点，分别完善运动场环境、教室环境、走廊环境、办公室环境、功能室环境、寝室环境、厕所环境。宣讲孔子育人故事，弘扬民族传统文化，提升科学艺术修养，彰显金阳地域特色和学校发展轨迹，实现环境的育人功能。

第三，以资源保障改善基础条件。

争取上级支持，补齐学校物力、人力短板。积极争取各级组织和社会多方面支持，补齐学校教育教学设施设备不齐、教育教学经费不足、教师学科不配套、缺编等人力、物力、财力短板，确保学校按照部颁要求，开齐开足开好课时。

提升教育信息化水平。指导学校按照《全国中小学教师信息技术应用能力提升工程2.0整校推进实施指南》的要求，构建以校为本、基于课堂、应用驱动、注重创新、精准测评的教师信息素养发展新机制，提高教师应用信息技术进行学情分析、教学设计、学法指导和学业评价等能力。

搭建教学资源共享平台。发挥帮扶高校资源优势，通过同步在线和异步在线等方式，结合学校及学区学校实际，精准推送以课程教学为主的教学资源，支持学校开展"双师教学"模式改革，促进"三个课堂"落得生效。

二、因地制宜，一县一策，个性定制帮扶举措

（一）布拖县任务驱动，分层达标，个性定制

▶一是完成校级层面八大任务

1. 确立队伍建设目标任务

学校的教师队伍建设要围绕落实"立德树人"这个根本任务来设计，从当前最需要解决的突出问题出发来展开。即以一对一精准帮扶为重要契机，以培养学生养成文明礼貌和五洗五会好习惯为主要抓手，以班级管理有明显改进、教学质量有明显提高为近期目标，以提升全校教师"一德双能"为主要任务，采取具有可行性和实效性的具体措施，来加强教师队伍建设，促进教师专业发展。其中，"一德双能"中的育德能力，可以具体落实到班主任工作能力的提升上，教学能力可落实到学科教学设计、教学实施、教学评价上，信息技术应用能力可落实到与学科教学的初步融合上。

2. 研制教师发展三年规划

建议在学校整体发展规划下，学校要精心研制教师发展专项规划，同时引导教师个人也要思考和制订三年专业发展规划。在此基础上，学校的三年规划要有年度计划落实，年度计划要靠学期安排推进。规划是学校的顶层设计，不可或缺，需要将教师发展的新理念、新内容、新路径设计进去。

3. 激发教师发展内生动力

发展动力不足，是目前制约学校发展的深层原因。如何激发？一是关注教师的需求点，学校班子和中层管理干部一定要深入一线教师中倾听他们的呼声，了解他们的需求，帮助教师解决最迫切的需求。如解决好老师们的一日三餐、住宿休息、交通安全、身心健康、职称待遇；保障好老师们对学校重要事项的知情权、参与权以及他们自身的专业发展权，提升老师们的归属感、荣誉感、价值感。二是点燃教师的责任心，其重点不是强化约束性责任，刚性要求教师干这干那，而是在用好约束性责任的同时，点燃教师内心深处的自觉性责任感，办法就是"赋责赋能"，让教师参与到学校的管理中来，比如，课程管理、教学管理、学生管理、民主管理等，让其在付出中有所担当，在担当中快速成长。三是激活教师的成就感，成就自己，进而成就学生，是作为一名师者最大的动力，也是最大的幸福！其中，有尊严的生活，被认可的教学，受爱戴的品行，被公认的能力，能引领的示范，众同行的榜样，满天下的桃李，这些成就感完全可以通过采取具体措施去激活。

4. 成立校级教师发展学校

这是教师专业发展的一种制度安排，也是许多学校教师成长的成功经验。学校成立后主要做好四件事：一是做好教师发展的规划设计。二是提供教师发展的制度保障。三是搭建教师发展的专业平台，如组建校内备课组，建立学科工作坊，指导开展校本研修和校本课程开发，组织学区研修社群，建立名校名师＋学习群，有序组织教师参加校外各类培训等，让教师发展有娘家支持，有制度安排，有行动方案。四是组织开展教研活动，如校本主题研修、教学课例研磨、教研课题研究、教改项目探究等。

5. 完善教师校本研修制度

建立健全覆盖学校所有教学人员的校本研修制度和研修机制，特别是在现代教育技术进入学校和课堂之后，要通过校本研修制度安排，实现教师教学理念的逐渐变革与更新；借助课程标准和新教材的学习研讨，使教师获得教学理念和教学能力的持续进步；近期最为重要的是，通过专业引领的各年级各学科教师的集体备课，形成同年级同学科一体的教学案，以此实现教师教学的同步，实现教学质量的大面积提升。

6. 指导教师自主专业发展

教师成长最终的决定因素是内因，这是教师成长的规律。但教师的自主发展需要学校特别是校长的引导和指引，可以从三个方面做起：一是引导教师自主学习，包括向书本学、向专家学、向同事学、向学生学；二是指导教师在岗实践，包括课例研磨、课堂改进、课程开发、课改探索；三是引导教师自我反思，包括课堂教学反思、学生教育反思、个人修养反思。这种自主发展，可以在校级教师发展学校的框架内和校本研修的制度安排下展开，具体做的时候一定要有分层分类的概念，特别要注意加强引领团队和学科骨干队伍的建设。

7. 重点培育四有四好教师

四有就是习总书记讲的有理想信念，有道德情操，有扎实学识，有仁爱之心，这是方向和指引；四好是指精准扶贫要在引导教师"备好课，上好课，研好课，评好课"上多下功夫，因为这四好做好了，会直接提升课堂教学质量，进而提升教育质量。具体办法可以是请进来的名师示范，同课异构，研课磨课，手把手地教；也可以是送出去跟岗实践，名校浸入，名师帮扶；还可以是线上线下相结合的混合研修，认真学习平台上提供的课例、资源、工具、方法并通过工作坊实操加以落实落细，还可以通过校内校外的一对一师徒式传帮带方式和双师课堂去提升。

8. 用好教师发展评价导向

目前，学校对教师的考核评价更多体现为一种总结性的年度评价和期末评价，或表现为一种终结性的评优、晋级评价，评价结果也更多注重的是鉴定及奖惩功能，这对教师专业发展的作用不明显。教师评价的本质与灵魂是促进教师的持续发展，学校应确立"为发展而评价"而不是"为管理而评价"

的理念，制定有效、合理、科学的考核评价制度，从多个层面、多个角度去发现、赏识教师的成长，增强教师的成功体验，达到"赋能增值"的效果。例如，可设立"成功班主任奖""课堂教学风采奖""教科研标兵奖""好师傅奖""爱生模范奖""学生活动辅导奖""教坛新人奖"等，甚至还可以开展"我为自己申报一项荣誉"活动，还可以采用捆绑式评价，设置"精诚协作奖""共同进步奖""杰出团队奖"等，让教师在努力拼搏、不断创造中体会成长的幸福。

▶二是县局层面目标任务

1. 秉持四项原则，落实四项任务

推进和落实"一对一"精准帮扶，布拖县教体局是第一责任人。作为全县教育主管部门，应更加高度重视，更加主动作为，更加务实执行。一是借船出海，借助精准帮扶这难得一遇的机遇趁势作为，用足政策，用好资源，充分利用好背景、平台和政策优势，着力解决长期困扰本县教育发展的体制机制性障碍。二是勇于破冰，趁机研制并推动相关制度的建立，如奖勤罚懒制度、干部校长能上能下制度；改革传统教科研体制，建立教师发展中心；改革现有乡村教师考试竞争入城政策，建立城乡教师双向有序流动制度；建立有利于乡村学生生源稳定的学籍制度等。三是瞄准要害，在管理学校、培养校长与教师队伍等工作中，绝不平均用力，而是坚持抓住关键少数——少数学校、少数人、少数项目。四是重视赋能，给办事者、真有能力和本事的人以真正的职、权、利。对优秀校长和优秀教师，就是要给他们提供权力、资源、条件和政策，让他们释放潜能，在更多领域、更大范围发挥价值和作用。

2. 研制一个规划

即精心研制布拖县教育事业发展规划，重点做好县域教师队伍建设顶层设计，明确教师队伍建设的目标任务、数量结构、素质能力、梯队发展、支持体系、主要举措和条件保障，并通过年度计划加以落实落细。

3. 做实一个中心

即实质性整合组建"三位一体"的研训机构——布拖县教师发展中心。应坚决贯彻执行国家和省市有关精神，借鉴兄弟市县成功经验，依靠县委县

政府和有关部门的大力支持，研制布拖县教师发展中心建设标准和实施办法，尽快启动教研、培训、电教相关机构的实质性整合和建设步伐，真正通过中心建设，为教师队伍建设和教育教学质量提升提供专业支持。即便因种种因素难以一步到位，也应该列入规划，分步实施，争取在最近时期完成。

4. 建好三支队伍

一是选拔和培养专兼结合的教科研训人员队伍，这是布拖县教育发展、教学进步的核心力量，是教师的教师。重视和抓好这支队伍建设，可以以一当十，为布拖教育未来高质量发展奠定基础。二是一把手校（园）长队伍，校长是一个学校的核心和灵魂，一个好校长就是一所好学校，抓好校长队伍建设，是教育行政的核心工程。三是各学段各学科带头人队伍，这是提升教学质量和学生培养质量的骨干力量。

5. 树立三类典型

一是培育1~4所教师发展、校本研修的样本学校（高中、初中、小学、幼儿园）；二是培育各学段学校校长的典型，发挥好标杆作用；三是树立各学段教学的教师典型，使广大教师学有榜样，赶有目标。

6. 建立三种规范

一是教学管理规范；二是课堂教学规范；三是校本研修规范。

7. 实施五大工程

即教学管理规范化水平提升工程；课堂教学质量提升工程；校本研修能力提升工程；培训教研骨干队伍培养工程；名校（园）长培养工程；名师培养工程。

8. 用好帮扶学校

充分发挥成都师院办学优势和对口帮扶机制，在充分调研论证、达成共识的基础上，主动与成都师院签订一份精准帮扶协议书、明确目标责任，落实任务举措，定出路线图和时间表。与此同时，主动用好与交际河片区所有学校结对帮扶的名校名园，重点在教师研修发展、课程教学计划与进度、课堂教学模式与方法等领域开展深度合作，通过互派人员、引领指导、拜师跟岗、联合教研、合作培训、建立工作室等方式，提升教师的教学能力与素养，提升课堂教学效率与质量。

▶**三是具体保障措施**

1. 三方合作，更加同心同德

帮扶者的真诚奉献，配合发展主体的反求诸己、自求进步，才有交际河片区乃至布拖教育事业发展的循序渐进、蒸蒸日上。

2. 重视激励，更多人文关怀

对基层教师和校长既看到问题和不足，也要看到广大农村校长和教师在长期教育教学和管理中做出的积极奉献，用历史、发展的眼光看问题。

3. 务实示范，更多提供帮助

改变在经济发达地区教师发展和学校发展的一般性做法，尽量少一些理论导入、理念灌输，重点关注操作、模式、技术，尽可能找到与教育一线管理和教学实践之间的平衡点和接合部；应尝试通过行为方式和思维方式的改变而实现乡村教师教育教学理念、观点和思想的逐渐变化，重在促进内生和转化。极有可能最终形成贫困地区教师发展和学校发展的新思路、新经验，形成一项重要的教育变革的实践与理论成果。

4. 力避走过场和形式主义倾向

确定合理可行的规划和方案，目标要切实，调低阶段性标杆；循序渐进，急不得，慢不得；加强过程监督管理，重视阶段评估；力求所有工作的开展没有跑冒滴漏，不走样；允许大胆创新，可以出错，但不能容忍怠惰和敷衍。

（二）昭觉县需求导向，问题破解，精准定制

▶**一是突破校本教师成长的"盲区"，学校搭成长之梯，规划发展**

1. 针对"教师成长不分层"的盲区，建立教师发展连环制度

要点是：新教师实施"师傅带教成长制"，帮助新教师将教学知识有效转化为教学能力。经验教师实施"骨干团队课堂视导制"，帮助经验教师解决问题，提炼经验。骨干教师实施"名师引领的合作伙伴制"，帮助骨干教师反思探究课例，提高教育教学研究能力。研究型教师实施"自主完善项目研修制"，帮助研究型教师形成教学经验，提炼教学主张，争取成为县区名优教师。

2. 针对"师德教育缺实效"的盲区，讲好身边师德成长故事

要点是：学校建立制度，搭建平台，有效开展"做师德，讲故事，晒成长"常态师德赋能活动。讲好"五个师德故事"：课堂教学中的师德故事；班级育人中的师德故事；社团活动中的师德故事；帮扶学生中的师德故事；家校共育中的师德故事。

▶二是破解校本教师发展"痛点"，教研组建同步之制，常态发展

1. 针对"有一阵无一阵、教研教学若即若离"的突出问题，走常态，建立常态教研制度

其要点是：定教研时间（每两周一次）；定同步机制（教单元研单元）；定研修主题（难教的课，难学的点）。

2. 针对"校本缺指导，萝卜炒萝卜"的突出问题，重常导，建立常态指导机制

其要点是：量"尺子"，用好教育部《中小学幼儿园教师培训课程指导标准》，包括语文、数学等。学"样子"，用好省教科院民族地区同步课程平台系列资源。结"对子"，与省教科院学科所室和优质中小学帮扶团队结对共建。磨"方子"，针对"难教的课""难学的点"，量尺子，找自己的差距，学样子，磨自己的教案。对比反思，精准改进。出"果子"，实行"教研成长档案袋"制度，人手一袋，常态积累，形成个性化常态化的同课异构研修成果。

▶三是聚焦常态校本的"急需"，区县铺助力之路，支持发展

1. 针对"缺常态研修路网"的困境，着力解决"问题出不来，指导下不来"的突出问题，建立"县—片—校"三位一体的校本常态研修的支持体系

其要点是：学校规范学科教研组建设；片区成立学科教研中心，县域成立学科教研指导社区，定人员、定责任、定制度、定机制，保证学校学科教学问题上得来，学科精准指导下得去。

2. 针对"缺常态研修指导"的困境，着力解决"身边无教练，反思无引导"的突出问题，建立"问题能诊断、解决能指导、教学能示范"的校本常态研修指导者团队

要点是：以本县名优和骨干教师为基础，制定选拔标准，全县公开遴选，

人选网上公示，开会下文颁证，明确职责待遇，培训提升能力，重在实战提高，实施优胜劣汰。"赠人玫瑰，手有余香"，在精心打造校本指导者团队的同时，提高名优和骨干教师教学能力和育人水平。

3. 针对"缺常态教研资源"的困境，着力解决"学无尺子，赶无样子"的突出问题，建立同步学科单元教学的校本常态研修资源平台

要点是：一要借力建设。密切与省教科院的帮扶协作，依托省教科院民族地区同步课程平台系列资源。二要试点推开。会同省教科院搭建昭觉专区线上线下同步研修资源平台，在四开乡所属学校先行先试，积累经验，及时推开，以解校本常态研修资源贫乏的燃眉之急。三要本土建设。在"三定"常态研修推开的同时，建立推荐、征集、评选校本教师研修成果的机制，分段分科遴选，形成本土优质研修学习资源库。

▶四是做好校本教师管理的"软功"，联动出暖心招，激励发展

1. 点亮人文灯，送关爱

一要解决职业倦怠心态问题。学校开设"教师心灵成长工作坊"，成立阳光心理社，滋生正能量，提升教学相长的幸福感。二要培养健康多彩的生活习惯。以"党员示范岗"带动，以教师社团活动为载体，化被动体检为积极养生，忙里偷闲，抱团健康，建立常态项目活动，晨练、打拳、做操、打球等，愉悦群体交往，分享运动快乐，促进健康育人。三要提升建构生活情趣的能力。学校成立读书会、彝乡文化故事会、彝乡技艺制作组；以年级组为单位，以教师个人兴趣爱好为基础，开展年级主题文化系列活动；以"净化、绿化、美化、文化"为目标，"软装"办公室，形成"快乐大家庭，情趣满校园"的氛围，涵养生活情趣。

2. 实施双激励，重内驱

一要精神激励。情感关注，营造团队氛围；善用榜样，激发前进动力。巧用表扬，满足心理需求。二要物质激励。制度保障，有效激励；公正激励，调动积极性；优劳优酬，合理激励。

3. 建好三平台，有归属感

一要搭建引领性平台。助老师借力，借脑引进专家资源，开阔教师眼界。

二要建实研修性平台。助老师运力，夯实常态研修，创新常规工作，解决痛点问题。三要提供展示性平台。助老师发力，晒师德，比师能，有自尊，有成长，有成就。不断优化平台，激一把，推一把，拉一把，托一把，教学有成就感，职业有归属感。

4. 激活"四参与"，做主人建立教研自主赋能机制

以教研组为单位，开展"有效教研支一招"活动，依靠教师，改进常态教研。优化学校民主管理制度。面向教职员工，开展"我的学校我献策"活动，集思广益，改进学校管理。实施片区学校抱团发展，建立帮带联动机制。开展"片区学校擂台赛"，比"出谋"，赛"划策"等，改进片区教育。搭建群策群力振兴区域教育平台。面向教师、面向校长开展"振兴昭觉教育金点子"征集与演讲活动，广泛调动教师和校长的聪明才智，优化决策，加快提升昭觉教育质量和育人水平。

（三）美姑县围绕"教师发展"主线定制，一以贯之

▶一是学校规划与教师成长

1. 加强教师队伍建设规划

（1）政府增加教师编制，切实解决教师数量不足的问题。洪溪初级中学靠顶岗实习教师、公益机构支教教师等补充教师队伍，方能维持学校运转。从学校长远发展来看，只有政府加大投入增加编制，才是解决教师数量不足问题的根本办法。（2）加大种子教师培训，带动学校学科建设。调研的初中、小学都缺少骨干教师，学校学科建设薄弱，学生学习成绩差，全县倒数第一，个别学科学生平均分才6分。建议选送学科组长参加国培和省培，培养种子教师，以带动全校的教师发展和学科建设。（3）优化教师队伍结构，开齐国家课程，促进学生全面发展。建议小学三年级开设英语，支持学生后续发展。

2. 改革教师激励机制

（1）洪溪初中：制定好教师绩效考核和奖励制度，充分发挥绩效工资的效能。（2）片区所有学校：充分利用各种奖励方式，调动教师积极性。包括：建立教师表彰制度，运用多种荣誉奖励教师，增强教师荣誉感和使命感；选

送优秀教师参加培训,让培训成为教师的最好福利;选拔优秀教师担任科组长、级组长、学校中层干部,让能干事、干成事的人发挥作用;设立教育科研课题立项资助、成果奖励制度,调动教师参加教育科研积极性。

3. 加强学校领导班子建设

（1）进一步理顺校领导班子的分工、明确职责,建立一个和谐、团结,有领导力的班子。（2）改善领导班子结构。建议增加（最好从其他学校调入）一个业务能力强、改革意识强的副校长,协助校长抓教学管理。（3）进一步创新中层干部的选拔制度,调动中层干部的积极性,中层干部的选拔,既要注重对被选拔者的人品、业务能力、管理能力等的考察,也要注意选拔程序的合规合理,保证选拔出的干部愿干事、能干事、干成事,增强学校执行力。

▶二是课程教学与教师成长

1. 帮扶学校面对困难要想方设法克服

保规范运行、常规运转的同时,尽可能"想方设法",要有这样的"态势",要造这样的"声势"。学校领导要争取机会学习提高,走出去"开阔眼界",提升教育教学领导力。对校本研修活动进行设计,做学期或年度计划,逐渐建立教师校本研修制度,促进教师教育教学能力提升。建立教师教学的正向、全面激励机制,如改变小学科不被评优的现状,同时尽量变"罚"为奖,注重正向激励。

2. 建立健全县级教师专业发展支持服务体系

（1）县级教育行政部门强化政策支持:争取资源,尽力给学校开展更专业的教研活动和校本研修制度的落实提供必要的经费支持;加大投入,改善学校基础设施、现代化信息技术设备;强化教育教学质量综合评价,不只是以分数论优劣;设法尽可能为学校配齐任课教师。（2）县级研训机构改进专业支持:县级培训机构要对县级乡村教师专业发展支持服务体系进行整体设计;加强县域学科教研员团队建设,选送"教研员种子"参加国家级培训;争取开发、利用资源,加强对学科教研的专业指导;组织县域学校、片区学校联合教研、联合培训;对学校建立校本研修计划和制度加强指导;建立县域学校课堂教学质量标准（不只以分论英雄）。

3. 充分发挥对口帮扶高校智力支持

发挥对口帮扶高校在教育学、心理学、教育管理等方面的专家资源优势，适当对学校干部进行学校管理实务（特别是教育教学管理）常规培训，对教师进行课堂教学常规、班级管理常规培训。

▶三是内部管理与教师成长

1. 校长、中层干部各自担当有责

好校长正确地做事，中层就要做事正确。学校的中层干部要有站位意识，把校长的思想变成行动，变成执行力，担当责任、各施其责。同时每个中层干部都要成为专家，专业方面甚至需要胜过校长。

2. 学校要加强维权意识

学校一定要有权益意识，维护教师教学、学生管理、生活等各方面的权益。如送教师出去培训既要从学校的发展来考虑，也要充分考虑教师的任教学科、学段，教师的年龄等。

3. 进一步加强学校的软件建设

学校的硬件严重不足，如"五馆建设"、师生寝室不足，理化生实验室缺少，但学校不能等靠要，要主动作为，要优化软件，"以软补硬"，拟订两支队伍建设规划方案，抓好教师队伍和管理队伍建设。

（四）金阳县主线问诊，三维并举，定制施策

▶一是研制完善县域教师队伍发展规划

1. 县委、县政府要进一步加强县级教师培训机构建设

县委、县政府要进一步加强县级教师培训机构建设（指教研室和进修学校），要调整机构职能，面向教师和教学的相关职能要有效整合，不能各自为政、自行其是。

2. 进一步加强四支队伍建设

第一支队伍是校长，包括副校长。第二支队伍是教师，新任教师起步要好，骨干要强。第三支队伍是班主任。第四支队伍是教研员队伍。老师首先能指导学生做到"五洗五会"，将此作为校本研修的重要内容。4支队伍当中校长、名师、教研员是关键，争取让更多的一流的学生来任教，然后通过教师培养

得到更好的发展。要强调待遇留人，专业发展也留人。每一所学校每个学科必须培育一个明白人。校本教研是提升学校教学质量的基础，没有明白人怎么教研？有了骨干老师，然后就去培养全体教师。在这个基础上尽快遴选建立一支兼职教研员队伍。从最优秀的各个学科老师中遴选，正式发文，给职责、给待遇，由教研室来组织，实行动态管理，用这一批人来对接绵阳师范学院的帮扶团队。尽快为区域培养一支搬不动带不走的教师教育队伍。

3. 加大培训力度，强化本土师培能力

（1）制定切实可行的教师培训制度，特别是校本培训和校本教研制度。（2）完善教师的绩效考核办法。把教研、进修学习等纳入教师绩效考核。激发教师自主参与教研教改活动，更新观念，改进方法，提升教育教学质量。（3）在制定制度和规范时注重自下而上，促进教师更好地理解、认同和践行。一定要整合帮扶项目所提供的平台及国家免费的平台服务，平台不在多，在管用、够用、实用。（4）要提升县级培训机构的培训能力。首先，学科理解力要强化；其次，示范教学能力要强化；再次，组织能力要强化；最后，解决问题能力要强化。要加大校长和教师的培训力度。通过培训，校长和教师要把办学和教学想明白，因为想明白才能干明白。

4. 着力解决教师精神状态的问题

学校的教育质量始于校长，终于教师。问题的解决不能用产生这个问题的思维方式去解决，要振奋精神，要解放思想。

▶二是办有灵魂的教育，着力提升教学质量

1. 要确立清晰的区域基础教育目标

通过"问题树"等方法调查孩子辍学到底是因为贫困还是因为厌学？因为家庭原因、家长的认识问题，因为他的基础不好听不懂，还是因为我们学校的教育教学方法，或是其他方面的原因？占多大比例？通过调查，确立我们这个学校的育人目标，校长首先要给学校的孩子一个喜欢上学的理由，教师要给他们一个喜欢上课的理由，明确了学校的育人目标要统摄课程和课堂标准。

2. 要关注学生差异，尽快研究开展分层教学

学生差异大的问题，金阳教育要高度关注。在工学矛盾大、师资不足的

情况下，同一个教室里边、面对不同基础水平学生的教学问题必须研究。可以参考兰州大学孙冬梅教授的复式教学，要认真研究分层教学，以提升整体的教学质量。孙冬梅教授的复式教学模式已在甘肃等山区农村学校开展了多年的探究实验，取得了良好成效，获得了国家基础教育教学成果一等奖。专家组已与孙冬梅教授取得联系，孙教授同意支持金阳开展研究和试点。

3. 要紧紧抓住学生行为习惯养成

特别是学生的文明、礼仪、卫生习惯、感恩教育等，是教育的重要组成部分。学校、老师要针对"五洗五会"目标，抓学生行为习惯养成。

4. 促进学院之间深度合作，输血与造血同时进行

（1）县里明确自身需求，充分与绵阳师范学院深度合作。只有深度合作才能把输血和造血同时进行。全区推进精准帮扶到点上，3所学校坚持四个导向：结果导向、问题导向、实践导向、改进导向。（2）充分用好国家资源开展教师培训和教研活动。第一个用法就是双师课堂，所有的老师如果用它来上课，先听15分钟，再回来落实到本校学生。第二个用法是校本教研，集体备课以这个为抓手，然后再看结合我们的学校怎么做。第三个可以组织特色的教育和资源，可以与北京名师同课异构。如国家中小学网络云平台，小学一年级到高三，所有学科、所有内容。包括双师课堂、校本教研：示范、载体，同课异构：云端，与北京名师同上一节课。

▶三是优化内部管理，促进教师成长

1. 发挥管理制度的激励作用

（1）学校要建立健全教代会制度，定期召开教代会，听取学校发展建议，鼓励教职工参与学校民主管理，激发教师的主人翁责任感。（2）加大教师表彰奖励力度。特别是教师节要开展表彰活动，挖掘先进事迹，树立身边榜样，营造良好教风。（3）建议县委县政府每学年度对优秀教师、班主任、师德标兵等进行表彰奖励，营造良好的尊师重教氛围。

2. 丰富教师的精神文化生活，增进身心健康

（1）发挥工会作用，开展丰富多彩的文化活动，满足教师精神生活需求，可以结合当地民俗文化、节日，开展教师喜闻乐见的活动。（2）建立心理咨

询室，开展心理咨询活动，指导教师掌握自我调节方法，缓解心理压力，进一步增进身心健康。（3）建立健全教师帮扶机制，了解教师生活、工作等方面的困难和需求，倾听教师心声，关心教师疾苦，为教师办实事、办好事，增进教师职业幸福感。

3. 提高教师管理制度建设过程的科学性

要发挥教代会的作用，让老师们充分地去参与制度的设计，更多地去理解和认同，才能够内化和落实，才能达到知行合一。要重视管理制度的激励性，比如说，表彰评优、评先量化评估方面应该有所更多地去体现。要制定完善的有利于教师专业发展的制度体系。部分学校有一些，但是缺乏有实操性的、针对自己学校特色的制度体系。

4. 实操案例：内部管理的"125"

教师队伍建设目标一定要聚焦于学校发展，学校发展规划中有学校的办学理念、目标、愿景，一定要给我们老师一个很好的价值引领。校长要善于创新，打破固有的思维模式，要带头成为一个牌子。激发内驱力搭台子：主要是要建立完善的教师培训制度，为老师提供进修提高的机会。重视发展架梯子：主要是教研，可以结合课堂教学，结合学生管理，五洗五会等开展教研活动。强化执行力厚底子：主要是用好评价制度，发挥评价制度的作用。加强教师的业务考核，抓实教师的教学常规。加强发展力引路子：主要是要有学科的管理队伍，学科带头人的培养。

▶四是对策实施保障举措

1. 要尽快修改和完善的方案。与金阳县对接，修改完善方案的同时，要制订具体的工作计划。

2. 要坚持聚焦特色和实效的原则。要追求 1+1+N 的特色，要坚持实效的原则，没有实效的事不干。

3. 要集中力做好四件事。

第一是对金阳县选出的骨干教师和教研员进行培训。

第二是组织好 N+N 同科同步集体备课，同步同课异构。

第三是把五洗五会纳入帮扶工作内容。

第四是主动对接并组织好复式教学模式的论证和试点。

（五）普格县七大举措个性定制

▶**一是建设教师支持服务体系，持续指导乡村教师专业发展**

普格县教育局要抓住脱贫攻坚节点，充分利用四川师范大学帮扶的机遇，谋划本县教师队伍专业建设的十四五发展规划。重点建设县乡校三级支持服务体系。（1）抓县区教师进修学校和县教研室的功能整合，通过培训提升县级教师发展中心的专业能力，让其能够胜任区域教师专业发展顶层设计、路径规划和行动指导的职责。（2）建设县级培训团队，以进修学校和教研室为依托，吸纳教学副校长、教导主任和骨干教师，依托四川师大做好培训者能力提升培训，提升学科教学指导、校本教研组织能力，在普格教师专业发展中发挥主体作用。（3）要依托市州教研部门和四川师大，寻求资源和外源支持，积极探索信息化背景下乡村教师专业发展的新路径。

▶**二是营造专业发展生态，为乡村教师专业发展赋能**

县区要指导学校建立和完善包含规划、队伍、教学、课程、教研、保障、评价等方面的学校人事、财务、资产、校务会议、突发事件处理等规章制度，提高学校规范管理水平，形成学校领导班子凝聚力，优化学校内部管理体系，为教师专业发展营造良好的生态环境。做实做细教师培训，为乡村教师专业发展服务。建议与四川师大联合做好顶层设计，分层分类开展实效性强的教师培训。重点做好乡村校长、乡村教学管理者培训，精细实施乡村教师赋能式培训。（1）可以通过网络培训开展全员培训，全面提升乡村教师的教育教学的基本知识和教学常规技能训练；（2）通过送教、送培、远程指导开展学科教师教学能力提升培训，切实提升课堂教学效益；（3）在四川师大的指导下，建立跨区域教师专业发展共同体，通过中心城市如成都市、凉山州的基地校开展骨干教师培训，为普格县培育一支引领区域教育发展的核心团队；（4）是依托四川师大，建立乡村师范定向生或全科教师联合培养机制，为普格定向培训师资。

▶**三是发挥片区中心校的辐射引领作用，解决部分师资结构性缺编问题**

关注校本研修，打造教师专业发展研修基地，建立县级学校帮扶中心校、中心校指导村级学校，资源共享，师资互动的乡村学校帮扶体系，可以支持乡村中心校（片区学区长学校）借助互联网+，开展基于本县或本乡镇的"双师同步课堂",共享紧缺薄弱学科师资,部分解决结构性缺编问题。县教师进修学校和教研室主导,依托片区中心校开展以课堂教学改进为主体的片区研修活动。也可以依托四川师大,建立高校、中心城市和乡村学校一体化的乡村教师专业发展活动系统,实现资源共享和乡村帮扶。

▶**四是健全县、片区校本教研制度,大力推动乡村学校常态化教研**

以县为主导,健全校本教研制度,实施校本研修学科申报制度,并通过继续教育学分制度进行管理。要根据不同学科、不同学段、不同教师的实际情况,因地制宜采用片区教研、网络教研、综合教研、主题教研以及教学展示(赛课备课比赛)、现场指导、导师指导(师徒结对)、项目研究、名师工作室等多种方式,提升教研工作的针对性、有效性和吸引力、创造力。积极探索信息技术背景下的教研模式改革。建立县级教研员(兼职培训团队)定点联系学校制度,组织教研员到学校持续开展教学指导,帮助乡村学校和薄弱学校提升教育教学质量。

▶**五是细化乡村学校教学管理常规,建立乡村教育自信**

学校要细化教学常规管理制度,建立集体备课制度,做好课前保障,以确保学生保底知识技能达标为目的,完善教案设计要求;以学生学习过程和结果达标要求为依据细化学校的听评课制度;以整校推进的方式组织发展性校本教研,优化乡村教师专业发展管理,开展经常性教研活动,组建和完善教研组、备课组、年级组在研究学生学习、改进教学方法、优化作业设计、解决教学问题、指导家庭教育等方面的作用。鼓励教师以课堂改进为主线开展行动研究,鼓励学校积极探索信息化助学的课堂教学模式。引导教师和学生发现乡村生活和教育的优势,培养乡村教育自信。

▶**六是探索家校共育路径**

发挥学校优势,建立家长学校,开展家长培训,一是为片区家长提供生活和文化的指导,服务地方发展;二是让家长及其身边的资源更好地支持和配合学校工作,与学校形成教育合力。

▶**七是充分发挥四川师范大学的优势,探索乡村地区教师专业发展的新机制新模式**

四川师范大学为普格学校和教师发展做了大量的预设和专业化服务工作。

（1）要细化方案的可操作性，切实支持乡村学校的文化、特色建设，切实支持乡村教师改进课堂。（2）要关注乡村学校和教师的内生力量，避免出现取代学校和教师主体的情况，要引领和扶助乡村校长和教师基于问题解决，改变思维，主动参与规划和课程的顶层设计。（3）要关注长效，着重帮助普格培育一支县级培训团队，指导团队开展常态化工作。（4）指导乡村学校和教师立足凉山实际，开展富有特色的民族教育。（5）在帮扶的成果导向上，要关注收集教师成长变化、学生发展变化的具体实施和数据。

（六）喜德县问题导向，6个加强，精准施策

▶一是加强学校内涵建设，发挥文化育人作用

（1）进一步加强校园文化建设。国家高度重视文化育人，《义务教育校长专业标准》第十七条指出：绿化、美化校园环境，精心营造人文氛围，建设优良的校风、教风、学风，设计体现学校特点和教育理念的校训、校歌、校徽、校标。3所学校应进一步凝练办学理念，明确办学宗旨，清晰培养目标，强化校风校训等。（2）进一步加强规章制度执行。认真梳理各项规章制度，完善制度的可行性；明确制度责任分工，做到专人负责；强化考核制度建设，加强制度的监督执行；做好宣传工作，强化教职员工依法治校的意识。（3）进一步加强组织建设。加强党的领导作用，高度重视工会、职代会等各级组织的建设；充分发挥各级各类组织作用，强化学校的民主管理；通过群团组织关心关爱教职员工的身心健康，更好地调动教师的积极性。

▶二是加强全科教师培养，逐步开足开好课程

（1）加大公费全科师范生力度，切实解决教师"源头"问题。建议县教体科局要加大教师配备统筹力度，根据全县教师缺编情况和结构情况，科学制订教师配置需求计划。建议四川省相关职能部门要加大地方公费师范生培养力度，针对边远贫困地区实际需求，合理确定年度培养计划，定向培养一批一专多能的小学全科教师。（2）开展教师"全科"培训，逐步解决现有教师"存量"结构不优问题。建议对口帮扶高校细化师范大学在县教体科局的支持配合下，在现有教师队伍中遴选出一批有条件的教师开展"全科"培训，通过3年左右的系统培训，打造300~500名一专多能型教师，实现开齐开足

开好课程。

▶三是加强全员分层培训，全面提升教学能力

建议县教体科局与西华师范大学加强协同。（1）开展分层分类培训。制订每5年教师全员培训规划，重点针对现有教师队伍现状，聚焦课堂教学能力，对新教师、青年教师、骨干教师进行分层分类培养，打造合格课堂和优质课堂。（2）创新协同培训模式。落实"1+1+N"协同实施模式，构建专家团队入校精准诊断，协同研制实施方案，派驻挂职校长现场指导，送培送教送研到校（片），顶岗置换与跟岗访学相结合，线上选学与线下实践相结合的有效培训模式。（3）提升校本研修质量。高校和地方联动共同研制一套适合喜德县各片区教师发展的校本研修计划，注重开发、加工、提炼一批具有地方特色的优秀研修资源，重点打磨优质课例、育人案例、师生成长实例等，加大小规模学校跨校、跨学科校本教研，提升教研活动的活力与吸引力。

▶四是加强课程教学改革，发展学生核心素养

围绕造就一批"五洗五会"好习惯的学生这一帮扶任务，必须加强课程建设，深化教学改革。（1）加大地方特色课程建设。在开齐开好国家规定课程基础上加大研究力度，有计划推进国学经典、彝文经典、民俗传统、人文历史、阳光体育等地方特色课程建设，满足学生兴趣爱好与特色发展。（2）完善课堂教学评价标准。分学科制定《课程实施方案》《课堂教学评价指标》《学生评价标准》等，通过推门听课、岗位查访、教师互评、学生反馈等方式，督促课堂教学规划。（3）更新教师教学理念。改变传统思维定式，正确处理教与学的关系，不断探索教学方式的变革，加大运用自主、合作、探究等方式，加强信息技术与学科教学融合创新，提高学生学习的热情与质量。

▶五是加强机构能力建设，切实增强造血功能

提高贫困地区研训机构专业化水平是实现教师持续发展的坚强保障。针对喜德县研训机构现状，建议县教体科局要积极争取政策支持。（1）推进机构整合。建议将教师进修学校、教研室、教仪站功能整合，真正建成县域教师发展的学习中心、资源中心和决策咨询中心，实现"小实体、多功能、大服务"。（2）建强研训团队。加强学科专职教研员队伍配备，按学科学段逐

步配齐配强。注重兼职研训团队打造，建议按照本县教师数的 30% 建设一支骨干培训师团队，引领区域学科研训和校本研修。（3）建好实践基地。县里统一遴选、认定、使用一批教师培养培训的实践基地学校。（4）加强经费保障。逐步落实教师工资总额的 1.5% 用于教师培训的基本经费保障要求。

▶**六是加强管理机制优化，激发教育教学热情**

落实《减轻教师负担过重意见》文件精神，切实减轻教师的负担。建立更加科学合理的评价机制，对教师进行多元评价、分类评价和目标评价，充分激发内部活力。积极推进家长学校建设，提升家校共育合力，促进学生健康成长。

（七）越西县问题导向，七大任务定制式施策

一是政府解决教师缺口问题。越西县政府及教育行政部门应高度重视民族小学专任教师配备问题，建议统筹规划、专题研究，尽快解决专任教师严重不足的紧迫事项，以缓解民族小学基本教学秩序无法建立的燃眉之急。

二是强化民族地区教育育德问题。重视学校党组织建设，切实加强教职工的政治思想工作，关心关爱教师，解决年轻教师学习发展与个人生活困难。引领教师牢记初心使命，体现时代要求，切实加强师德师风建设，引导教师修炼高尚师德，成就幸福教育人生。

三是分层提升教师专业能力问题。学校应高度重视教师队伍建设工作，系统分析教师队伍的基本情况，切实研究制订学校教师队伍建设规划和年度计划，指导教师特别是指导年轻教师、新入职教师做好个人发展规划，持之以恒抓好落实。

四是重点破解学校学科教研问题。组建专业团队，指导民族小学和宝石小学，结合学校教育教学、师资结构实际，建立常态教研制度。在全县范围选派学科骨干教师，采取学期支教和定时指导的方式，帮助民族小学组建学科教师学习共同体，开展好校本研修，解决常规教学问题。

五是利用信息技术解决课程课堂问题。充分发挥现代信息技术优势，开齐课程。民族小学是新建学校，教室都配备了电子白板，网络流畅。建议教

育行政部门统筹协调，组织辖内教育教学示范学校与民族小学实行"一对一"帮扶，采取应急培训，通过"双师课堂"等形式，开齐国家规定的课程。

六是建构本土教师发展支持服务体系问题。县教育行政部门应切实加强乡村教师发展支持服务体系建设，充实教研培训机构专业人员，加强研训机构能力建设，让研训机构切实担负起指导全县教学教研、服务学校教师专业发展的责任。

七是帮扶单位资源整合与发挥帮扶优势问题。内江师范学院结合本次调研诊断的情况，在原有方案基本上适当调整教师专业发展对口帮扶办法，重点在指导学校制订教师队伍建设规划、培养学校管理和教师骨干、搭建共建共享资源平台方面着力，致力通过帮扶形成民族地区学校加快发展的内生机制。重点设计学校校长与管理干部研修项目，聚焦学校规范管理，通过集中培训与跟岗学习提高办学能力；尽快组建由内江六中和内江桐梓坝小学名优教师为坊主、民族中学和民族小学优秀教师为骨干、普雄镇教师全员分学科参与的工作坊，开展研修活动；统筹安排内江师范学院教授专家、内江六中和内江桐梓坝小学名优教师，定期深入普雄中学和小学，深入课堂指导教学，设计教研活动，引领开展有质量的校本研修。

三、7个承训院校"一对一"帮扶实践与创新行动

（一）成都师范院校"目标导向式"精准帮扶模式

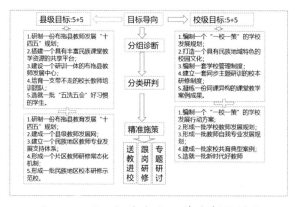

图3-4　"目标导向式"精准帮扶模式

成都师范学院基于县校两级 5+5 目标导向下的精准帮扶模式，重在分组诊断，分类研判，基于研判问题对症施策，集中在送教进校（主要采取送教示范、同课异构、课堂研磨）、跟岗研修（将受扶县骨干教师组织到成都发达基础教育进行影子跟岗、置身真实教育场景学习课堂教学、校本教研、学生作业设计等教学全套基本功）再基于目标细化下的专题研讨（如资源平台建设、机构整合、规划研制、学生社团组织等）在一年余时间里，成都师范学院组织各级专家、中小学优秀教师校长 300 余人次，共计开展数十次帮扶活动，受训教师达到 1000 人次，学生上万人。受到四川电视台、《四川科技报》、四川新闻网等新闻媒体的高度关注、报道和赞誉。

（二）四川师范大学"聚焦课堂，混合式研修"精准帮扶模式

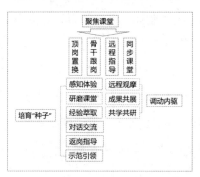

图 3-5 "聚焦课堂，混合式研修"精准帮扶模式

四川师范大学重点依托课堂，借助师范院校职前培育优秀师范生优势，在校内遴选 25 名优秀师范生对接受扶县片区内中心学校，置换本土优秀骨干青年教师到成都名校进行跟岗实践性学习，以"带着任务跟岗，带着任务返岗"的任务驱动内力思路，引导跟岗教师感知体验跟岗学校课堂、经验萃取、对话交流和带着指导一节课的任务，返岗指导，示范引领本土教师。同时，筹资为受扶县建立远程资源平台，借助平台开展常态的关于课堂教学技能、教材解读、教学设计、班级管理、学生关注等专项指导，在此基础上开展片区内在线学习成果展评活动，同时依托优质学校对接受扶县学校面向学生开展的同步课堂，重点在复习巩固课上引导学生牢固知识，掌握科学学习方法。通过这种线上线下混合式帮扶方式，始终将受训教师置身在真实教学场景中，

对于教师理念转变、方法和能力提升成效大，效果显，受扶县基本已经形成常态的线上线下校本教研制度，在作业设计、课堂教学、课标教材解读等方面构建了义务段全学科常态教研机制。

（三）四川省教育科学研究院"全面开花、点上承包、双向内驱"的精准帮扶模式

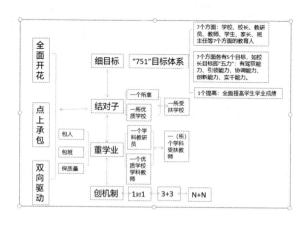

图 3-6　"全面开花、点上承包、双向内驱"的精准帮扶模式

四川省教育科学研究院充分借助学科教研员专业和整合全省中小学优质学科教师、校长的资源优势，将对接的受扶县在实地调研基础上，精准研判发展所需，围绕教育诸因素中人的关键作用，将学校、校长、教师、学生、家长、班主任等逐一树立五个方面目标（如学校的"五有"目标，校长的"五力"目标，教师的"五会"目标，学生的"五洗五会一提高"目标，班主任的"五能"目标，家长的"五要"目标等）。采取分层分类结对子，责任承包制的任务驱动方式，用一所室对接一所受扶校，一个优质中小学对接一所受扶校，一个学科教研员重点对接一个学科骨干教师，一个优势学校学科骨干对接一所受扶校同学科教师，形成"3+3"和"N+N"的"一对一"帮扶机制。持久展开进驻式指导，每个受扶学校选派执行副校长，每个受扶学校对接的优质中小学轮流进驻上示范课、同课异构、学科教研指导等，持久指导，不断浸润，让受扶教师一直置身真实的教育教学场景中学习，言传身教，感召和带动引领受扶教师观念、行为变革，成效十分显著。

（四）西华师范大学"3485"创新实践培训模式

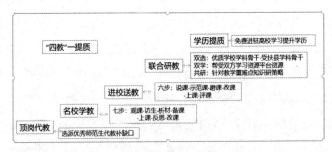

图 3-7 "3485"创新实践培训模式

西华师范大学采用"学校自主初诊、高校专家问诊、协同教育部专家会诊"三诊有的放矢，精准把脉受扶县所需。在此基础上，分"县域—学校—教师—学生"四个层次分层设标二十个一，根据目标导向，整合区域各种优质资源分成八个帮扶工作组，进行五个方面专项推进，同时选派副校长长期驻守受扶县片区学校，统筹协调各个工作组持续帮扶活动。在帮扶实践过程中，创新探索了"三送一团一跟""小课题引领"等骨干教师培训模式，一年见效目标完全达成。

（五）内江师范学院"四教一提质"精准帮扶创新实践培训模式

内江师范学院重点聚焦课堂，辐射各领域，采取"顶岗代教，弥补受扶县教师不足的缺口"政策，再选派学科骨干教师到名校跟岗学教，重点引导跟岗教师听课，访谈学生，分析教材，设计教学，试上课堂，指导老师评课促反思，再改课试讲的七步流程，培育学科骨干教学返岗指导校本研修；同时选派优质学校名优教师进入受扶县片区学校送教，以说教材及设计—借班示范—指导受扶教师磨课—改课—再上课—再评课的流程，建立基于民族地区学情的有效课堂；再借助搭建的远程平台，双选优质学科教师进行共学共研，每月开展一次学科联合教学教研活动；最后借助寒暑假，选派一部分求上进，学历较低的青年教师进驻高校，免费进行知识补偿性教育，为提升学历进行筹备。内江师范学院的"四教一提升"深受受扶县片区学校师生欢迎，目前成效显著，社会反响良好。

（六）绵阳师范学院"实·联·建"多元创新的精准帮扶模式

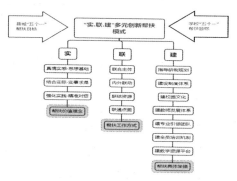

图 3-9　"实·联·建"多元创新的精准帮扶模式

绵阳师范学院坚持"实"为先的价值追求，统一思想，实事求是，聚焦凉山受扶县片区学校现场把脉问诊；坚持"联"为实施策略，多方联动本土教体局、优质中小学、远程机构以及受扶县教体局、教师发展机构等，整合资源，上下纵横贯通，组建学习共同体，建立"三人行"教师个体辅导机制，形成帮受双方合力，分层分类分步推进；秉承"建"的长效机制，围绕帮扶目标和受扶县需求，建片区学校制度体系、建受扶县未来教育教师发展规划指导制度、建全员培训制度、建教学资源平台及校园文化、本土专业团队等。项目实施以来，"实·联·建"的帮扶模式成效显著。

（七）乐山师范学院"双协同，四提升"创新实践帮扶模式

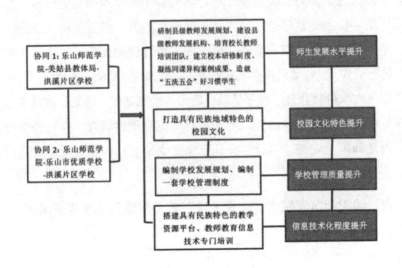

图 3-10 "双协同，四提升"创新实践帮扶模式

乐山师范学院根据教育厅"一对一"精准帮扶任务要求，在精准调研之后，经过教育部专家指导，组织研讨论证，构建了"双协同、四提升"的精准帮扶模式：以乐山师范学院—美姑县教体局—洪溪片区学校和乐山师范学院—乐山市优质学校—洪溪片区学校，两个三方协同形成"一对一"精准帮扶工程项目实施的保障机制。在该机制引领和保障下，项目有效实施，通过研制县级教师发展规划、建设县级教师发展机构、培育校长教师培训团队，以及建立校本研修制度、凝练同课异构案例成果、造就"五洗五会"好习惯学生，促进洪溪片区学校师生发展水平提升；通过打造具有民族地域特色的校园文化，促进洪溪片区学校校园文化特色提升；通过编制学校发展规划、编制一套学校管理制度，促进洪溪片区学校管理质量提升；通过搭建具有民族特色的教学资源平台、教师教育信息技术专门培训，促进洪溪片区学校及教师信息技术化程度提升。

第三节　凉山州"一对一"精准帮扶实践成效及总结反思

一、凉山州"一对一"精准帮扶实践成果

（一）提炼了定制式精准教育帮扶对民族地区教育发展的理念和价值追求

1. 基本理念

教育是阻断贫困代际传递的重要方式，秉持"扶教育之贫"与"以教育扶贫"并行的原则，坚持"首研路径，寻可能；阵地前移，进战壕；按需设计，重实效；学用一体，学为用；持续支持，不断档"的对策思路，以教育事业的第一资源（教师）作为教育脱贫的中坚力量，促进教师专业发展，带动区域教育改革，整体提升教育质量，振兴乡村教育。在全省45个深贫县全员覆盖培训实践经验基础上，针对全国教育贫中之贫的凉山州优秀师资"下不去、留不住"，学生"不愿学，学不好"，教学质量低、学生素质差等现实问题，进行县域片区定制式培训理念。特别是基本形成"从单打独斗到区域协同，从单向培训到多元互动，从经验移植到实际需求，从问题导向到目标引领，从以训为主到以学定培"的体系化立体式培训理念，提升教师专业能力，强化教学质量，整体提高学生素质，实现山区乡村教育振兴以阻断贫困的代际传递。

2. 价值追求

一是根植自信，同频深度协同、昭显齐心协力。以"根植自信"为出发点，帮扶专项活动实施过程中尤其注重学校发展自信、教师发展自信、学生成长自信，在各专项任务的启动、推进和布置上多次进行沟通协调，齐心协力推进帮扶工作。二是落地赋能，共振"二十个一"凸显自力更生。以"落地赋能"为着力点，以"生根提质"为生长点。坚持扮演助力者和陪伴者，致力于激发师生内在生长动力，促进自力更生。切实推进县域、学校、教师和学生四个层面"二十个一"任务，努力为县域团队赋能思维力、规划力，真正为校长赋能领导力、执行力，切实为教师赋能创新力、合作力，不断为学生赋能

学习力、成长力。三是长效机制,持续深入调动民族地区自身动力。试点改革探索出名师名校长工作室、高校为主院校资源等持续深入培育本土骨干教师、专家团队及建立健全本土教师发展机构、资源平台、文化生态等内容的长效机制。

(二)明确了县域片区大面积、定制式培训的民族地区精准帮扶具体思路

(1)根上治理。通过"外推"形成"内生",实现民族地区课堂教育转型改革,核心是调动当地教师主动寻求自主发展的内驱力,让本土教师成为本土教育的中坚力量,为学生打通求学渠道,实现真正的在家门口上好学,学有所成,学有所用,真正让教育斩断贫困的代际传递。

(2)区域覆盖。以"科学研判—问题破解—个性定制—目标导向—成果产出"为解决问题思路,以"半年见效,一年达标,两年固本"为项目总要求,重点以"精—准—实—效"为目标追求,坚持"一对一"帮扶,"点对点"精准,"实打实"落实,"硬碰硬"实施,以任务驱动,分层达标,片区覆盖,助力民族地区区域教育整体脱贫。

(3)个性定制。虽同为民族地区,但县域之间由于环境条件、师资基础、经济现状、发展历史等各种原因,需要帮扶主体(承训机构)在科学研判和自身已有资源基础上,因地制宜、对症下药,探索"一县一策""一校一案""一师一法"的个性化定制式培训。

(4)点上突破。一是资源整合,构建"1+1+N"对"1+1+N"帮扶机制。二是两次诊断,精准把脉科学研判真问题,厘清每县问题清单。三是落实责任,分层签订受扶与帮扶四方协议。四是行政助力,全程实施项目推进会制度。五是针对需求,不同县域、不同片区、不同需求进行差异化帮扶,N种帮扶模式齐头并进。六是评估导向,"规定 + 自主"目标考核评估指标体系构建与评价。

(三)创生了民族地区县域片区定制式培训的"1+1+N"精准帮扶流程

(1)结:精准对接。建立以高校(教科研院所)牵头,协同教育部专家组,联合区域教师发展机构、优质中小学校为整体的帮扶主体，对接民族地区某县域内某个片区所有中小学校，构建起"1+1+N"对接"1+1+N"的帮扶机制。即由 1 个教育部专家团队、1 个省级承训机构、N 个优质中小学校，具体对接 1 个未摘帽县的 1 个研训机构（含教研室、进修校、电教馆等）和所有义务段学校（重点是片区内所有学校），实施为期 2 年的"一对一"精准定制式帮扶，着力提升受扶县乡村学校办学水平和育人质量，打造乡村教师发展示范区。

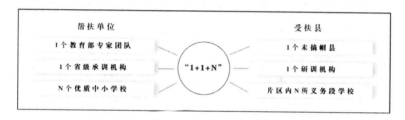

图 3-11　民族地区县域片区定制式培训的精准对接示意图

（2）诊：把脉问诊。高校自主问诊，全面深度了解所对帮扶的县情、片区和帮扶学校整体教育情况，初步把握受扶县的整体需求。专家会诊，即在高校问诊基础上，协同教育部专家工作组组建会诊专家团队，聚焦"教师成长"主线，从学校发展规划、课程教学和内部管理三维度，根据教师、校长、学校管理 3 个标准，确立 14 个观测点，进行科对标量尺，精准把脉，换位帮扶，共商对策。

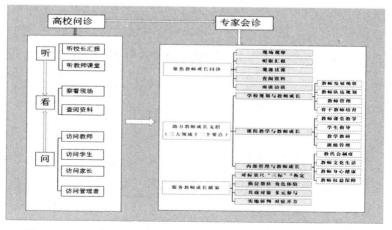

图 3-12　民族地区县域片区定制式培训的把脉问诊示意图

（3）合：资源整合。打破原有师资培训的传统模式，重塑针对民族地区的师培新理念，实现师培"从单打独斗到区域协同，从单向培训到多元互动，从经验移植到实际需求，从问题导向到目标引领，从以训为主到以学定培"的体系化帮扶机制。以高校（教科研院所）为帮扶的承训主体，整合高校内学科教学专家、附属优质中小学校长教师以及高校所在区域的教师发展机构整体力量，协同教育部专家工作组力量，对口帮扶受扶县所在区县教师发展机构、片区内所有学校及其师生，形成区域覆盖，点上突破，整体联动的帮扶新模式，打造乡村片区教师发展示范区，带动学区制改革。

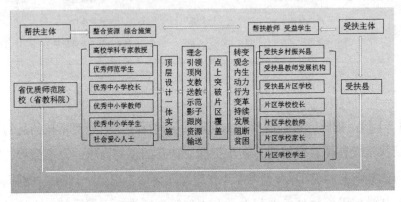

图 3-13　民族地区县域片区定制式培训的资源整合示意图

（4）层：分层达标。根据受扶县需求及诊断报告综合研判，从县域和校际层面做出两层目标的五个一任务，各个帮扶主体在此基础上针对每一个任务再完善和细化任务。总体任务为：重点完成县域层面"五个一"帮扶任务：研制一份县级教师发展"十四五"规划，搭建一个具有丰富民族课堂教学资源的共享平台，建设一个研训一体的县级教师发展机构，培育一支带不走的校长教师培训团队，造就一批"五洗五会"好习惯的学生。学校层面"五个一"帮扶任务：编制一个"一校一策"的学校发展规划（含片区所辖中心校发展规划），打造一个具有民族地域特色的校园文化，编制一套学校管理制度，建立一套同步主题研训的校本研修制度，凝练一份同课异构的课堂教学案例成果。在总体分层目标基础上，各承训机构根据受扶县域片区教育发展需求，再逐一分层细化目标。

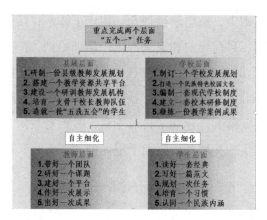

图 3-14　民族地区县域片区定制式培训的分层达标示意图

（5）推：行政助推。教育厅行政助力，在经费、制度、组织等方面全方位保障。采取分主题分阶段专项推进方式，实施帮—受双方自主选择，自由配对；发布帮扶指南，强化受扶县主体，帮扶机构主导，受扶教师主动的"三主"合力；分阶段以"专家引领，启动会推进；同课异构，经验分享推进；规划比拼，专家点评引领；阶段成果展示，任务验收推进"等形式助推项目有序开展，实现以导助推，以展助推，以评助推目的。

（6）评：指标考评。在诊断调研、研制帮扶方案基础上，为确保受扶与帮扶双方落实权责，签订四方协议。根据帮扶目标任务，由省级承训机构、受扶县教育行政、帮扶优质中小学及受扶片区中心校四方，围绕帮扶活动中各自职责、任务、内容等，拟定帮扶协议，在省市教育行政和专家、一线教师见证下签订协议，省项目办作为协议执行的监督者，将帮受两方职责法定化，倒逼双方主动性和积极性。同时，将规定任务县级层面和校级层面的"五个一"作为必备协议内容，根据双方协议自主规定其余协议内容。并将双方自愿签订的协议内容细化为项目考核评估指标，将契约精神与行政评价有机融合，保障项目落实落细。

（四）形成了民族地区县域片区覆盖定制式培训的"1+1+N"精准帮扶机制

（1）四位一体的精准帮扶标准。针对民族地区教师和教育实际情况与需求，在精准把脉基础上，重塑培训理念，构建了体系化帮扶机制，围绕"问题破解、个性定制、目标导向和成果产出"培训原则，按照"半年见效、一年达标、两年固本"的总体要求，从帮扶单位"一对一"自主选择，双向配对；帮扶方案，点对点对接，精准到位；帮扶措施"硬碰硬"直接受扶县痛点难点；帮扶内容"实打实"落实，建立学科对学科，教师对教师，一校一策、一师一案的帮扶路径；实现县域和校际两个层面的"五个一"目标作为成果检验的重要标准。

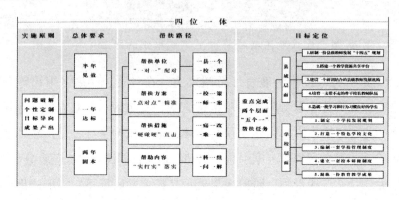

图 3-15 四位一体的精准帮扶标准示意图

（2）"一对一"精准帮扶提升项目实施机制。教育帮扶需要以系统论的角度来统筹帮扶力量解决问题。针对民族地区教育资源相对落后状态，摸清问题根源，有的放矢进行帮扶是关键。利用四川熟悉凉山地区实际的本土师范类高校资源，以帮扶的形式助力试点县进行教师队伍建设体系改革，帮扶当地培养一支带不走的教师队伍，方能满足民族地区家庭子女"上好学"和教师个体得到专业发展的目的，进而服务于凉山州的乡村振兴行动。凉山州"一对一"精准帮扶提升工程是四川省教育厅牵头，由教育部专家进行实地研判，后期由省内师范类院校和省级教师研训机构牵头，联合 N 所优质中小学学校针对一个经济欠发达县的一个片区内 N 所中小学进行帮扶，针对县域内教师专业发展进行帮扶指导。具体实施中，以高校统筹领导和整体设计，8 个工作组落地推进，协同项目县同频分解任务，对标实施，同时在重点帮扶中小学派驻副校长做一线执行指导，帮扶任务分 5 个专项有序开展。

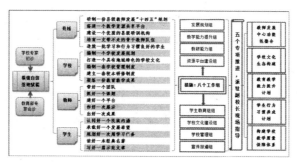

图3-16　"一对一"精准帮扶提升项目实施机制

（3）"1+1+N"精准帮扶的N种培训模式。不同受扶县需求不同，在全面诊断基础上，各个承训机构对症下药，个性定制，系统推进帮扶方案。

进驻式：承训机构组织优质中小学一线优秀学科教师深蹲深扎受扶县片区学校教育教学现场，持久性指导、不间断垂范。立足教育教学发展过程中教师面临的教材解读、教学设计、课堂教学、作业布置与评价、班级管理、学困生辅导、社团建设、家校沟通等实际问题与困难，沉浸式研究，充分把握民族地区实情基础上与受扶县教师共商对策，实现培训重心前移真实教育场景，破解教育现实问题，满足受扶县教师工作岗位的真实需求。

接连式：是指在顶层设计、阶段实施的前提下，由承训机构有序安排不同优质中小学名师名校长或高校专家教授主题式、不间断、无缝对接进行深入民族地区深贫县片区学校或是送出来跟岗研修、集中培训等方式，旨在让先进理念、实操技能、优秀方法等不间断浸入受扶片区学校教师工作的实践岗位，潜移默化、持之以恒变革教师教学观念与行为，达到帮扶实效。

置换式：承训机构将本校优秀师范生进行集中培训后择优选派到受扶县进行顶岗，置换部分在岗学科骨干、班主任、中层干部等到发达先进地区优质中小学，进行系统的影子跟岗研修，全面深入学习优质中小学的课改理念、校本研修、教学技能等，着力造就一支民族地区受扶县骨干教师团队。返岗后，以任务驱动建立学校对学校、学科对学科、教师对教师的帮扶指导，生发受扶县造血功能。

同步式：为民族地区受扶县片区学校搭建远程学习平台，借助内地优质中小学课堂教学远程资源，进行同步教学课堂，实施内地中小学生与受扶县学生同步双向互动，让受扶县学生感受、体验优质中小学课堂教学。同时，借助远程平台培训民族地区受扶县教师辅导学生课后作业，从而促进受扶县课堂教学提质增效。

综合式：综合采用"走进去"示范指导，"带出来"学习感受，同步异构课堂研讨，网络常态化培训等线上线下综合施策，全方位整合资源，多措并举助力民族地区受扶县教师专业发展。

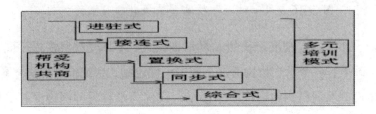

图3-17 "1+1+N"精准帮扶的多元培训模式

（五）民族地区片区定制式培训的"1+1+N"精准帮扶落地赋能措施

按照五个专项，对标"二十个一"的任务，协同项目县教体科局、教师进修学校和相关中小学协同开展工作。

（1）引领发展规划，摸清家底出真招。逐步实现项目县教仪站、教研室和教师进修学校功能性实质整合，结合扶贫攻坚任务，完成"十四五"县校两级教师发展规划，持续推进受扶县片区学校内生动力。

（2）引领文化生态，扎根民族要内涵。依托学校文化亮点，结合民族传统，以校风、教风、学风建设为着力点，着重民族性、教育性和特色性的"三性"学校文化，大力推进受扶学校文化生态建设。

①光明镇中心小学顺利启动"三雅书屋"筹建，捐赠相关书籍5000余册，发动爱心企业购捐课标推荐图书价值25000余元；西华师范大学和光明镇中心小学共建彝汉文化研习基地；共建环境教育基地，构建1+N生态文明教育体系。

②光明中学顺利完成"理念识别系统""行为识别系统""环境文化系统""特色文化系统"等项目的初步规划；共建"美育基地"并向师生开放；完成向荣中学主教学楼的楼道和部分外墙的民族特色墙绘。

（3）引领教育教学，聚力校本问效果。

①根据项目县小学教师总量不足，缺编现象严重，结构性缺编突出的实际情况，完成两轮小学全科教师培训。

②为建高质量学科团队，"影子教师团"专家驻校引领1个月，实施不少于2个月的远程跟踪指导；影子教师团专家根据8个学科团队的实际情况，领衔主持7个学科的课题在四川省教育发展研究中心成功立项。

③针对项目县学校教育教学改进缺乏"着力点"、一线教师的积极参与缺乏"固着点"等困难，引领帮助受扶学校筹建数个教研课题研究团队，帮助所有团队申报的课题成功立项。

④整体式推进跟岗与送教（培）同频发生，项目县32名校长、教师深入南充四所优质跟岗基地开展跟岗实践研修工作，高校随即组织24名送教一线专家和12名高校学科教学论专家，深入项目县受扶中小学校，把优质教育资源送到项目县；中学完成一轮全员教师能力提升培训。

⑤强化知识整合，吸取经验教训，组织不少于10位中小学一线专家和数名高校学科专家，开展复习专项活动，分析近5年凉山州中考及小升初考试试题。

（4）引领习惯养成，尊重民俗树示范。围绕解决"文明习惯养成、问题学生关爱、家校共育构建"等问题，推动中小学德育工作"1311"计划。

（5）引领教学保障，促进发展立规矩。逐渐明晰学校教学质量提升的关键环节和制约短板，不断完善教学质量体系。如各个受扶县片区镇中心小学已形成《XX镇中心小学教师手册》《XX镇中心小学制度汇编》《XX镇中心小学发展规划（2021—2025年）》初稿，XX中学已形成《XX中学学校管理制度汇编》《XX中学发展规划（2021—2025年）》制度体系。

二、凉山州"一对一"精准帮扶项目的教育教学效益

（一）成果的影响

1. 国际影响

该项目成为联合国教科文组织教师教育中心编撰的《"国培计划"蓝皮

书（2010—2019）》中的一个典型案例。如图所示：

案例 2 凉山州创新实施"一对一"对口帮扶培训

四川凉山州制定《凉山州未摘帽县片区学校"一对一"精准帮扶提升工程实施方案》，创新实施了 1+1+N 对 1+1+N 的对口精准帮扶模式（一个教育部国培办专家团队+一所川内师范院校+N 个优质中小学对接帮扶一个未摘帽县+一个片区+N 个片区内薄弱学校）。2019 年，安排资金 2771.65 万元，培训教师 7361 人次，提升了参训教师的总体素质和学校发展水平。

图 3-18 "1+1+N"精准帮扶定制式培训入选《"国培计划"蓝皮书（2010—2019）》

2．国家级影响

教育部国家级教师校长培训专家工作组高度关注，多次深度参与，是凉山州教师培训史上关注最多、期望最高、影响最大的培训项目。

3．受到了社会各界广泛关注

"一对一"帮扶项目写入"国培十年"蓝皮书，先后受到《中国教育报》《人民日报》《四川日报》《四川电视台》《中国教师报》《学习强国》等多家媒体报道共计 31 次。

（二）成果的应用推广

1. 该项目的"1+1+N"对接"1+1+N"帮扶机制被教育部推广应用在云南怒江、青海藏区教育扶贫等项目实施中。

2. 该项目成果在国家教育行政学院举办的"全国培训管理者高级研修班"，清华大学举办的"全国培训者高研班"及广东肇庆学院举办的"全国乡村教师论坛"，湖南省教师发展中心举办的"培训师同升论坛""成渝双城经济圈教师教育论坛"等活动中多次交流分享，反响广泛。

3. 2021 年，四川省"国培计划"乡村教师培训项目中专项设计"院校一对一精准帮扶"和"县校一对一精准帮扶"推广应用到四川甘孜、阿坝等民族地区。

（三）成果的实践成效

1．调动了帮受双方内驱力

7 个承训机构先后自觉自愿组织 2000 余名各级各类专家，直接指导 7 个受扶县教师学生共计100286人次，平均每个承训单位选派专家250余人次，平均深入受扶县时间长达35天。承训机构选派教师专家深入每一个受扶县片区教学点，共计召开各种专题研讨会1000余次，听评课共2000多节，点对点、面对面指导受扶县教师5000余人次，通过帮受双方"誓师大会""双向奖惩"等举措，极大促进了受扶方内驱力，让受扶方成为改变主体。

2. 提升了受扶教师职业获得感

优秀师范生顶岗支教解决了受扶县教师缺口问题，多渠道多方式的培训帮扶让受扶县教非所学占比近30%的教师收获了知识，研课磨课造就了20余名受扶县青年教师成长典型，带动了大部分教师投身学科教研、立足课堂教学的专业发展，职业获得感得以实现，很大程度上促进了受扶县特别是片区内教师的提质增量。

3. 结出了初步的帮扶成果

各个承训机构系统帮助受扶县片区学校梳理修订片区现代学校制度1000余个、研制县域"十四五"教师发展规划7个、营造具有民族性、教育性、艺术性的校园文化方案40余个、激活学校校本研修，搭建了远程网络平台7个，培育受扶县学科骨干教师1000余人，筹建了五育并举的学生社团100余个，部分承训机构还申报省级专项课题，实施研训结合。整片推进的帮扶模式推动了受扶县学区制改革，目前7个受扶县均建立县域内学区制管理制度，4县已整合县级研训机构，成立县级教师发展中心。

4. 促进了受扶县学生成长

学生良好行为习惯得以养成，"五洗"即洗澡、洗头、洗手、洗脸、洗衣具体内容、细则建立，学生五洗习惯基本养成。"五会"即会阅读、会预习、会复习、会思考、会作业正在强化习得中。以昭觉县四开片区为例，最好成绩班级已达到平均分87.5分，其中，班级语数平均分数最大幅度提升了36分，极大增进了民族地区学生学习热情。7县一年内两学期大幅度提升，以昭觉县四开片区小学语文为例。

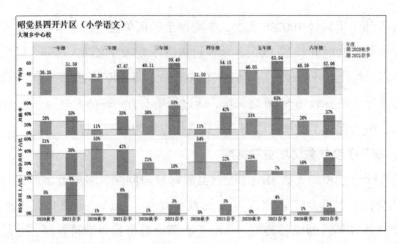

图 3-19 2020 年秋 -2021 年春昭觉县四开片区小学语文成绩变化情况

三、凉山州"一对一"精准帮扶项目的经验总结与实践反思

（一）对民族地区教师教育有重大创新意义和价值

1. 抓住了民族地区教育扶贫的关键

凉山州是全国最大的彝族聚居区，属于贫中之贫，困中之困，坚中之坚。全国 52 个未摘帽贫困县中，凉山占 7 个（四川 7 个未摘帽县均在该州）。开展"一对一"精准帮扶工程，是教育扶贫的精准举措和有效办法，是以片区整体推进凉山教师教育改革的崭新尝试，更是融汇全国优质教育资源助力凉山教育振兴的难得机遇。项目站在"脱贫攻坚，消除绝对贫困"的政治高位，贯彻落实党中央、国务院脱贫攻坚决策部署，坚决打赢凉山州 7 个未摘帽县教育脱贫攻坚战，提升教师素质，提高教育质量，针对民族地区特别是大凉山教育资源薄弱，外界对凉山州的教育久扶久帮，投入多，有成效，但效果弱、不明显的问题，把重心放在教师培训上，在外推的作用下，为民族地区内生一支发挥中坚力量的基层教师队伍。

2. 创建了大面积定制式高效率的培训模式

针对民族地区既有的语言障碍、文化特色及"一跃跨千年"的历史发展，创生性地构建了"从单打独斗到区域协同，从单向培训到多元互动，从经验移植到实际需求，从问题导向到目标引领，从以训为主到以学定培"的培训模式，原创性构建了"1+1+N"对接"1+1+N"的帮扶机制。

3. 创新了民族地区教师教育的新机制

"阵地前移"是民族地区教师培训的重要举措。要有效实现凉山7县"五个一"帮扶目标任务，仅仅复制迁移发达地区经验是不够的，需要从民族地区实际出发，找准教育比较的"标杆样板"，通过"阵地前移"，深入民族地区学校"共同工作"，用民族地区教师学生做示范，借助网络进行远程"互动交流"，充分调动民族地区教师学习成长的内生动力，全面发挥精准帮扶的"双主体"作用，方可共生智慧，共享效益。项目融合脱贫攻坚的政治战略，融合学区制改革，推动教师培训工作的重心下移、阵地前移，从制度建设、组织保障上促进了高校优势发挥和资源整合，改变了传统"头痛医头，脚痛医脚"治标不治本的师培模式，而是从区域制度、学校管理等方面综合治理，打通教师培训最后一公里返岗应用障碍，实现了学用一体，用为主的新师培追求，提升民族地区教师培训实效。

4. 丰富了民族地区教师培训的资源和形式

针对民族地区教师专业发展需求的多样性和现实复杂性，在项目实施过程中，改进并优化了已有的教师培训方式和手段，综合运用了"进驻式""置换式""同步式""接连式""综合式"等多元化的培训方式，生成了多维培训资源，拓展了教师专业发展的路径。

5. 极大推动了区域教育整体综合改革

"学区制"是落实"县管校聘"的有效途径。推进义教均衡发展，深化校长教师交流"县管校聘"改革，县域内城乡流动还存在一些困难问题。但以县城为圆心，分成多个扇形学区，以学区为单位，引导校长教师进行放射性交流轮岗，具有现实可行性。如在民族地区，整合学区内所有学校（含中小学、幼儿园、中心校和完小、教学点），建立全覆盖帮扶提升机制，其成功经验可在同类区域复制推广。

（二）行政助推是民族地区教师培训有力实施的重要保障

1. 省市县三级教育行政高度重视，汇智聚力

省教育厅高度重视，指定分管教师工作处室牵头负责，分管厅领导全程

参与 3 次诊断研判，定期开展项目推进会，亲自筹建领导小组，不断建立健全对承训院校的奖惩制度。分管教师工作的教育厅崔昌宏副厅长 4 次亲自组织召开"一对一"精准帮扶项目推进会，对每个阶段的各承训院校帮扶成效进行鼓励与鞭策。受扶市州教育行政全程参与项目推进会，设立区县此项目标考核，调动受扶县内驱动力。县级教育行政全程从被动参与到主动配合，转变为责任主体。在县域教师发展机构、网络远程平台建设、片区学校硬件改善等方面积极主动发挥主人翁精神。省市县三级教育行政有机融合，从制度建设、组织保障、资金投入等方面助力项目扎实推进。

案例一：四川省委教育工委副书记、省教育厅党组成员、副厅长崔昌宏《在凉山州"一对一"精准帮扶项目推进会上的讲话》

尊敬的严华银教授、王文蓉教授，同志们：

6 月 22 日，我们在普格县召开了凉山州"一对一"精准帮扶提升工程启动会。时隔 3 个月零 20 天，在全国全省决战决胜脱贫攻坚的关键时刻，根据工作安排，今天，我们又集聚昭觉，召开"一对一"精准帮扶提升工程推进会，检阅各承训单位诊断阶段的工作，分析存在问题，部署下一阶段工作。在此，我谨代表四川省教育厅，对教育部两位专家不辞辛劳，百忙之中莅临指导，向各帮扶单位、受扶县、相关学校同志们的辛勤付出表示衷心的感谢！

俗话说："医生的水平在病房，教师的水平在课堂！"上午，我们分组进行课堂观摩，现场感受了受扶县教师代表的课堂风采和教学变化；观看工作展板，详细了解了各单位工作进展情况。刚才，省教科院、成都师院、绵阳师院等帮扶高校负责同志，昭觉、金阳、越西等县教育行政部门、研训机构、片区学校负责人分别做了发言，都说得实在，讲得很好，让我对工程项目"半年见效，一年达标，两年固本"思路目标充满信心。下面，我讲三点意见。

第一，真抓实干，"一对一"精准帮扶有序推进。

凉山州未摘帽县片区学校"一对一"精准帮扶提升工程实施以来，在国培专家组指导下，各承训单位高度重视、积极响应，粮草未到、垫资先行，工作有序推进。

一是深入一线，精细"问诊"。7月，省教科院等，7个承训单位分别组织专家队伍，深入7个受扶县片区学校深扎深蹲，一线诊断把脉，全面摸清基本情况，修改完善帮扶方案。9月，与教育部国培办专家组23位专家一道，各承训单位再次分7个小组深入凉山州7个未摘帽县片区学校开展入校诊断，重点围绕"学校规划、课程教学、内部管理"三个维度，通过现场考察、听取汇报、观课议课、座谈访谈、查阅资料、对话研讨等方式，进行专业会诊和研判指导，分县分片区形成了《专家组赴凉山州"一对一"精准帮扶调研报告》，对7个未摘帽县片区学校教育进行了深度体检，从学生、教师、学校、县级四个层面，找准了问题，查明了病根，厘清了任务。其中，成都师范学院专家团队3次深入布拖县及交际河片区学校开展调研诊断活动，访谈教师等150余人次，问卷600余份，提出针对性措施30余条，总结出民族地区培训工作"六个转变"经验；内江师范学院成立8个工作小组，组建3支专家团队，先后3次赴越西县中普雄片区调研会诊，协同片区学校"因校制宜"制订文化建设方案，组织200余名学生顶岗支教；乐山师范学院制定了《美姑县"一对一"精准帮扶清单及进程表》，明确了帮扶事项、帮扶成效（成果）、责任单位和完成时限。

二是因地制宜，"定制"帮扶。通过教育精准扶贫，7个未摘帽县控辍保学成效显著，基础设施明显改善，师资力量整体加强，教育生态明显好转，但教师专业发展仍是短板，学校制度建设、校本教研依旧是软肋，学生培育质量不理想。为此，7个承训单位因地制宜、对症下药，启动了量体裁衣的"定制"帮扶模式。如针对喜德县小学教师总量不足，英、音、体、美等教师缺编严重等情况，西华师范大学从帮扶县、校、教师和学生各确立五个一目标作为实施路径，启动全学科培养模式，努力为帮扶县片区学校培养一专多能教师，得到人民日报肯定；针对昭觉县四开片区学校学生考试差异大，及格率低等现状，四川省教育科学研究院采用"聚焦课堂"进驻式指导培训模式，遴选片区学校各学科骨干教师46名，重点培育"种子"教师，并为片区学校配备12间录播教室设备和25套简易录播设备，利用四川云教输送与国家教材同步的中小学语数网络资源课程2775节；四川师范大学综合施策，马力全开，组建 14 人专家团队，启动实施"学校规划设计、课堂示范教学、教研项目设计、学校制度研讨、教学专题讲座、网络研修指导"等 6 大项目，着力聚焦问题，各个击破。

三是集智聚力，各显其能。我省凉山州未摘帽县片区学校"一对一"精准帮扶提升工程，创新构建"1+1+N"对"1+1+N"的新型帮扶机制，即 1 个教育部专家团队、1 个省级承训机构和 N 个优质中小学对 1 个未摘帽县的 1 个研训机构和片区 N 所义务教育阶段学校进行精准帮扶。让民族地区学生精神面貌有改变、教师精神面貌有改变、学校整体面貌有改变的目标取得初步进展。7 月 30 日，四川省教育厅就项目设计实施情况在教育部 2020 年"国培计划"中期推进会上做交流发言，获高度评价；9 月 10 日，该项目成功入选《"国培计划"蓝皮书（2010—2019）》典型案例。前期工作中，得到教育部教师司和国培办专家组大力支持和指导，今年 5 月黄伟副司长、黄贵珍秘书长亲赴凉山调研，催生了项目实施；教师节前，23 名专家组成的教育部专家团队齐聚西昌进行专项精准帮扶研讨，并深入一线学校问诊，给凉山教师送上一份特殊的节日礼物。工程实施以来，各地各校通力合作，如绵阳师范学院完成被帮扶县、远程机构和承训高校三方对接，搭建学习交流和资源共享平台，指导片区学校完成骨干教师遴选，实施了线上及面对面研课磨课；昭觉县教体局及时将《四开片区学校"一对一"帮扶诊断反馈报告》印发全县各片区教办、各中小学校学习；四川省名师名校长鼎兴工作室开辟网络专场，针对 7 个县义务段教师课堂教学面临的难点问题进行"微课堂、微课评、微讲座"培训，小学数学、小学语文、初中数学 3 个学科线上培训同步在线 7.5 万余人。

第二，检视反思，正视工作推进的问题和不足。

近日，习近平总书记在中央党校中青年干部培训班开班式上强调，身处百年未有之大变局，面对外部环境的不确定性和内部发展不平衡不充分的突出问题，我们要努力在危机中育先机、于变局中开新局，要勇于直面问题，不断解决问题，破解难题。就我省凉山州未摘帽县片区学校"一对一"精准帮扶提升工程实施工作而言，虽然取得积极进展，但仍存在一些问题和不足。

一是个别承训机构"未下深水"。采取干工程做项目的老套路，工作上局限于被动执行，时常等命令、等召唤，帮扶工作没有整体规划和有序推进，缺乏统筹协调和主动思考；帮扶措施不接地气，全面撒网，泛泛而过，没能聚焦民族地区教育存在的关键问题，集中火力，重点攻坚；没有凸显帮扶的主体和主导地位，未能充分发挥自身力量，全面整合大中小学校等优质资源力量，深入片区学校课堂，把握教师教育教学的重要时点和关键环节，解决教师能力提升的重点难点问题。

二是一些县级教育行政部门"不够热情"。在脱贫攻坚的高强度工作之余，内心深处还有"累了歇一歇""乏了等一等""走着瞧一瞧"的不良思想，工作着力太轻、参与不足、重视不够，还停留在被动帮扶的角色上，没有组织专门人员、成立专门机构、落实专项措施，进行对接、衔接和配套，没有配套经费、完善制度、抓住机遇、把握契机，以点带面、举一反三，推进教育体制机制改革，造成承训机构"一头热"，受扶单位"一头冷"的情况存在。

三是部分受帮扶片区学校及教师"较为拘谨"。面对学生低及格率等民族地区鲜明特点和特殊情况，对学生、教师、学校和教育发展缺乏信心；对学校、教师、学生基本情况的客观审视还不足，以主人翁姿态参与到"一对一"帮扶项目活动中双向互动的积极性和主动性还不够；内在动能尚待激发，主动拓展视野，接受培训，形成合力，不断把外在培训变成内在自觉的动能还不够，一定程度上还存在等靠要思想。

第三，加油鼓劲，全力做好"一对一"帮扶项目推进工作。

做好"一对一"帮扶项目责任重大、意义非凡，我们要进一步加油鼓劲，抓住抓好校长教师这个关键少数，重塑帮扶理念，聚焦帮扶任务，强劲帮扶举措，全力推进实施，争取按期完成工作任务，达到预定目标，为党和人民交出满意的答卷。

一要进一步提高思想认识。我省凉山州是全国最大的彝族聚居区，属于贫中之贫，困中之困，坚中之坚。目前，全国52个未摘帽贫困县中，凉山占7个（四川7个未摘帽县均在该州）；在凉山7个未摘帽县中，有各级各类学校575所，专任教师1.6万人，学生53.69万人。开展凉山州未摘帽县片区学校"一对一"精准帮扶提升工程，是"国培计划"中西部项目的重要内容，是部、厅、县、校合作的重要成果，是教育扶贫的精准举措和有效办法，是以片区整体推进凉山教师教育改革的崭新尝试，更是融汇全国优质教育资源助力凉山教育振兴的难得机遇。各级各部门各单位要站在"为党育人、为国育才""全面建成小康社会"的高度，立足"阻断贫困代际传递"的角度，牢固树立"百年大计，教育为本；教育大计，教师为本"的理念，进一步提高思想认识，着力把握实现凉山孩子从"有学上"到"上好学"重大转折，努力振奋精神真抓实干，以教育托举好凉山人民的未来和希望！

二要进一步聚焦帮扶任务。严格对照《帮扶方案》，以问题和目标为导向，以"问题破解、个性定制、成果产出"等为原则，按照"半年见效，一年达标，两年固本"的总体要求，落实好"五个一"帮扶目标任务，即：县域层面，重点帮助研制一份县级教师发展"十四五"规划，搭建一个教学资源共享平台，建设一个优质的县级研训机构，培育一支带不走的骨干校长教师队伍，造就一批学习和行为习惯良好的学生。学校层面，重点帮助制订一个学校发展规划，打造一个特色学校文化，编制一套学校管理制度，建立一套校本研修制度，凝练一份教育教学成果。要着重突出教师专业发展，帮扶好片区中小学两所核心学校，明确任务书、路线路和时间表，在2021年3月前，完成规划设计、制度建设和分科全员轮训，努力推动教师专业发展和实现学生期末考试及格率大幅提升。同时，我们将细化考核指标，强化绩效考核，按照项目要求和已签订的《四川省凉山州未摘帽县片区学校"一对一"精准帮扶提升工程协议书》，坚持定量和定性考核相结合，既看数据指标，又看学生发展，还看物化成果，让帮扶帮在实处，帮出成效。

三要进一步落实帮扶举措。各承训单位应跳出"简单套用发达地区经验来解决民族地区问题"的老套路，从受扶县及片区学校实际出发，加强工作研究，探寻针对性的策略和方法，不简单强调"应该怎样"，而要研究"可能怎样"，不是贪大求全，而是聚焦发力，突出帮扶的针对性和实效性，着力抓住校长等关键少数，抓牢备课、教研、教学、作业等关键环节，突出发展规划、骨干培养、制度建设等关键方面，坚持阵地前移，组织专家深入受扶县片区学校，与校长、教师"共同工作"，深扎深蹲，在真实的课堂教学中、校本教研中做出示范引领，激发和调动受扶县教师校长的激情和内驱力，共同探索改进学校管理和提升教育教学质量的具体方法，落实好精准帮扶任务。各受扶县教育行政部门和片区学校要心往一处想，劲往一处使，着力提升工作的积极性和主动性，坚持深化教育体制机制改革，试点探索"学区制"管理，培养"学区长"学校，不断向改革要动力、要活力。省教师培训项目办前期做了大量工作，工作统筹推进很好，后续工作中，还要加强三方协调、过程监管和项目服务，积极会同厅相关处室单位适时采取组织专家组随堂听课，抽查教师备课，抽查学生作业等方式加强工作监督和成效监测。寒假结束后，我们将组织召开凉山州"一对一"精准帮扶提升工程第二次推进会，期待届时见证大家更多的工作成果。

同志们，凉山州"一对一"精准帮扶提升工程是功在长远的民生工程，让我们携手并肩、共同努力，按照习近平总书记的要求，以上率下、真抓实干，自觉担负起党和人民赋予的时代重任，想干事，能干事，干成事，在凉山坚决打好打赢教育脱贫攻坚战，为建设教育强省，推进教育现代化，办好人民满意的教育贡献力量！

第四，签订四方协议，落实帮受双方多元主体责任。

"一对一"精准帮扶是一项持续的周期性项目，需要系统的顶层设计，更需要开放的思维放手承训高校的自主创新帮扶施策。如何落实帮受双方主体责任，调动双方内驱，实现项目过程扎实，成效显著。在教育行政的助推下，四川省教师培训项目办采用"领导专家见证—帮受双方协议签订—项目办依协议考核评估"三部曲落实责任主体。协议按照项目统一规定的县校两级"五个一"目标作为达成必要任务基础上，根据诊断研判结果，双方自愿签订增加项目，同时在任务驱动过程中落实双方各自责任主体，落实落细任务，依照任务达成度实施考核，确保项目有质量有成效。

案例二：四川省教育科学研究院与受扶县—昭觉县教科体局和四开片区中心校签署的四方协议。

甲方：四川省教育科学研究院

乙方：昭觉县教育体育和科学技术局

丙方：四开乡中心小学校、大坝乡中心小学

为助力全面打赢教育脱贫攻坚战，从根本上阻断贫困代际传递，四川省教育厅印发了《四川省凉山州未摘帽县片区学校"一对一"精准帮扶提升工程实施方案》（川教函〔2020〕375号），构建了"1+1+N"对"1+1+N"的帮扶机制，旨在重点完成县域层面和学校层面的"十个一"目标，着力提升未摘帽县乡村学校办学水平和育人质量，打造我省深贫县教师发展示范区。为充分发挥承训单位（甲方）的主导作用，未摘帽县教育行政部门（乙方）的主体作用和片区学校（丙方）的主阵作用，更好完成项目，现三方协商达成以下协议：

一、重点任务

两年帮扶周期内，重点完成以下两个层面的帮扶任务：

县域层面"五个一"帮扶任务：研制一份县级教师发展"十四五"规划，搭建一个具有丰富民族课堂教学资源的共享平台，建设一个研训一体的县级教师发展机构，培育一支带不走的校长教师培训团队，造就一批"五洗五会"好习惯的学生。

学校层面"五个一"帮扶任务：编制一个"一校一策"的学校发展规划（含片区所辖中心校发展规划），打造一个具有民族地域特色的校园文化，编制一套学校管理制度，建立一套同步主题研训的校本研修制度，凝练一份同课异构的课堂教学案例成果。

在完成重点任务基础上，与昭觉县协同完成以下任务：

一是编制一套四开片区教育发展五年规划；

二是指导四开片区建立一套义务教育学校标准化管理制度；

三是在四开片区推广一个义务教育学段群文阅读成果项目；

四是建立一种适合四开片区的校本研修示范模式；

五是针对片区学校每个学科至少指导培养一名"种子"教师；

六是重点培育四开片区一支有思想、懂教学、善管理的教育管理人才队伍；

七是完善片区每所中心校学校文化建设方案；

八是指导开展一项"区管校聘"教师管理制度课题研究；

九是帮助片区内每一所中心校建立至少一个学生社团；

十是帮助四开片区提高学生的学习成绩，提升学生综合素质。两年内全面消除四开片区期末考试单科平均成绩30分以下的班级，语文数学两科成绩在80分以上的比例明显提高。

二、三方职责

（一）甲方（四川省教育科学研究院）职责

1. 根据教育厅相关要求，研制"一对一"精准帮扶提升工程帮扶方案，并与昭觉县教育行政部门、教研室和教师进修校、四开区学校共同协商制定帮扶清单和拟定具体帮扶举措。

2. 负责与教育部专家团队、优质中小学校、昭觉县教育行政部门、教研室和教师进修校、四开片区学校有效对接，建立和完善协同配合机制，有效推进项目实施。

3. 遴选优质中小学校，建立优质学校与片区帮扶学校"一对一"结对帮扶制度，推进优质中小学与被帮扶片区学校建立紧密合作的长效机制。

4. 组建帮扶专家团队，协同教育部专家，对帮扶县及其片区各学校开展全面诊断，形成诊断调研报告。

5. 重点指导帮扶县教育行政部门研制本县教师发展"十四五"规划，搭建具有丰富民族课堂教学资源的共享平台，建设研训一体的县级教师发展机构，培育一支带不走的校长教师培训团队，造就一批"五洗五会"好习惯的学生。

6. 重点指导帮扶学校编制学校发展规划（含片区所辖中心校发展规划），打造具有民族地域特色的校园文化，编制学校管理制度，建立同步主题研训的校本研修制度，凝练同课异构的课堂教学案例成果。

7. 指导昭觉县重点完成四开片区教育五年发展规划，指导建立一套义务教育学校标准化管理制度，重点推广一个义务教育学段群文阅读成果项目，帮助构建一个校本研修示范模式，指导完善片区每所中心校学校文化建设方案。

8. 指导四开片区每个学科至少培育一名"种子"教师；培养一支有思想、懂教学、善管理的教育管理人才队伍；指导开展一项"区管校聘"教师管理制度课题研究；帮助片区内每一所中心校建立至少一个学生社团；帮助四开片区两年内全面消除四开片区期末考试单科平均成绩 30 分以下的班级，语文数学两科成绩在 80 分以上的比例明显提高。

9. 指导帮扶县和帮扶片区各学校提炼先进做法和典型经验，生成项目成果资源。

10. 总结、凝练提升、推广"一对一"精准帮扶模式特色亮点经验和典型案例。

11. 遵循"国培计划"专项资金管理办法以及国家、省关于培训费管理相关规定，加强资金使用监管，做到专款专用，确保专项资金使用合规高效。

（二）乙方（昭觉县教育体育和科学技术局）职责

1. 根据教育厅相关要求、省教科院帮扶方案，结合本县实际，制发本县项目实施方案，指导帮扶学校制订实施方案，明确目标任务和实施要求。

2. 成立相关领导机构和工作机构，建立县级教育行政部门、研训机构、片区学校协同的相应机制，健全管理制度，明确各方职责，确保各环节工作落实到位。

3. 配合教育部专家团队、省教科院做好调研诊断工作，适时提供调研材料和实施建议。

4. 在教育部专家、省教科院指导下重点完成：研制本县教师发展"十四五"规划，搭建具有丰富民族课堂教学资源的共享平台，建设研训一体的县级教师发展机构，培育一支带不走的校长教师培训团队，造就一批"五洗五会"好习惯的学生。

5. 在教育部专家、省教科院指导下需要完成：制订四开片区教育五年发展规划，建立一套义务教育学校标准化管理制度，培养一支有思想、懂教学、善管理的教育管理人才队伍，开展一项义务教育学段群文阅读实践项目，构建一个校本研修示范模式，完善片区每所中心校学校文化建设方案。

6. 在教育部专家、省教科院指导下出台相关政策，倾斜人财物投入，积极督促、推进片区学校帮扶举措的落地落实。

7. 支持县级教师进修校和教研室全程参与，逐步整合县级教师发展机构，提升自身研训能力，指导全县教育教学。

8. 发掘先进做法和典型经验，及时宣传推广，及时向省项目办和省教科院报送相关材料。

（三）丙方（四开乡中心小学校、大坝乡中心小学、博洛乡中心小学）职责

1. 在教育部专家组、省教科院指导下，根据《义务教育学校管理标准》全面做好学校自我诊断工作，配合各级专家做好对本校的调研工作。

2. 根据省教育厅、省教科院、县教育行政部门的相关要求，研制学校实施方案，明确项目的目标任务和实施要求。

3. 成立学校相关领导机构和工作机构，建立学校内部相应机制，健全管理制度，明确工作职责，确保各环节工作落实到位。

4. 在教育部专家团队、省教科院、县教研室与进修校指导下重点完成：编制"一校一策"的学校发展规划（含片区所辖中心校发展规划），打造具有民族地域特色的校园文化，编制学校管理制度，建立同步主题研训的校本研修制度，凝练同课异构的课堂教学案例成果。

5. 在教育部专家团队、省教科院、县教研室和进修校指导下完成：学校内每个学科至少重点培育一名"种子"教师；开展一项"区管校聘"教师管理制度课题研究；学校建立至少一个学生社团；两年内全面消除四开片区期末考试单科平均成绩 30 分以下的班级，语文、数学两科成绩在 80 分以上的比例明显提高。

6. 积极组织参与项目实施工作，为项目开展提供必要人、财、物等方面的支持。

7. 做好项目实施生成性资源的汇聚、整理工作，及时报送先进经验和典型案例。

8. 做好本校受扶方案实施的总结与反思工作，凝练提升经验，加大宣传

与推广。

三、其他

1. 将根据教育厅的考核办法督促、考核各方项目实施。

2. 本协议一式六份，甲乙双方各执一份，丙方两校各执一份，教育厅（省教师培训项目办）备案各一份，各方签字盖章有效；未尽事宜，三方协商解决。

案例三：

四川省教育科学研究院"一对一"精准帮扶昭觉县四开片区学校

帮扶措施清单及进度规划表

序号	帮扶领域	任务清单	进度安排					预期成果
			1. 项目阶段（2020年5月–7月）	2. 项目一期（2020年8月–12月）	3. 项目二期（2021年1月–6月）	4. 项目三期（2021年7月–12月）	5. 项目总结（2022年1月–3月）	
1	县域层面"五个一"	1. 研制一份县级教师发展"十四五"规划	1. 调研与诊断。按照教育厅《实施方案》及相关要求，组织工作组深入昭觉县四开片区开展系统调研，形成诊断调研报告。 2. 规划与方案。按照县域层面和学校层面帮扶任务，结合单位帮扶优势，确定特色帮扶举措，制订帮扶方案。	1. 研制县级规划。在诊断调研报告基础上，积极对接县人社、编制等相关部门，联合研制县级教师发展"十四五"规划。 2. 编制学校规划。结对帮扶部门主导，在深入调研基础上，编制学校及片区教育发展规划，并在实施中微调和完善。 3. 打造学校文化及指导推进。以四开乡中心校为模板进行学校文化打造，并指导其他学校因地制宜建设学校文化。	1. 搭建教学资源平台。研制与国家教材同步的（小学语文数学、初中语文数学）2775节网络资源课程，以此为基础支持昭觉构建资源平台。	1. 建立昭觉县研训一体的教师发展机构。积极推动县教研室、进修校和电教站功能整合。 2. 教师校长分层分期培训。聚焦高效课堂，聚焦有效教研，聚焦科学管理，采取"引进来"和"走出去"相结合方式，开展2期集中培训，推动教学常规、教研常规科学化。	1. 小结与提炼。各校与各结对帮扶单位，深入研究、系统梳理"一对一"帮扶工作举措、成效和建议，形成系列报告、典型案例、资料集、学术文章、课题成果等。 2. 总结与提升。总结、凝练、提升"一对一"精准帮扶的模式特色亮点经验和典型案例，及时报省教育厅。	昭觉县教师发展"十四五"规划
2		2. 搭建一个具有丰富民族课堂教学资源的共享平台						昭觉县课堂教学资源平台
3		3. 建设一个研训一体的县级教师发展机构						昭觉县教师发展中心（暂定）
4		4. 培育一支带不走的校长教师培训团队						昭觉县校长教师培训团队
5		5. 造就一批"五洗五会"好习惯的学生						一批"五洗五会"好习惯学生
6	学校层面"五个一"	1. 编制一个"一校一策"的学校发展规划（含片区所辖中心校发展规划）						四开片区及各中心校发展规划
7		2. 打造一个具有民族地域特色的校园文化						

序号	层面	任务项	部署与机制	培训（聚焦课堂教学）	培训（聚焦高效课堂）	大赛与活动	宣传与推广	成果
8	学校层面"五个一"	3.编制一套学校管理制度	3.部署与机制。建立"一对一"结对帮扶工作机制，确定院内部门、内地结对帮扶学校，提出帮扶任务及责任分工等，并正式发文。	4.教师校长分层分期培训。聚焦课堂教学，聚焦校本教研，聚焦学校管理，采取"引进来"和"走出去"相结合方式，开展2期集中培训，推动教学常规、教研常规规范化。5.完善和制订学校管理制度。完善各学校党建和班建设、学校文化、教学常规、师资队伍建设、学生发展等方面制度，并具体运行。6.学校社团和班团队建设。以社团活动、班团队建设为重要抓手，引导学生形成"五洗五会"习惯。	2.教师校长分层分期培训。聚焦高效课堂，聚焦有效教研，聚焦科学管理，采取"引进来"和"走出去"相结合方式，开展1~2期集中培训，建立省州县教研员与骨干教师师徒结对制度，推动教学常规、教研常规科学化。3.推广群文阅读。在小学高段推广群文阅读项目，根据专家指导，先试点再扩面推广。4.推进"区管校聘"。培育一项省级或州级课题，指导开展"区管校聘"教师管理制度课题研究，并加快成果转化。5.加快网络同步教学和教研。有效利用省教科院附属小学、四川云教、各结对帮扶学校等资源平台，以录播教室为阵地，常态化开展网络同步教学和教研。	3.教学技能大赛。结合片区教研活动，开展四开片区各学科教师技能大赛，树立典型，提炼经验，做好宣传。4.学生活动月。展示学校社团活动成效，体现班级特色，展现学生"五洗五会"好习惯。5.学校发展论坛。四开片区各学校与内地优质学校联合举办学校发展论坛，展示学校管理、教学等方面进展和成效。（宣传跟进）	3.宣传与推广。积极借助各类媒体，展示"一对一"精准帮扶的成效，推动扶贫经验成果的推广应用。	一套适用于四开片区学校的管理制度
9		4.建立一套同步主题研训的校本研修制度						一套适用于四开片区学校的同步主题研训校本研修制度
10		5.凝练一份同课异构的课堂教学案例成果						各学科全覆盖的同课异构课堂教学案例成果
11	学校层面"五个一"	1.编制一套四开片区教育发展五年规划						昭觉县四开片区教育发展五年规划
12		2.指导四开片区建立一套义务教育学校标准化管理制度						四开片区义务教育学校标准化管理制度
13		3.推广一个义务教育学段群文阅读成果项目						四开片区学校群文阅读成果集
14		4.建立一种适合四开片区的校本研修示范模式						适用于四开片区学校的校本研修示范模式
15		5.每个学科至少指导培养一名"种子"教师						每个学科至少培养一名"种子"教师
16		6.重点培育四开片区一支有思想、懂教学、善管理的教育管理人才队伍						四开片区各学校均有一支有思想、懂教学、善管理的教育管理人才队伍
17		7.完善片区每所中心校学校文化建设方案						四开片区3所中心校学校文化建设方案
18		8.指导开展一项"区管校聘"教师管理制度课题研究						四开片区"区管校聘"教师管理制度课题研究成果
19		9.帮助片区内每一所中心校建立至少一个学生社团						指导每一所中心校建立至少一个学生社团
20		10.帮助四开片区提高学生的学习成绩，提升学生综合素质						消除单科平均成绩30分以下的班级，语文数学两科成绩在80分以上的比例明显提高

3. 根植民族地区土壤,多元化推动浸润式变革本土教师观念与行为

树立开放的态度,发挥各承训院校的主动性和能动性,以问题导向,目标引领,任务驱动为内核,促进承训院校开放创新的帮扶模式。在此过程中,各个承训院校充分整合优势资源,采取遴选优秀师范生顶岗代教,置换民族地区骨干教师"走出来"开阔视野,更新观念;再"送进去"示范引领、面对面、点对点、实打实帮扶指导,以民族地区的学生、课堂、教材为载体,各承训院校选派优秀学科专家长期进驻受扶县片区学校,源源不断地组织优秀中小学教师,通过真实教育教学行为,借助远程同步课堂和联合教研,进驻受扶县片区中心学校等方式,以方式改变方式的思路,实现民族地区学校教育文化的重塑。

如在打造学校特色文化方面,西华师大通过建设"三雅书屋"等积极构建校园文化生态,成都师院从外显、内核两个层面整体推进学校特色文化建设,绵阳师院采取环境、课程、工作坊软硬兼施"三步走"帮助建设学校特色文化,教科院在设计美化校园同时帮助提炼办学理念及校风、教风、学风,乐山师院同时通过校歌、大课间、合唱团等凸显特色校园文化。

在帮助完善学校管理制度方面,教科院帮助系统梳理,完善了学校章程、党团队建、会议、教研、德育、卫生、艺体、后勤、绩效考核、学生"五洗五会"等制度体系;成都师院推进片区学校"师徒结对"制度化;内江师院指导形成课堂教学"五要五不要"制度;西华师大指导凸显骨干教师培养制度化,并帮助形成片区学校中小学教师手册;乐山师院组建专门工作组,在调研、诊断、商讨基础上帮助学校梳理出首批重要制度。

同时,绵阳师院形成三方共建校本研修制度,成都师院结合一对一帮扶积极向国家民委申报全国民族工作优秀调研报告,四川师大联合撰写6篇专题论文,西华师大帮助立项5个省级课题,并积极通过多个媒体平台加大一对一精准帮扶工作宣传,进一步扩大了工作影响。

据不完全统计:仅2021年半年时间,各承训机构已组织283名各级专家教授,82次前往7个受扶县开展帮扶活动,选派了562名优质中小学校长教师前往受扶县指导教育教学59次,指导受扶县教师执教课堂教学327节,送

出来 63 名骨干、种子教师到名校跟岗学习，开展 220 次线上培训、教研，指导 23 次学校文化建设。梳理撰写了 124.7 万字的片区学校制度、学校文化建设方案和"十四五"教师发展规划。一组组数字背后，不仅是"一对一"精准帮扶项目的过程记录，更是大家的心血、汗水和智慧的结晶。

（三）教育部专家工作组的助力是推进该项目取得实效的重要基石

凉山州是习近平牵挂的地方，各部委领导相继前来视察指导。教育部陈宝生部长亲自前往布拖县视察教育工作并做重要指示。教育部教师司司长任友群亲自率队到凉山州所辖区县，特别是深度贫困县做全面考察与调研。教育部全国中小学校长教师专家工作组在教师工作司的指导下，更是亲自调动教育部领航工程校长在全国选派优秀中小学教师前往支教帮扶。一年来，凉山州汇聚来自江苏、广东、上海、北京等各兄弟省份学校支教优秀教师校长近千名。专家工作组专家更是积极参与该项目的研制、实施与考核全过程。

案例四：

助燃"一对一"精准帮扶　点亮乡村教师发展心灯

汪桂琼

2020 年，疫情肆虐；2020 年，索玛花开！

凉山脱贫攻坚取得全面胜利，2000 多个贫困村全部脱贫，辍学彝娃一个不少，全部重返校园，失辍学儿童动态清零！高三学子 7 人考入清华北大，3000 余人考进一本高校，创凉山历史十年辉煌！在这一步跨千年的民族历史长河里熠熠生辉！

这一年，"国培十年"新生"一对一"精准帮扶项目，在凉山 7 个受扶县深度生根，成效凸显。教育部教师司高度关注，四川省教育厅全面统筹，亲自指挥，四川省教师培训项目办精心组织，全面推进，创新构建"1+1+N"对"1+1+N"帮扶机制。全国教师校园长专家工作组全程参与，专业支持，省内 7 所师范院校（含省教科院，下同）作为承训主体，深入受扶县，精心问诊，分县分片形成诊断报告，因地制宜对症下药，量体裁衣精准帮扶，集智聚力，深蹲深扎。近一年来，各承训单位先后组织各级各类专家 1714 名，每个承训单位平均选派 244 人次，深入每个受扶县月余时间，直接培训指导 10286 人次（网络除外）。受扶县学校内外环境不断改观，教师理念和教学方式不断进步，学生"五洗五会"成效初显，该项目案例写进联合国教科文教师教育发展中心编制的《"国培计划"蓝皮书（2010—2019）》，云南等地精准帮扶全盘复制凉山经验。

岁月留痕，铭记那些闪亮的日子

汪桂琼

2020 年 5 月 23—24 日，教育部教师司黄伟副司长，全国校园长教师专家工作组黄贵珍秘书长，四川省教育厅崔昌宏厅长一行赴凉山西昌实地考察，酝酿并催生"一对一"精准帮扶工程；

6 月 12 日，"一对一"精准帮扶工程承训单位与受扶县互选配对会；

6 月 22—23 日，"一对一"精准帮扶工程在凉山普格县隆重启动，全国教师校园长专家工作组专家毕诗文亲临现场指导；

6 月底—7 月初，7 个未承训单位分管领导挂帅带队，组织高校专家教授和结对优质中小学校名师名校长奔赴受扶县片区学校诊断调研；

7 月 14 日，四川省教育厅颁发《四川省凉山州 7 个未摘帽县"一对一"精准帮扶提升工程实施方案》的通知；

7 月 30 日，四川省教育厅崔昌宏副厅长在全国"国培计划"中期推进会上就《精心谋划　精细诊断　精准帮扶》为题，分享交流"一对一"精准帮扶提升工程方案规划设计与实施情况；

9 月 9—13 日，全国教师校长培训专家工作组秘书长黄贵珍组织专家工作组专家 24 人，协同 7 个四川省内承训单位专家共计 60 余人分赴凉山 7 个受扶县复诊指导；

9 月 10 日，"一对一"精准帮扶提升工程案例写进《"国培计划"蓝皮书（2010—2019）》；

10 月 12—14 日，"一对一"精准帮扶提升工程推进会在凉山昭觉县举行，全国教师校园长专家工作组专家严华银、王文蓉亲临现场指导；

12 月 22 日，凉山昭觉县曲尔局长在全国中小学校长培训工作研究会十八届年会上应邀做《情怀是一种力量》的报告；

2021 年 1 月 12 日，"一对一"精准帮扶提升工程在凉山西昌举行第三次推进会，黄秘书长亲临现场指导；

2021 年 6 月 22 日，"一对一"精准帮扶提升工程在凉山州喜德县举行第三次推进会，全国中小学校长教师专家工作组黄贵珍秘书长，专家组组长、北京教育学院原院长李方亲临现场指导。

人物印记，镌刻那些闪耀的名字

汪桂琼

黄贵珍，全国教师校园长专家工作组秘书长，是凉山人民永远记得的名字。她是凉山州"一对一"精准帮扶提升工程的总策划师之一。每次说到凉山，她眼里总闪动着泪水，心中涌动着激情；记不清多少次，她早早守在屏幕前，组织专家工作组人员分析情况，研讨方案，策划帮扶行动。还清晰记得她不顾疲倦，在精准帮扶路上的奔波，呐喊；活动策划、专家汇聚、物资捐赠……她像停不下的陀螺，围绕着乡村教师发展的事业从未停歇过脚步！

宋冬生，全国教师校园长专家工作组副组长，人如其名，如冬日暖阳，总在关键时刻抚慰人心。您还记得《"一对一"精准帮扶提升工程实施方案》是在您一遍一遍孜孜不倦的指导下修改完成的吗？您说："目标不要定得太高，目标要切合民族地区实情，目标要可测可视可物化……"那个通话时长1小时40分27秒，也正因为您的指导，我们的实施方案才有了县域层面"五个一"和校级层面"五个一"的分层目标制定，才有了"半年见效，一年达标，两年固本"的整体思路，才有了整合专家资源，集智聚力帮扶，整体片区推进的县域帮扶发展策略，才有了针对民族地区针对性采用的"全面诊断、精准施训；聚焦问题，专题指导；跟岗研修，示范引领；送教进校、课堂示范；线上线下，同步异步"的五大举措，从而真正构建起"1+1+N"对"1+1+N"的帮扶机制。

毕诗文，山东省中小学师训干训中心主任，全国教师校长专家工作组成员。温文尔雅，腹有诗书。为亲赴凉山普格县指导"一对一"精准帮扶提升工程启动会，辗转从济南乘机到贵阳，再从贵阳飞到西昌，期间飞机延误，您候机到次日凌晨。可飞抵西昌后，卸下倦容疲惫，毫不吝啬地将您指导研制的《山东省义务教育学校现有发展水平自我诊断表》贡献给凉山义务教育学校诊断做参考；您精神矍铄，步履稳健，在满是崎岖陡峭的普格山间小路上走访了6所学校，您深入课堂，对话师生，指导校长要关注辍学回归儿童的"学困"问题；您查阅档案，指导学校制度建设要民主参与，落实落细；您指导承训单位要沉下心进入受扶学校深蹲帮扶，用他们的孩子执教令人信服的示范课堂，启迪了我们后续一直采用的"进驻式"帮扶策略！

严华银，特级教师、江苏省师干训中心常务副主任、教育部名校长领航工程江苏基地首席专家，全国教师校园长专家工作组成员。有智慧，有情怀，有才华，闻名全国的语文专家、教师教育专家。在"一对一"精准帮扶提升工程启动之前，已经率领江苏省名师工作室深入凉山布拖县、昭觉县等进行实地帮扶指导，在远程网络平台搭建，全国优质课堂资源辐射等方面已经先行深入。9月9日—13日，作为全国教师校园长专家组赴凉山"一对一"精准帮扶诊断指导布拖县组组长，结合专家组几易其稿确定的"赋能提质，助力乡村教师专业发展"主题，围绕"学校规划、课程教学、内部管理"三个维度和"乡村教师专业发展"一条主线，聚焦14个观测点，深入帮扶县3天时间进行深蹲深扎。布拖县大坝乡距县城还有2个多小时的山路，严华银教授带领专家组一行早上 7 点出发，晚上 8 点返程，深夜还在组织专家进行问题汇总和反馈。在诊断反馈会上，精心设置了对布拖县政府、教育行政部门、片区学校校长和一线教师分层的反馈指导，分层表态发言的安排。从政府责任与使命到一线教师理念与行为，既有方向引领，又有实践操作，让布拖县在乡村教师发展上群情振奋，斗志昂扬。县委常委宣传部部长亲自表态，要振兴布拖教育，再穷不能穷孩子的声音振聋发聩！也正因如此，我们受到启发，要将"一对一"精准帮扶提升工程落到实处，帮出成效，必须调动受扶县内驱力，发挥其主人翁作用。于是，在凉山昭觉县进行的第二次推进会上，严教授再次不辞辛劳，亲临指导，在明确四川省教育厅主管，承训单位专业主导，受扶县主体，受扶学校主人的定位基础上，在专家们的见证下，庄严签下"承训单位、受扶县和受扶学校"三方协议，明确三方权责，有效撬动帮扶双方积极性。

历史还将铭记，王文容针对凉山课堂指导熬到深夜精做 PPT；罗滨，无私将海淀区优质课程资源输送到金阳，专项为凉山分配培训名额；李方、代蕊华、龚孝华、余凯、袁奋光、胡淑云、王金涛、缴润凯、田伟……在凉山"一对一"精准帮扶的路上，他们出智出力，倾情奉献，星光闪耀。

时间煮雨，记录那些不为人知的事迹

汪桂琼

从项目启动到 2020 年年底的 192 天，日历上写满着每一个奔赴凉山的日子。7 个承训单位共选派 1714 名专家教授、一线优秀教师校长持续进驻凉山 7 个受扶县，平均每个县 244 名帮扶专家老师。以四川省教育科学研究院对接帮扶的凉山昭觉为例，先后组织 18 批专家名师，251 人次赴昭觉四开片区开展系列帮扶工作：逐一走访片区 16 个教学点，召开 21 次工作会议（含网络会议 11 次）、42 次座谈会、听评课 35 节、示范课 36 节，访谈正副校长

29 人次、教师 81 次、学生 174 人次，教师参与调研问卷 3000 余人次。面对片区学校教师数量不足（仅四开乡中心校就缺编 34 人），素质不高（教师专科及以下学历占比 63.43%），稳定性不强（30 岁以下的教师占比 46.72%，45.39% 的教师流动意向强烈），教非所学不少（超 30% 的教师所学专业与所教专业不一致）等系列问题，省教科院两次诊断开良方，细化目标实行动；责任到人强推进，深入课堂做示范；线上线下混合式，送进走出多方法；各司其职互动力，分段达标成效佳。在省教科院专家的精心帮扶指导下，片区 3 所中心校三年发展规划初步拟定，3 所中心校基于"民族性、教育性、艺术性"的学校环境文化初步显现，民主参与的学校管理制度不断完善，立足课堂提质增效的校本教研已经激活，共享优质课堂数字资源的远程平台已经搭建，年轻学科骨干教师重点培育，期末片区各个学校学生学业成绩不断提升。以大坝乡为例，各班小学语文平均分净增从 3.19 分到 34.86 分不等，小学数学平均分净增从 2.57 分到 20.59 分不等。这些数字的背后，是多少遥远路途往返的艰辛，是多少课堂以身示范的付出，是多少次面对面、手把手亲临指导的回报……

刻骨铭心，牢记着那些感人肺腑的话语

汪桂琼

胡正英，布拖县龙潭乡中心校一名年轻女教师。经历第二次推进会的同课异构后，在磨课故事中感悟道：回顾这次磨课经历，其中的往复和历练考量心智。其实，磨课，就是磨理念、磨学法、磨学情。教师要经营出一堂拿得出手的"好"课，其实是一个不断否定，不断完善，"众里寻他千百度"的过程，是一个反复打磨、反思，让顽石通透金属般质地的过程。非常感恩有这次刻骨铭心的磨课经历，促进了我的专业发展，提升了个人业务水平，今后我将更加积极参加这样的活动，让我在活动中磨炼自己，完善自己！

　　像胡正英这样经历磨课"折磨",最终走向教师专业发展自觉的还有喜德县光明镇中心小学校教师罗旭、美姑县依果觉乡小学校数学教师庄永碧、越西县普雄民族小学语文教师吉克日西等数十位在"一对一"精准帮扶提升工程中培育的本土种子教师,他们正以星火燎原之势不断成长和壮大!

　　勒勒曲尔,是从昭觉的一线优秀教师、校长一路成长为昭觉县教育局局长,他忠于教育,热爱昭觉这片热土。在宋冬生专家组一行亲临指导后,激动表态:"历朝历代没有哪个像今天的中国共产党这样关照我们,关心教育,关爱彝族人民!你们是共产党的代表。我要在你们离开后,连夜召开党组会,全盘吸收你们的指导,统一思想,结合我们正准备的3年质量攻坚做调整,落实行动……"12月22日,他受邀参加全国中小学校长培训工作研究会十八届年会,在做《情怀是一种力量》的报告里,他动情地说:"作为民族地区的一名教师,我们更需要一种情怀,一种信念、一份爱心!为了我们民族的发展,不负韶华,无愧三尺讲台,为我们民族教育事业添砖加瓦,因为教育才是我们翻身的本钱!"他的激情演说赢得全场起立喝彩!

　　"一对一"精准帮扶犹如微光照亮微光,我们坚信:终将燎原成星河灿烂!

　　凉山州教育体育局局长廖虎说:"'一对一'精准帮扶项目是教育领域热议最多、期盼最大、评价最高的项目。"四川省教育厅崔昌宏副厅长从项目酝酿始就亲自指挥,全程参与,他说:"'一对一'精准帮扶项目是教育各级领导重视最大,参与最强,投入最多的项目!下一步,还需进一步强帮扶力量,实专业指导,重关键因素,搭展示平台,凉山发展还需久久为功!"

　　是的,谁持妙笔绘丹青,唤得索玛应繁星。在大美凉山,昔日的彝海结盟,让彝汉一家亲。今朝的精准帮扶,是阻断贫困代际传递,促彝汉携手共赴小康的国家战略。我们有幸生逢这个伟大的时代,紧跟亲历者的足迹,紧随见证者的视线,感知起步的筚路蓝缕、奋进的风雨兼程!短短文字不足以承载这群教育人这份教育情怀的厚重,更不足以表达他们多次往复在崎岖山路上负重前行的足迹!但历史注定要把他们记载进凉山乡村教师蛹化成蝶的记忆里,彝族少年踏歌逐梦的青春里,凉山跨越式发展的壮丽诗篇里!即使时间煮雨,点灯人也终将铭记在历史的长河里!

凉山州"一对一"精准帮扶项目的进一步反思

汪桂琼

至 2020 年年底，我国的脱贫攻坚的任务已经完成，凉山州内受"一对一"精准帮扶提升工程辐射的贫困县全部脱贫摘帽，同时县域内义务教育均衡发展也通过了国家的考核验收。至此，凉山州的义务教育已完全满足了大凉山人民在家门口就"有学上"的目标，凉山教育发展开始走上了发展的新台阶。当前，凉山州仍然属于经济欠发达地区，经济发展依然滞后于全国大部分地区，部分地区由于生计方式的限制，脱贫后返贫风险高，且州内义务教育的均衡也属于低水平的均衡发展，未能满足大凉山人民"上好学"的美好生活需求。"一对一"精准帮扶提升工程启动近一年，帮扶效果初具规模，部分县已完成教师培训机构的整合，受帮扶学校的面貌焕然一新，教师明显在课堂教学方面更加具有条理性，学生明显在校表现更加自信，并且学生的学业成绩呈现出一定的进步。优质教育帮扶不是立竿见影的工作，仍然需要依托当地产业的发展。教师的专业发展是一个长期且持续漫长的过程，需要通过教师个体在专业思想、专业知识、专业能力等方面不断发展和完善，并不是在短期内能够通过培训来完成。

1. "一对一"精准帮扶针对的是教师培训，未能帮助凉山州解决教师缺编的问题。教师缺编严重，且州内人口增长速度快，教师数量配备不足，城镇化进度加快，农村地区家庭多向片区中心附近聚居，大班额在中心校内广泛存在，导致教学效果打折扣。另外，顶岗支教大学生虽然在一定程度上缓解了州内教师缺编的压力，但由于支教持续时间短，支教大学生在任教一学期后回归高校继续学习，不利于当地教学工作的顺利过渡。

2. "一对一"精准帮扶行动当前辐射学校少，未能大面积大范围进行。受精准帮扶项目辐射的学校主要是片区内的薄弱中心学校，受帮扶学校内教学团队的理念思维难以通过短时间内交流学习完全改变，学校教学改革成果能否得到验收并推广暂时存疑。

3. "一对一"精准帮扶仅聚焦在义务教育阶段，未能帮助当地打通基础教育通道，未涉及学前教育阶段、中职教育和高中教育阶段。众多研究表明，民族地区接收系统的学前教育学生在进入小学后的学习适应情况明显好于未接收系统的学前教育的学生。另外，大部分县对中等职业教育仍存在一定的排斥心理，多数县内没有中等职业学校，大部分学生在完成九年义务教育后只能去外地接收职业教育学习。县内高中学校教学质量不高，优秀初中毕业生同样大多数前往外地求学，本县生源大幅流失，剩余进入本地高中的初中毕业生学习水平相对较差，高中教师也表达了急需进修学习参加高质量培训的需求。

一对一帮扶过程监督依托省教育行政部门，没有引进第三方评估机构，针对帮扶的效果没有设置科学的检测量表。经过将近一年的帮扶过程，受扶学校学生期末成绩提升效果不显著，低学段成绩提升较高学段成绩提升更明显。仅仅依靠学生学业成绩来作为帮扶成效的检测也不完全合理，帮扶单位为完成帮扶任务，容易在学生成绩提升方面陷入误区，重蹈应试教育的覆辙。

教育帮扶的目的是通过"外推"而形成"内生"，实现民族地区教育由传统的课堂模式到新课标理念下的转型。核心是需要调动当地教师主动寻求自主发展的内驱力，让本土教师成为本土教育的中坚力量，为学生打通求学渠道，实现真正的在家门口上好学，学有所成，学有所用，才能真正做到教育斩断贫困的代际传递。

第四章　靶向施策

——"一村一幼"辅导员的素质能力提升

　　"一村一幼"计划是四川创新实施的重大教育扶贫工程，是民族地区少年儿童学习国家通用语言、化解基础教育阶段教学语言障碍、培养良好行为习惯的奠基工程。学前教育是民族地区教育的短板和难点，特别是川西南大小凉山彝区、川西北藏区学前阶段教育严重滞后，由于园点分布不合理，大部分家长不愿意或者没有条件将幼儿送到离园较远的幼儿园上学，导致民族地区适龄儿童不能及时入园。2014 年，民族自治区学前教育毛入园率仅 55.55%，藏区、彝区幼儿国家通用语言基础薄弱，因从小听不懂国家通用语言授课而成为学困生、辍学生的人数较多，严重影响了幼儿的后续发展及当地教育、经济、社会的可持续发展。为不断提升保教保育水平，让藏区彝区孩子在当地条件下享受相对优质的学前双语教育，保证所有小孩进入小学后都"听得懂、学得好"，省委、省政府把"一村一幼"辅导员能力提升作为深度贫困县人才振兴工程的重点工作，纳入《中共四川省委办公厅、四川省人民政府办公厅关于实施深度贫困县人才振兴工程的意见》（川委厅〔2017〕66 号）统一部署、统一安排、统一考核。在民族自治地方，以建制村为单位设立幼儿教学点，配备辅导员，组织开展以双语教育为主要内容的学前教育。四川教育厅下发"深度贫困县'一村一幼'辅导员能力提升培训实施方案"，2018 年 3 月，四川省全面启动深度贫困县一村一幼辅导员能力提升计划，在四川省教育厅领导和部署下，具体由省教育厅民教处、省教科院和相关高等师范院校等单位机构联合组织实施。

调研是决策的前提，制度是行动的保证。伴随着"一村一幼"教育计划实施的全过程，基于外循环形成保障机制和内循环提升素质的路径研究，以民族地区学前教育师资队伍建设为抓手，形成党委政府、科研机构、高等院校、优质幼儿园协同培训的合力。省、市、县政府及教育行政部门三级联动，按照"先行试点、总结优化、全面推广"的实施步骤，针对辅导员队伍的遴选、培训、管理和保障出台了一系列的制度文件和实施方案，开展民族地区"一村一幼"辅导员全员轮训，强化过程管理和督查考核，创造性地引领全省"一村一幼"辅导员队伍建设，高效推动该计划的实施。通过强有力的课程建设和科学管理，2018 年培训"一村一幼"辅导员近 5000 名，2019 年培训近 9000 名，大面积、高效率、高质量地完成了培训任务，整体提升了辅导员队伍素质，为民族地区少年儿童"学好普通话，养成好习惯"奠定了基础，促进了"一村一幼"教学点保育质量的提高。积累了丰富的经验和案例，诞生了许多有推广价值的"一村一幼"教育改革与发展的研究与实践成果。由于篇幅有限，本章只遴选了部分优秀的研究与实践报告、制度与实施方案、总结与做法经验，以飨读者。

第一节　四川民族地区"一村一幼"计划的试点与推广

一、"一村一幼"的概念与推进背景

（一）"一村一幼"及相关概念

1. "一村一幼"

是指在民族自治地方以建制村为单位设立幼儿教学点，配备辅导员，即一个村设立一个幼儿教学点，也可"多村一幼"或"一村多幼"，招收民族自治地方行政村 3 至 6 周岁幼儿，组织开展以双语（本民族语言和普通话）

教育为主要内容的学前教育。一般在民族地区人口相对集中、交通相对方便、地质条件安全的地方设立教学点，每个教学点根据适龄幼儿人数，开办 1 至多个混龄班，每个班原则上不超过 30 名幼儿。在个别居住特别分散、人口特别少的村，配备专职巡回辅导员，举办流动幼教点、季节班。

2. 民族地区

主要指四川省少数民族聚居区，包括甘孜、阿坝、凉山少数民族聚居区和乐山及绵阳民族自治区。四川是个多民族内陆大省，境内有藏、羌、彝等 14 个世居少数民族，辖 3 个自治州、4 个自治县，16 个民族待遇县，幅员面积 34.3 万平方公里，少数民族人口 540 万，是全国最大的彝族聚居区、第二大藏族聚居区和唯一的羌族聚居区。

3. "一村一幼"辅导员

即"一村一幼"保教人员。四川省委办公厅、四川省人民政府办公厅《关于支持大小凉山彝区深入推进扶贫攻坚加快建设全面小康社会进程的意见》（川委办〔2015〕34 号）中明确提出了"支持学前教育发展。从 2016 年起，在大小凉山彝区 2586 个行政村每村选聘 2 名学前辅导员，开展学前双语（本民族语言及普通话）教育"。

（二）"一村一幼"的推进背景

《中共中央国务院关于打赢脱贫攻坚战三年行动的指导意见》明确提出："坚持扶贫同扶志、扶智相结合，正确处理外部帮扶和贫困群众自身努力的关系。"并将教育作为重要手段，提出着力实施教育脱贫攻坚行动。经过多年的教育扶贫，四川民族地区的办学条件得到极大改善，但是受历史、社会、经济和环境等方面制约，民族地区的教育发展水平还不高，教育对于社会进步、经济发展、脱贫致富的服务能力还不强。学前教育是民族地区教育的短板和难点，特别是川西南大小凉山彝区、川西北藏区学前阶段教育严重滞后，2015 年 8 月四川省"一村一幼"计划开始实施。在大小凉山彝区 13 个县（区）启动"一村一幼"计划，以建制村为单位，一个村设立一个幼儿教学点。2016 年，四川省委书记王东明率督导组赴凉山州蹲点督导脱贫攻坚工作时指出，"一村一幼"是四川从大小凉山彝区实际出发精准扶贫、精准脱贫的创新之举和长远之计，有利于从根本上阻断民族地区贫困代际传递，要继续抓实抓好，充分发挥作用。2017年省委、省政府把"一村一幼"辅导员能力提升作为深度贫困县人才振兴工程的重点工作纳入《中共四川省委办公厅、四川省人民政府办公厅关于实施深度贫困县人才振兴工程的意见》（川委厅〔2017〕66号）统一部署、统一安排、统一考核，在省委、省政府的坚强领导下，2017年扩展到藏区、羌区、彝区52个县（市）。到2018年底，3州及马边、峨边、金口河、北川52个县（市、区），科学规划和建设"一村一幼"幼教点4706个，共招聘16577名辅导员，为20.9万儿童提供了学习普通话的机会，解决了午餐问题，实实在在在帮助贫困户子女与同龄人同步享受改革成果。为全面落实省委、省政府的决策部署，确保民族地区幼儿都能就近接受学前教育，在喜德县召开了全省民族地区"一村一幼"现场培训会，制发了《关于推进民族地区村级学前教育工作的通知》，对"一村一幼"计划的责任主体、资金保障、园舍建设、保教安全、应急处置预案、食品卫生安全、人防、物防、技防等做出具体要求。同时要求各地广泛宣传"一村一幼"计划的重大意义，主动向社会公布政策落实情况、资金使用情况，主动接受社会监督，增强社会认同感。

二、"一村一幼"辅导员队伍建设的任务与推进策略

（一）"一村一幼"辅导员队伍建设的任务

良好的师资是教育好幼儿的前提，"一村一幼"辅导员队伍整体素质提升是"一村一幼"计划顺利实施的基础和关键。由于民族地区人口聚集的特殊性，如何从制度建设提升治理水平和强化培训提高专业技能就成为"一村一幼"辅导员队伍培训的重中之重。为加快提升我省"一村一幼"保教保育水平，夯实推普基础，让国家通用语言薄弱地区孩子在学前阶段就过好普通话关，明确要求提升辅导员素质能力，安排专项资金，实现3年轮训1.5万名辅导员，为民族地区培训一支较为稳定的学前教育保教人员队伍，使20余万学龄前儿童受到较高质量的公平的学前教育。

"一村一幼"辅导员一般是由少数民族地区市州县面向社会公开招考的

从事"一村一幼"学前教育工作的非编制人员。辅导员招考的一般要求为：本县年满18周岁至45周岁以下的社会人员，高中或中职毕业及以上学历，身体健康，有从事学前教育意愿者。各地因本地区具体情况招考条件有所不同。如针对贫困村，辅导员招聘标准有所放宽，初中毕业生也可以参加招聘。辅导员的培训需求主要表现如下：

职业认同感提升需求。部分辅导员对当前职业认识不清，缺乏工作热情和动力。"一村一幼"教学点大多条件艰苦，很多偏远的教学点校舍简陋，教学设施设备缺乏；辅导员工作量大，没有编制，待遇低；非专业出身，在工作中感觉力不从心，无从下手；幼儿家长的不理解、不配合等情况，使得辅导员产生了对工作的迷茫和自身发展的困惑，导致职业认同感低，对工作缺乏热情。面对辅导员的迷茫和困惑，我们应该积极引导，提高他们的职业认同感。

专业知识与能力提升需求。"一村一幼"辅导员承担着民族地区幼儿保教保育的重要任务，其专业水平既关系幼儿的健康发展，又关系"一村一幼"计划的实施成效。调研结果显示，辅导员在培训内容、培训方式等方面有如下需求：

培训内容方面。大部分辅导员非学前教育专业出身，需要补充完善学前教育专业知识，提升专业能力。辅导员对科学认识幼儿生理心理发展的规律和特点、幼儿园一日活动安排、幼儿游戏的设计和组织、如何上好集中教育活动、幼儿保健与安全、班级管理、民族地区教育资源开发与利用、家园共育等内容关注较多。

普通话方面。辅导员的主要任务之一就是教会民族地区幼儿说普通话，为升小学扫除语言障碍。由于大部分辅导员是来自本地的少数民族，平时普通话应用较少，普通话发音不标准，表达不顺畅、不清晰。辅导员们希望通过培训提高自身的普通话水平，以及普通话的教育教学水平。培训方式方面，辅导员们特别希望通过观摩幼儿园的活动和幼儿教师具体的实践操作，学到相关知识和技能。

（二）"一村一幼"辅导员的培训策略

增强职业认同，强化专业意识。幼儿教师对职业的认同决定其对职业的热爱程度、对幼儿的态度，以及对工作的情感态度。幼儿教师只有对职业产生较高的认同感，才能积极投入教育教学工作，最终达到学前教育的目的。根据职业认同结构理论，强化辅导员的职业认同感。

一是提高职业认知。在培训中设置专题或活动，使辅导员认识到"一村一幼"计划的重大意义，明确工作的内容和肩负的重大责任。

二是培养职业价值感，增强职业情感。培训中要确立合适的培训主题，培养"乐意去、留得住、干得好"的"一村一幼"辅导员队伍。通过庄严的仪式典礼，加强他们对国家、对家乡、对工作的热爱之情，激励他们以饱满的热情投入学习和工作中。

三是加强行为引领，提高积极行为倾向性。通过幼教专家讲座、优秀幼教教师教育教学观摩、师德模范事迹报告等形式，引导他们的职业行为。强化辅导员反思，通过讲述自己的成长故事、反思自己的工作等，提高积极行为倾向性。增强辅导员之间的交流分享，发挥辅导员间相互影响、相互促进的作用。

分层分类施训，强化个别辅导。由于辅导员所学专业不同，专业发展水平不一致，培训需求和教育实践经验存在差异。为提高培训质量，确保培训效果，必须进行分层分类培训。分类是指类别上的区分，分层是指同一类别中程度或层次的区分。分层分类的意义在于既重视相似性，又不忽视特殊性。一是分层分类编班。按学前教育专业、师范类非学前教育专业、非师范类专业将辅导员分为三类。在此基础上，再按普通话水平分班，学前教育知识的学习和普通话的学习可视具体情况，严格控制班级人员数量，人数适当，宜于教学。二是分班设计课程。按照每班辅导员的专业知识能力以及普通话水平设计课程。对于非师范类专业的班级，要加强教育学、心理学知识的学习，同时强化学前教育专业基础知识的理解掌握，在实践能力方面要重视基本技能及实践规范的掌握。对于师范类非学前教育专业的班级，要加强幼儿保教方面知识的理解掌握，同时强化幼儿教育教学实践技能。对学前教育类专业的班级，要在深化保教知识的同时，强化实践技能，并深入结合"一村一幼"实际开展实践技能操作。普通话教学设计和安排要突出专业性、针对性、实践性，将普通话训练渗透在学前教育专业知识的学习和实践中。三是强化个别辅导。针对辅导员水平不一的现状，加强个别辅导。

秉承知行合一，强化实践环节。由于辅导员存在低学历、低起点、非专业等特点，更重视他们在认知和行为上的统一。采取从理论学习到实践应用再到理论提升的培训路径，将知与行有机结合起来。一是培训方式多元化。不同的培训方式有不同的功能和作用，根据不同的培训内容，选择适合的培训方式，实现培训方式多元化，体现学员的主体地位，提高学员的参与度，增强培训吸引力和感染力。具体来说，可将专家引领、观摩学习、个体实践、学员交流等有机结合起来。专家引领包括专题讲座、案例解析、专家指导等；观摩学习包括案例教学、教学观摩、跟岗研修等；个体实践包括跟岗实践、任务驱动、示范展示等；学员交流包括学员共同参与活动、合作探究、参与式培训、主题讨论等。通过发挥各种培训方式的优势，综合互补、共同促进学员知识的获取和能力的提升。二是重视实践环节。绝大部分辅导员缺乏保育与教育实践技能，培训中要重视实践环节。跟岗学习是一种有利于提高实践能力，也广受学员欢迎的培训方式。为提高跟岗学习的效果，要遴选不同层次幼儿园，把辅导员按专业水平分到不同的幼儿园，幼儿园按照培训统一要求对跟岗的内容形式精心安排，每个辅导员配备理论指导教师和幼儿园跟岗实践指导教师。跟岗结束后，理论指导教师要结合辅导员的跟岗实践情况，从理论上进行提升。同时，要巩固实践成果，跟岗结束后辅导员应开展相应的实践操作活动，努力实现知行合一。

细化考核指标，定性定量结合。培训考核是培训过程的重要环节，对培训起着导向、激励和调节的作用。培训考核的指标和办法有利于学员对整个培训的要求有清晰、明确的认识，为学员的学习指明方向。同时也有利于规范学员的学习行为，激励学员主动、积极、认真学习。一是细化考核指标。要在培训需求分析的基础上确定培训目标，以培训目标作为制定培训考核指标的依据，量化培训考核指标。二是明确考核办法。在培训中采用过程性评价与终结性评价相结合，定性与定量相结合的形式对辅导员进行考核。过程性考核包括辅导员出勤情况、观课评课和互动讨论、现场表现、作业完成等情况；终结性考核包括普通话测试成绩、保教保育测试成绩、培训总结、专题反思等。三是根据"普通话水平测试成绩、保教技能水平、现实表现"，按一定比例对辅导员进行综合评价。

聚焦重点补短板，提升学前教育水平。"一村一幼"工作要顺利开展，教材至关重要。我们将《中华人民共和国国家通用语言文字法》《普通话水平测试等级标准（试行）》《幼儿园教育指导纲要（试行）新版——附幼儿园工作规程》《3~6岁儿童学习与发展指南》《幼儿园教师专业标准（试行）》《幼儿园一日生活环节的组织策略》《幼儿教师口语》等法律、规范、文件作为教师的学习教材，让他们对幼儿园的保教工作有深入的了解。与此同时，我们也结合本地风土人情和民族习惯，在教材中融入本土特色与元素，真正促进民族地区学前儿童口头语言的发展和良好行为习惯的养成。

在日常的园所活动中，注重孩子良好行为习惯的养成。不洗手、不洗脸、席地而睡、人畜共居，曾经是凉山部分彝族群众长期的生活习惯。"一村一幼"计划把养成良好生活习惯作为重要目标，教师每天早晨做的第一件事就是检查孩子们的个人卫生。如果有孩子没有洗手、洗脸、梳头，老师就教他们，同时要求每个孩子回家后敦促父母养成讲卫生的好习惯，通过"小手拉大手"的方式，把讲卫生、爱清洁的习惯带到家里去，推动养成好习惯、形成好风气。每天要求家长给自己洗脸洗手，还要监督家长洗脸洗手。

帮助过好国家通用语言关，为少数民族地区孩子打牢语言基础。特别是在彝区，本地孩子多接触本民族的语言，国家通用语言文字教育的基础薄弱、教学语言障碍严重、小学四年级之前听不懂国家通用语言授课，是四川省民族自治区提升教育质量的短板。许多学生因"听不懂"升不了学而辍学。"一村一幼"计划针对这一突出矛盾，让幼儿在学前阶段过好国家通用语言关，从小打牢终身发展的语言基础，从而化解"听不懂"的老大难问题。

三、"一村一幼"的试点与推广

（一）稳步实施

2014年，乐山市树立了"没有彝区教育事业的发展就没有乐山教育的科学发展"理念，在全省彝区率先实施"一村一幼"建设试点。以干在实处、走在前列的工作取向，改革创新发展彝区学前教育，以"绣花"功夫，探索实践彝区学前教育发展模式和路径，取得了"社会满意、家长放心、学生受益"的成效，为全省民族地区发展学前教育提供了成功做法和宝贵经验。2015 年省委、省政府在大小凉山彝区启动实施"一村一幼"计划。凉山州参照乐山市的做法和经验开始稳步实施彝区"一村一幼"建设，加快发展大小凉山彝区学前教育，帮助幼儿过好国家通用语言关，从根本上阻断贫困代际传递。到 2016 年年底，大小凉山彝区 13 县（区）利用闲置村小、村级活动室等公共资源开办村级幼教点 2527 个、教学班 3086 个，选聘辅导员 6213 名，招收幼儿 9.4 万人。2017 年，根据省委、省政府的决策，"一村一幼"计划支持范围由彝区 13 县扩展到全省民族自治地方 51 个县（市）。民族自治地方农村学前教育资源不足、入园难的问题得到有效解决。

（二）政策引领

1. 实施范围

2017 年前，"一村一幼"计划只在大小凉山彝区 13 个县（区）实施，包括凉山州的布拖县、美姑县、金阳县、甘洛县、雷波县、昭觉县、喜德县、越西县、普格县、木里县、盐源县和乐山市的马边县、峨边县、金口河区。2017 年起，"一村一幼"计划扩展到全省民族自治地方 51 个县（市）。

2. 实施对象

"一村一幼"计划的服务对象为：民族自治地方 51 个县（市）建制村 3 至 6 周岁幼儿。

3. 办班经费

"一村一幼"办班经费由省、州（市）、县（市、区）三级财政共同分担。省级财政按每村平均配备 2 名辅导员、每名辅导员每月 2000 元劳务报酬的标准给予补助，其余办班经费由州（市）、县（市、区）共同负责。

4. 保教经费

根据民族自治地方 15 年免费教育政策，"一村一幼"幼教点所有幼儿保教费全部由财政承担，并按每天 3 元的标准为藏区、彝区 45 县（市、区）幼儿提供营养午餐。

（三）基本做法

1. 落实责任

为全面落实省委、省政府的决策部署，确保民族地区幼儿都能就近接受学前教育，在喜德县召开了全省民族地区"一村一幼"现场培训会，制发了《关于推进民族地区村级学前教育工作的通知》，对"一村一幼"计划的责任主体、资金保障、园舍建设、保教安全、应急处置预案、食品卫生安全、人防、物防、技防等做出具体要求。同时要求各地广泛宣传"一村一幼"计划的重大意义，主动向社会公布政策落实情况、资金使用情况，主动接受社会监督，增强社会认同感。

2. 科学布点

基于民族地区特别是藏区居住分散、村多人少的特殊情况，遵循实事求是、因地制宜的原则，在深入调查，摸清底数，充分征求群众意见的基础上，根据人口、交通的实际情况，按照"大村独立举办、小村联合举办"的思路，采取"一村一幼""一村多幼""多村一幼"等形式，科学规划和建设村级幼教点（园），确保幼儿就近安全入园。同时每个点还可根据3~6周岁适龄幼儿人数，开办1至多个混龄班，每个班原则上不超过30名幼儿。个别居住特别分散、人口特别少的村，可采取举办流动幼教点、季节班、配备专职巡回辅导员等方式解决。村级幼教点（园）原则上都选在人口相对集中、交通相对方便、地质条件安全的地方。

3. 保证投入

实施"一村一幼"计划，投入是关键。2016年以来，省级财政按照每村配备2名辅导员、每人每月补助2000元劳务报酬的标准，凉山州和乐山市在足额落实保教费减免配套资金之外，共投入近3亿元资金，用于发放辅导员劳务报酬、维修改造校舍、购置桌椅和教学用具等，保证了幼教点（园）保教工作的正常开展。

4. 整合公共资源做好硬件保障

结合"一村一幼"的特殊实际，本着"安全、实用、够用、经济"的原则，采取"改造闲置校舍、利用村委会活动室和民俗活动场所、改造租借民房"等方式，统筹解决"一村一幼"园舍问题。凡用做"一村一幼"园舍的闲置校舍、村民活动室或民房等，都按照国家和省的相关规定进行改造达标，确保安全。新建"一村一幼"所需经费，均通过整合"新村建设、乡村文化体育活动室建设、民俗活动场所建设"等项目统筹解决，既避免了多头建设，闲置浪费，又提升了办园水平，保证了保教需求。同时按照国家和《四川省幼儿园装备规范》的要求，为所有幼教点（园）配备了适合幼儿特点的桌椅、盥洗卫生间和必要的玩教具、图书和乐器。还结合幼儿身心发展特点和认识规律，编写或选用辅导用书，引导儿童开展双语会话训练，从小培育双语素养。

5. 选好辅导员

依据"一村一幼"以培育幼儿双语素养为主的实际，要求各地参照《教师资格条例》对幼儿园教师资格的规定，研究制定"一村一幼"辅导员选聘办法，对辅导员的选聘方式、任职资格、工资待遇等做出明确规定，保证选聘的辅导员思想觉悟高、喜欢幼教工作、身心健康、懂双语、具备相应的文化和专业素养，严禁有犯罪史、吸毒史和精神病史者从事辅导员工作。同时坚持先培训后上岗、不培训不上岗的原则，对所有辅导员进行岗前保教专业知识和技能培训。

6. 精准施训

提高认识，建章立制，加强全程管理的科学性。"一村一幼"队伍建设是促进该项计划顺利实施的基础，抓队伍就是抓关键，伴随着"一村一幼"教育计划的全过程，基于外循环形成保障机制和建立内循环提升素质的路径，创造性地引导和指导全省"一村一幼"辅导员队伍建设发展。

一是省级设标，地方自主，完善准入制度规范。

省级层面设定"一村一幼"辅导员准入的基准底线，下发辅导员身份确认的统一指导性意见，对拟入辅导员队伍人员的道德修养、学历水平等提出明确标准和要求，实现制度层面的落地。根据目前辅导员遴选以区县为主的现实，各区县要综合考量区域经济发展水平、地区民俗文化特点、当地教师发展文化特点，尤其是学前教育发展和师资建设现实等来进行有的放矢的区域性辅导员准入条件设计，在省控线基础上建立较为系统和完善的辅导员准入机制。将道德修养和个人师德作为准入及岗位管理的"红线指标"，将保教保育技能作为"重点指标"强化贯彻落实，避免"准入"条件过高或过低招不到符合民族地区幼儿教育的辅导员，从源头上确保数量和质量双过线。

二是优化选派办法，建立评估督导机制，强化过程管理。

辅导员集中培训是短期内快速提升辅导员综合素养的有效手段，既是要求也是责任和福利，各派出区县在政策规定下，改进选拔办法，科学合理有序有效做好辅导员参训选派工作，尤其加强队伍思想管理，增强责任心、奉献意识。同时，区县教育行政要建立督导管理机制，为训后合格的辅导员回到辅导员岗位创造条件，努力提高上岗率。省政府牵头加强评估督导，设定评估督导标准、依托专业教科研力量，科学调研评估、建立辅导员队伍大数据信息管理平台等，强化过程管理。如以上岗率评判摸清培训数量需求，以到岗率对培训指标进行倾斜和调整，使培训工作更具有科学性。定期检查通报培训合格率，辅导员到岗率，督促引导区县和辅导员群体高度重视，积极参训，提高稳定率。

三是落实政策，完善待遇保障机制，提高队伍素质和稳定性。

各地贯彻落实各级党委政府和教育行政部门的政策文件，积极筹措资金，落实经费保障，确保辅导员基本工资及相应保障按月足额发放，避免"拿临工的工资，做专业的工作"现状，稳定辅导员队伍。在此基础上，从省级层面完善待遇保障机制，建立省、市、县三级目标考核机制，政策引导奖惩优劣。给予地方一定政策权利，鼓励有条件的地区在基本经费保障基础上，多渠道筹集发放辅导员奖励性津贴，激发辅导员工作激情和专业发展动力。

四是专职专人管理，确保政策长期性和稳定性。

各区县教育行政部门统筹集中一个部门，全面、全程管理"一村一幼"工作，健全管理机制，将"一村一幼"辅导员聘用、待遇、管理、考核纳入部门或专人职责，避免"多头管理，最终无人管理"的局面，确保政策长期性和稳定性。

案例一：

干在实处　走在前列　夯实阻断贫困代际传递基石
—— 乐山市彝区"一村一幼"建设案例

四川省教育厅

（2019年11月1日）

受历史、地理、社会、经济等原因，彝区学前教育发展严重滞后，一直是我市普及学前教育的"短板"。2013年，我市彝区村级幼儿园只有9所（其中公办1所），学龄幼儿417人，教师20人，彝区学前三年毛入园率只有62.6%，低于全市平均水平23.54个百分点。为补齐乐山教育的"短板"，加快彝区教育事业发展，有效阻断贫困代际传递，2014年，我市树立了"没有彝区教育事业的发展就没有乐山教育的科学发展"理念，在全省彝区率先实施"一村一幼"建设。以干在实处、走在前列的工作取向，改革创新发展彝区学前教育，以"绣花"功夫，探索实践彝区学前教育发展模式和路径，为大小凉山彝区学前教育发展提供了有效做法和成功经验，取得了"社会满意、家长放心、学生受益"的成效。

一、改革缘由

（一）政策少。国家、省上发展学前教育发展的政策少，机制体制不健全，没有更多的政策惠及彝区学前教育的发展，彝区学前教育发展水平低而不平衡，普遍存在城区学前教育发展步伐快、乡镇学前教育相对滞后、村级学前教育极其落后的局面。

（二）资金少。各级财政对学前教育的投入较少，彝区经济发展水平又低，没有更多的社会和民间资金投入发展学前教育，造成彝区学前教育发展步伐慢、水平低。

（三）无编制。根据劳动人事部门核编文件规定，事业编制核编只能核到乡镇一级，村一级幼儿园的教师没有核编依据，保教人员配备一直是发展学前的难点。

（四）无场地。在没有政策、没有资金的条件下，要发展村级学前教育，园舍建设难度大，存在无资金、无土地、无建设标准等问题和困难。

二、主要做法

（一）明确一个目标高位推进。

市委、市政府高度重视彝区学前教育的发展，2014 年 4 月，把彝区"一村一幼"建设写入《关于进一步加快推进小凉山综合扶贫开发的通知》（乐委发〔2014〕5 号）文件，目的是以"一村一幼"建设为突破口，加快彝区学前教育发展，夯实教育扶贫的基础，从而有效阻断彝区贫困代际传递。

（二）坚持两个原则惠泽民生。

1. 坚持公办性原则。明确了彝区"一村一幼"是省、市、县各级财政投入建设的公办幼儿园，坚持"一村一幼"的普惠性和公益性，实施"三免一供"政策，即：免保教费、免教科书费、免作业本费，并供应免费的营养午餐或糕点。

2. 坚持全覆盖原则。从 2014 年起，决定用 3 年的时间通过"一村一幼"建设，基本实现彝区学龄幼儿入园全覆盖。到 2017 年年底，在彝区 286 个行政村中建设完成 295 个"一村一幼"，在园幼儿达 9947 人，基本实现了彝区学龄幼儿入园全覆盖的目标。

（三）落实三个责任齐抓共管。

1. 落实党委的领导责任。市、县（区）党委都成立了"一村一幼"建设工作领导机构，各级党委主要领导把"一村一幼"建设工作作为助推彝区脱（扶）贫攻坚的"一把手"工程，做到了组织健全，领导到位，责任落实，动力强劲。

2. 落实政府的主体责任。市、县（区）政府是"一村一幼"工作的实施主体和责任主体，明确了各级政府在规划布局、资金投入、园舍建设、人员配备等元素保障责任，确保了工作落实，措施具体，保障有力，有序推进。

3. 落实教育的具体责任。市、县（区）教育部门是"一村一幼"建设的牵头部门和具体实施者，承担了摸底调查、园点布局、组织施工、协调管理、招生宣传、队伍建设、业务指导等具体的工作，做到了任务明确，责任落实，措施到位，工作到位。

（四）采取六大措施攻坚克难。

1. 以现有场地为主解决园舍难题。按照"保基本，广覆盖"的原则，利用现有的闲置村小和村级活动室，建设最基本的、安全有保障的幼儿园。目前，在 295 个"一村一幼"园舍中，修缮闲置村小或教室做园舍的 157 个，利用村级活动室做园舍的 63 个，附设中心校 56 个，新建园舍 19 个。

2. 以财政投入为主解决经费难题。构建了以"省财政投入为主、市财政投入为辅、地方财政投入为补充"的投入保障机制，其中省财政投入情况为：主要解决"一村一幼"保教人员的劳务工资，按每个行政 2 名，每人每月 2000 元的标准给以学前教育双语辅导员劳务补助，每年投入资金 1372.8 万元。市财政投入情况为：一是按每所 5 万元的标准共投入资金 1475 万元解决"一村一幼"的启动建设资金；二是每年投入 686.4 万元按 1000 元／人／月的标准给予保教人员劳务补助；三是投入资金 235.2 万元分别按 5000 元／所和 3000 元／所的标准给每个"一村一幼"购置教具学具和安全监控设备安装经费补助。

县级财政主要投入情况是：一是按 1000~4000 元／人／年的标准给予保教人员劳务补助；二是共投入 3000 多万元建设"一村一幼"并进行升级改造；三是每年投入 720 多万元按 800 元／生／年的标准给予学生营养补助，破解幼儿生活难题；四是每年投入 130 多万元按 100~200 元／生／年的标准给予生均公用经费补助；五是把双语辅导员纳入农村教师生活补助范围，根据类别分别按 1200 元／人／年、1680 元／人／年、2160 元／人／年、3360 元／人／年的标准进行发放；六是按 5000 元左右／人／年的标准发放双语辅导员绩效工资。

3. 以拓宽用人渠道解决师资难题。我市通过转岗、临聘、公招的办法切实落实"一村一幼"保教人员，目前，全市 599 名保教人员中，在编 27 人，临聘 572 人。同时，强化教师培训，市、县教育行政部门每年都对"一村一幼"保教人员进行全员培训，努力提高保教人员的素质能力。

4. 以彝汉双语读本建设解决教材难题。为帮助"一村一幼"的彝族幼儿过好语言关、文明关和安全关，市教育局组织我市学前教育专家编写了《乐山市彝区"一村一幼"彝汉双语辅助读本》（其中学生用书三册：《我们的

语言》《我们的生活》《我们的安全》；教师用书一册：《我们的设计》），
填补了我市彝区学前教育没有彝汉双语读本的历史空白。

5. 以健全帮扶网络解决质量难题。保教质量是幼儿园发展的生命线，彝区"一村一幼"的保教质量发展必须要依托市、县优质学前教育资源的引领和带动。2016年我市大力实施彝区"一村一幼"提升工程，举全市之力实现彝区"一村一幼"整体升级。一是不断完善全覆盖式帮扶模式。包括市与县的定点帮扶、县与县的对口帮扶、县域内片区结对等，提高帮扶实效；二是纳入集团化发展。我市已成立市实验幼儿园幼教集团、市机关幼儿园幼教集团，金口河、马边、峨边3个民族地区同时被纳入集团，在集团中学习优质高效的管理模式、先进科学的保教理念，不断提高办园质量。

6. 开展"学前学会普通话"行动扩大试点工作。2019年秋季学期起，将我市彝区所有幼儿园和幼教点1万多名学龄幼儿（其中"一村一幼"在园幼儿9000余人）全部纳入"学前学会普通话"行动扩大试点范围，帮助彝区学龄前儿童学会说普通话，打牢今后学习和与外界沟通的语言基础，形成普通话思维习惯，达到幼儿"听懂、会说、敢说、会用"的目标。小凉山彝区逐步形成规范使用普通话的良好氛围，村级幼教点幼教辅导员和幼儿园教师培训体系进一步完善，彝区幼儿学前教育水平和村级幼儿园的规范化管理水平进一步提高。

（五）建立五种制度创新发展。

1. 领导督查制度。建立了市委、市政府主要领导亲自督查的工作机制，市委书记、市长通过实地调研指导，召开专题会议安排部署和解决工作中的问题和困难，在峨边召开现场会交流经验，积极向省委和省政府专题汇报争取政策支持等措施和办法，高位推动彝区"一村一幼"建设与发展。

2. 部门联动制度。建立了"一村一幼"建设部门联动机制，如财政部门负责经费投入，教育部门牵头负责园舍建设、招生及其业务管理等工作，人社部门负责教师的考核录用，公安部门负责学生道路交通安全防范等。

3. 教育管理制度。制定实施了《乐山市彝区"一村一幼"管理意见》（乐教发〔2015〕27号）、《乐山市彝区"一村一幼"保教工作考核的指导意见》（乐教办发〔2015〕36号）、《乐山市彝区"一村一幼"设备设施配备的意见》

（乐教办发〔2016〕2号）等，持续加强"一村一幼"的园务管理与质量提升。通过印发《乐山彝区"一村一幼"安全管理守则》、在彝区召开"一村一幼"安全管理现场会、园区安装监控全覆盖等制度和办法，压实"一村一幼"安全责任，做到安全工作警钟长鸣，防患于未然。

4. 教师培训制度。市教育局制定实施了彝区"一村一幼"保教人员3年培训计划，从2016—2018年共投入150万元，在乐山师院进行全员培训、骨干教师培训、新教师培训等1100余人次，不断提高保教人员专业素养。

5. 全覆盖帮扶制度。2016年，制定实施了对口帮扶彝区学前教育发展方案，采取"县对县、园对园、师对师"的方式——结对帮扶彝区295个"一村一幼"，用5年时间汇聚全市优质学前教育资源倾力帮扶彝区学前教育健康发展。组织市幼教专家深入村幼课堂指导教学。

三、实施成效

（一）为全省民族地区发展学前教育提供了经验。我市彝区"一村一幼"建设经验和成绩，为全省民族地区发展学前教育提供了成功做法和宝贵经验，2015年,凉山州参照我市的做法和经验开始实施彝区"一村一幼"建设；2016年,"一村一幼"建设在全省51个自治县全面铺开建设。

（二）促进了彝区学前教育的跨越式发展。在彝区"一村一幼"建设前的2013年，我市彝区只有9个村级幼儿园，在园学龄幼儿只有400余人，彝区学前3年毛入园率只有62.6%，低于全市平均水平23个百分点。通过3年的努力，累计建成彝区"一村一幼"295所，学龄幼儿增加到9947人，彝区学前3年毛入园率达97.12%，高于全市，乃至于全省、全国的平均水平，提前5年实现并超过2020年达85%的目标。同时，让彝区幼儿尽早突破语言关，培养良好的行为习惯，对彝区孩子的健康成长具有重要的作用和深远的意义。

（三）为彝区阻断贫困代际传递奠定了坚实基础。

1. 为彝区老百姓增收提供了条件。在彝区实施全免费的"一村一幼"学前教育，不仅方便了老百姓就近送子女入园学习，减轻了家长的经济负担，而且释放出很多劳动力来从事生产劳动或打工挣钱。近1万名村幼学生释放出9000多名家长可以参加生产劳动创收，也可以打工挣钱，按每名家长每年最低劳务收入 1.2 万元算，"一村一幼"释放出来的劳动力累计创收 1.2 个亿，切实为彝区脱贫致富奠定了基础。

2. 助力彝区移风易俗攻坚，为彝区形成好风气打下良好基础。坚持移风易俗从娃娃抓起，开设"文明生活教育课堂"，推行"四洗"，即洗手、洗脸、洗头、洗澡；开展"五齐"，即玩具、餐具、洗漱用具、毛巾、鞋摆放整齐；每月开展"小手拉大手""感恩教育""家长座谈会"等活动，通过"小手拉大手"活动，努力实现"教育一个学生，带动一个家庭，影响一个社区，文明整个社会"目标。

3. 营造良好学前教育环境，为彝区学生顺利接受义务教育提供保障。民族地区的贫穷落后，归根到底是教育的落后，以前很多彝族学生没读过一天幼儿园就直接读一年级，连一句汉语都不懂就接受一年级的普通话教学，严重影响了学生的学业，挫伤了彝族学生学习的兴趣和积极性，彝族学生厌学、辍学的现象非常普遍。日积月累，周而复始，造成彝区贫困积累越来越深。彝区"一村一幼"从学前娃娃入手，帮助孩子在学前阶段突破"语言关、文明关和安全关"，做好入小学准备，实现学前教育与小学教育的无缝有效对接，为彝族孩子顺利接受教育提供了基础和条件，从源头上根除"贫困积累循环效应"，有效阻断贫困代际传递。

（四）深受各级领导的高度肯定和社会各界的广泛关注。我市在全省彝区率先实施"一村一幼"建设，得到省、市党委政府主要领导的高度重视。2015 年 8 月和 12 月，省委王东明书记相继两次做出重要批示，要求我市把"好事办好"，并寄希望于我市的彝区"一村一幼"能示范引领大小凉山彝区学前教育的健康快速发展。市委、市政府主要领导多次批示，要求各地认真贯彻落实好省委领导的批示精神，要撸起袖子，以"绣花"功夫，干在实处，走在前列。中央、省、市多家新闻媒体对我市彝区"一村一幼"建设工作做了宣传报道，收到良好的社会效益。

四、经验和启示

1. 明确目的是前提。深刻认识彝区学前教育在脱贫攻坚中的基础地位和阻断贫困代际传递中的深远意义，是实施"一村一幼"建设的前提。

2. 领导重视是关键。领导重视，高位推动，协调配合，部门联动，是实施彝区"一村一幼"建设的关键。

3. 部门配合是基础。统筹规划，摸清家底，合理布局，因地施策，是实施彝区"一村一幼"建设的基础。

4. 创新发展是动力。创新发展途径，改革发展模式，突破发展瓶颈，攻坚克难，逐一突破场地、资金、教师、教材、质量等"五大"难题是实施彝区"一村一幼"建设的动力。

5. "三关"教育是目的。科学编撰彝区"一村一幼"彝汉双语辅助读本，有效帮助幼儿尽早突破语言关、文明关和安全关，夯实学前教育根基，打好义务教育基础，为阻断贫困代际传递奠基是根本目的。

第二节　辅导员队伍建设的制度体系

为加强"一村一幼"教学点建设，切实提高"一村一幼"幼教点保教保育和管理水平，让儿童"学好普通话、养成好习惯"。为抓住师资建设这一难点和关键，省委、省政府高度重视"一村一幼"辅导员能力提升培训工作，将此项工作作为实施深度贫困县人才振兴工程的重要内容，作为精准、分类、合力推进脱贫攻坚的重要举措，作为民族地区学前教育健康发展的奠基工程。在确保硬件建设的基础上，省、市、县三级从顶层设计到底层落实针对实情制定了引领性、规范性、操作性很强的一系列文件，以确保"一村一幼"的建设、管理和运行。省人才办、省教育厅出台文件，行政推动培训项目顺利实施。

一、辅导员队伍建设的顶层设计

2017 年，省委省政府办公厅出台《关于实施深度贫困县人才振兴工程的意见》（川委厅〔2017〕66 号）中将"教育人才"作为"十大"深贫县人才队伍建设之首，并将实施"一村一幼"辅导员培训提能纳入乡土人才素质提升首要内容，明确规定到2020年省内师范院校对深贫县所有村级辅导员轮训一遍。随即省人才工作领导小组办公室、教育厅研制印发《深度贫困县"一村一幼"辅导员能力提升培训实施方案》（川人才办〔2018〕33号），系统规划设计"一村一幼"辅导员3年培训行动方案。副厅长张澜涛主持召开系列专项工作会，为保障高质量培训，特委托省教科院全程进行培训过程质量视导。各承训院校实施"一把手"工程，实施党委统筹领导，分管校长协同各部门精心组织，周密安排，集全校之力做好培训工作。送培区县教育行政选派专干全程跟进管理。各级各部门各司其职，协同共进，合力推进培训项目高质量实施。

（一）总体思路

试点先行、稳步推进、分步实施"一村一幼"建设，针对实际、逐步完善、动态调整辅导员的遴选准入、学习培训及组织管理，帮助辅导员提升普通话水平和保教素养，熟练掌握运用标准普通话和保教专业技能，形成正确的教育观、儿童观和良好的师德，使儿童学好普通话，养成好习惯，提高保育质量。

（二）遴选准入

实施"一村一幼"计划的市州、区（县）以转岗、临聘、考核招聘等办法切实落实"一村一幼"辅导员的选用与管理。结合各地"一村一幼"辅导员聘用和考核等实际操作的内容上，制定了省级层面的"一村一幼"辅导员准入制度和标准，明确了辅导员的聘任管理办法，对已建队伍和未建队伍分别提出了师德同底线，专业达标可先后的管理措施，辅导员须在3年内达到高中及以上学历，获得二级乙等普通话测试等级证书。对未来拟从事辅导员工作的人员则按准入底线进行考核，从源头在职业准入方面严把入口关。

（三）学习培训

1. 目标任务

为助推"一村一幼"提档升级，省委省政府将"一村一幼"作为深度贫困县脱贫攻坚的重要支持政策，明确要求提升辅导员素质能力，并将辅导员能力提升作为深度贫困县人才振兴工程的重点工作。四川省教育厅专门下发"深度贫困县'一村一幼'辅导员能力提升培训实施方案"专项落实。该培训在四川省教育厅领导和部署下，具体由省教育厅民教处、省教科院和四川师范大学、西华师范大学、成都师范学院、成都学院、乐山师范学院、绵阳师范学院、内江师范学院、宜宾学院、西昌学院、四川民族学院、阿坝师范学院、四川幼专、川北幼专、川南幼专等单位机构联合组织实施。实现2018—2019 两年培训，2018 年培训 5000 名，2019 年培训 9000 名，2020 年培训 2100 名的目标任务。

2. 培训内容

①普通话培训。发音技能标准化培训、幼儿故事朗读培训、讲故事训练、幼儿教师教育口语、幼儿教师教学口语训练等。

②幼儿园保教及常规管理培训。幼儿教师专业理念、教师师德师风、幼儿教师专业知识等方面的能力。

③保教实践能力提升。幼儿园卫生保健与安全防范、游戏活动的开展与实施、幼儿园一日活动计划的设计、组织与实施、民族地区幼儿教育资源的开发与利用等。

3. 培训方式

培训拟采取"高校集中系统培训与跟岗学习"相结合的方式进行，其中集中培训 20 天、跟岗学习 10 天。

①专家讲授。由培训高校组织专家重点强化师德教育、普通话训练和学前教育政策及新理念新知识的学习提高，帮助参训学员提升师德修养和专业水平。

②跟岗学习。由培训高校和派出县（市、区）教育局组织参训辅导员到幼儿园跟岗学习，通过实地观摩和跟岗指导教师的示范、讲解，提升实践操作技能。

③问题研讨。指导参训辅导员在跟岗过程中就学前教育知识技能学习和教育实践中的典型问题进行讨论、交流，调动参训学员积极性，实现优势互补、

共同提高。

④经验分享。在实践过程中，跟岗指导教师以交流、互动的参与式为培训学员分享工作经验，探讨专业发展，提高学员的专业意识、增强学员的专业态度。

⑤课例展示。学员与指导教师以多种形式进行集体教学活动的展示，通过实际训练提高专业技能。

（四）组织管理

1. 组织领导

培训工作由教育厅统一组织领导。教育厅负责下达计划，指导督查培训工作等；乐山市、阿坝州、甘孜州、凉山州教育局根据省教育厅每年下达的培训计划，负责组织辅导员分批分期参加培训；承担培训任务院校具体实施培训。

2. 人事管理

辅导员队伍管理实行省级定标准、市州强统筹、县区实落实的"三级"管理制度体系，教育行政主管部门审核下达聘用指标，对辅导员实行动态管理，落实用人单位的管理权限与规范流程。从辅导员准入标准、辅导员履职、专业发展要求和权益保障等方面，由省级设标全面覆盖，发挥政策指导力，切实领导全省辅导员队伍建设。以市州为单位，政府主导强化统筹力和规范管理，因地制宜科学规划当地辅导员队伍的名额落实、用人途径方式、业务培训等。

3. 经费保障

为确保队伍稳定，研制出台省、市州和县区实行三级经费分摊机制。省财政厅按照一个教学点平均配置2个辅导员标准，每月划拨2000元经费，其余"三险一金"等相关福利由市州和区县分摊。培训经费按每人每天200元标准，所需资金通过中央新疆、西藏等地区教育特殊补助专项资金和省级扶持民族地区教育专项资金统筹安排，不足部分通过深度贫困县人才振兴工程资金列支，尤其确保省财政划拨"一村一幼"劳务补助经费足额按时发放。参训学员往返途中所需费用由所在县（市、区）按当地教师出差相关规定报销。

4. 考核评价

明确"一村一幼"辅导员的聘用、辞退和管理办法，县区作为辅导员选聘使用和考核的基层主体，承担考核督导管理责任，对所有辅导员进行细化考核。对培训不合格者将不予以聘用，对工作不称职者予以解聘。

二、"一村一幼"的制度体系建设

为科学化、规范化、高效化、特色化地建设"一村一幼"，加快推进民族地区学前教育发展，确保村级学前教育全面覆盖，提升学前教育普惠水平，促进深度贫困县教育脱贫攻坚，从源头上阻断贫困代际传递，四川省各级党委政府、教育主管部门、科研院所、师范院校和社会团体通力合作，认真贯彻国家和省有关文件精神，以《幼儿园工作规程》和《幼儿园教育指导纲要》为指南，在充分调研、征求意见、会议研讨、专家论证的基础上，省、市（州）、县相继出台了一系列的制度和方案，拟主要指导解决以下问题。

（一）健全机制、确保责任进一步落实

为保证村级学前教育工作责任的全面落实，各市（州）、县应按省统一要求成立学前教育工作领导小组，建立政府主导，教育行政主管部门牵头，县级其他相关部门、乡（镇）政府和村、学校各司其职的领导管理机制，负责"一村一幼"幼教点的规划建设、师资聘用、设施设备、教育教学、安全卫生等工作。

（二）因地制宜，科学合理地布局村级幼儿园（点）

各县（市）要遵循实事求是、因地制宜的原则，深入基层开展实地调查，要根据人口、交通等实际情况，科学合理布局"一村一幼"，依托乡中心校，利用闲置村小改建、利用村级活动室以及新建等方式确定幼教（园点）建设布局。

（三）统筹预算，做好财力保障

各级政府应进一步加大本级财政投入，纳入财政专项预算，优先安排申

报学前三年行动计划、中央预算内投资项目、学前教育省级补助等专项资金，在"十年行动计划"资金安排上给予倾斜，并依据情况实行"奖补政策"。

（四）规范标准，做好辅导员聘用培训工作

1. 待遇

对符合聘用标准的辅导员，除按省财政制定的政策给予劳务报酬经费补助外，各县（市）要结合当地实际，合理确定学前教育辅导员劳务报酬标准，并按相关规定购买社会保险。

2. 培训

坚持"先培训后上岗、不培训不上岗"原则，对所有辅导员进行岗前保教专业知识和技能培训。县（市）要依法依规与辅导员签订聘用劳动合同，明确工作职责，建立考核制度，按规定落实相关社会保障政策，并严格按照《劳动合同法》的相关规定规范管理，在聘用期间统一参加企业职工基本养老保险和基本医疗保险。

（五）完善条件，确保村级幼儿园保教质量

1. 设施

各幼教点应当配备适合幼儿特点的桌椅、玩具架、盥洗卫生用具，以及必要的玩教具、图书和乐器等。有条件的还应当有与其规模相适应的户外活动场地和体育活动设施，保证儿童正常活动和生活的基本需求。

2. 教材

按照《幼儿园工作规程》《幼儿园教育指导纲要》精神，知识性、趣味性、实用性、民族性、操作性融为一体，结合实际在同一教学用书的情况下开发适合当地的地方教材。

（六）加强管理、确保村级幼儿园安全运行

建立健全村级幼儿点（园）保教安全管理制度、安全应急处置预案等各项管理制度，严防儿童伤害事件和食品卫生安全事故的发生。村级幼教点（园）要按照校园安全防范要求，落实各项安全管理制度和安全责任，建立完善人防、物防、技防相结合的安全防范体系，保证校园安全。

案例二：

四川省教育厅 2019 年度深度贫困县"一村一幼"
辅导员能力提升培训工作方案

为贯彻落实《中共四川省委办公厅、四川省人民政府办公厅关于实施深度贫困县人才振兴工程的意见》（川委厅〔2017〕66 号）及省领导关于 2019 年全面完成"一村一幼"辅导员全员培训的指示精神，切实做好 2019 年度辅导员能力提升培训工作，特制订本方案。

一、总体思路

为切实提高"一村一幼"幼教点保教保育和管理水平，让学前儿童"学好普通话、养成好习惯"，拟通过集中系统培训和跟岗学习等形式，帮助"一村一幼"辅导员熟练掌握运用标准普通话和保教专业技能，形成正确的教育观、儿童观和良好的师德。

二、目标任务

整合原规划 2019、2020 年两年的培训经费和培训力量，委托 19 所省内师范院校在 2019 年内对 45 个深度贫困县 9000 名"一村一幼"辅导员进行培训。

三、培训方式

培训拟采取集中系统培训与跟岗学习相结合的方式进行。其中，集中培训 20 天，跟岗学习 10 天。

四、培训高校

2019 年培训高校拟由 2018 年的 14 所增加到 19 所，在去年四川师范大学、西华师范大学、成都师范学院、成都大学、乐山师范学院、绵阳师范学院、内江师范学院、宜宾学院、西昌学院、四川民族学院、阿坝师范学院、四川幼专、川北幼专、川南幼专的基础上，增加西华大学、四川轻化工大学、四川职业技术学院、攀枝花学院、西昌民族幼专 5 所学校。

五、培训内容

普通话培训，幼儿园保教及常规管理培训，保教实践能力提升培训。

六、实施步骤

省教育厅5月上旬组织召开培训工作动员会，培训高校6月底前制订培训方案报省教育厅备案，7月中下旬开始培训，12月底前完成培训任务。

七、考评结业

对参训辅导员进行训前和训后两次普通话测试，培训结束时对所有参训辅导员进行考试考核。考试考核合格者，发放合格证书；不合格者，由辅导员自费培训，一年内考试考核仍不合格者不予聘用。

八、组织实施

（一）组织领导。培训工作由厅党组统一组织领导，阿坝、甘孜、凉山3州和乐山市教育行政部门负责组织辅导员参加培训，并督促解决辅导员参加培训的相关费用；承训高校负责培训和培训考核工作；厅民族教育处负责统筹协调，财务管理处负责经费保障，人事教师处负责省级人才振兴工程专项经费落实及培训指导，语委办和普通话测试中心负责普通话培训的指导和检测，基教处和教科院负责培训日常工作的监管及培训结果的考核评估。

（二）经费保障。培训经费按每人每天200元标准补助培训高校。所需经费拟统筹中央新疆西藏特殊补助资金、省级人才振兴工程专项经费、《行动计划》培训经费、省财政其他专项经费解决。参训辅导员往返途中所需费用，由所在县（市、区）按当地教师出差相关规定报销。

（三）严格考核。拟以教育厅名义对培训工作进行逐项考核，考核结果将作为对市（州）教育行政部门和高校年度绩效目标考核的重要依据，并作为高校教育对口帮扶的考核内容。对培训工作组织有序、效果良好的地方和学校，通报表扬并加分；反之则全省通报批评，并报告省脱贫领导小组。

案例三：

四川省"一村一幼"辅导员聘任、管理办法

四川省教育厅

根据《中共中央、国务院关于学前教育深化改革规范发展的若干意见》

和中共四川省委、四川省人民政府颁布的《四川省民族地区教育发展十年行动计划（2011—2020 年）》等文件精神，为贯彻落实省委省政府实施"一村一幼"计划要求，加强民族地区"一村一幼"建设，管好用好辅导员队伍，进一步办好民族地区学前教育，为民族地区基础教育奠定坚实基础，从根本上阻断民族地区贫困代际传递，结合我省民族地区"一村一幼"工作实际情况，制定本办法。

第一条　"一村一幼"辅导员是指在我省民族地区村级幼儿园或教学点中从事幼儿普通话教学、幼儿良好行为习惯教育和知识启蒙等幼教工作的特聘人员。

第二条　符合以下基本条件的人员，可以申请从事"一村一幼"辅导员工作：（一）具有中华人民共和国国籍；（二）遵守宪法和法律，热爱社会主义祖国，拥护党的各项方针、政策；（三）热爱教育事业，志愿服务民族地区学前教育，有强烈的事业心和责任感；（四）具有良好的思想品德，在校或待业、就业期间表现良好；（五）符合申请认定幼儿园教师资格的体检标准；（六）原则上应具有高中（中专）及以上学历；（七）取得二级乙等及以上普通话水平测试等级证书（申请到少数民族聚居乡镇任辅导员的可放宽到三级甲等及以上）；（八）年龄原则上为：18~45 周岁。

第三条　有下列情况之一者，不得申请从事"一村一幼"辅导员工作：（一）曾受过刑事处罚或曾被开除公职的；（二）有违纪违法行为正在接受审查的；（三）按照《事业单位公开招聘人员暂行规定》（原人事部 6 号令）的相关规定应当回避的；（四）在各级公务员（参公人员）招录考试和事业单位招聘考试中违规违纪，仍在禁考期内的；（五）国家法律法规规定不宜聘用的人员。

第四条　上述条件作为本省从事"一村一幼"辅导员工作的基本条件，各市（州）可根据本地区实际情况提高选拔条件。

第五条　"一村一幼"辅导员准入工作由各市（州）教育主管部门具体组织实施，并将相关资料报省教育厅备案。准入流程如下：（一）报名申请人携带身份证、学历证、普通话等级证书等相关证明材料到所在市（州）教育主管部门领取《"一村一幼"辅导员申请登记表》，填报后在规定的时间交给相关主管部门。（二）资格审查市州教育主管部门按照本办法第二条规定内容审查报名人员是否符合条件。资格审查不合格者，不能进入下一环节。（三）考试工作由各市（州）教育主管部门负责组织。考试可分笔试和面试，由各市（州）教育主管部门自行确定成绩占比。报考少数民族集居乡镇的，须同时考察当地少数民族语言的听、说能力。（四）体检考试合格后，须在二级甲等以上综合性医院进行体检。体检标准按照申请认定幼儿园教师资格人员体检标准执行。（五）岗前培训体检合格人员须参加岗前培训。培训合格后由市州教育主管部门颁发《"一村一幼"辅导员资格证》。岗前培训由市（州）教育行政部门组织。培训方式可灵活多样，培训时间由市（州）教育行政部门根据实际情况确定。未经岗前培训人员不得聘用。（六）签订合同"一村一幼"辅导员录用后，由乡镇中心校（或中心幼儿园）与被录用者依法签订劳动合同，劳动合同期限建议为1至3年。

第六条　取得大专及以上学历，持有教师资格证、普通话达到二级乙等及以上资格证人员经体检合格，可直接录用为"一村一幼"辅导员。

第七条　对已经在从事"一村一幼"辅导员工作的人员按以下办法管理：（一）已经达到本办法第二条规定内容的人员，经本人申请，可直接颁发《"一村一幼"辅导员资格证》；（二）没有达到高中（中专）及以上学历的人员，在3年内（截至2022年年底）进行学历提升，达到相应要求后，经本人申请，可直接颁发《"一村一幼"辅导员资格证》；（三）没有取得二级乙等及以上普通话水平测试等级证书的人员，在3年内（截至2022年年底）经培训取得相应普通话水平测试等级证书的，经本人申请，可直接颁发《"一村一幼"辅导员资格证》；（四）3年内（截至2022年年底）没有达到高中及以上学历或普通话水平测试等级证书的人员，本人愿意从事幼教工作，择优给予转岗安置。

第八条　"一村一幼"辅导员享有下列权利：（一）按照教师法，从事教育活动受到法律保护；（二）进行幼儿教育教学活动，开展教育教学改革和实验；（三）从事科学研究、学术交流，参加专业学术团体，在学术活动中充分发表意见；（四）指导幼儿的学习和发展，评定幼儿的品行和学业成绩；（五）按月获取工资报酬，享受规定的福利待遇以及寒暑假期的带薪休假；（六）对幼儿园的教育教学、管理工作和教育行政部门的工作提出意见和建议，通过教职工代表大会或者其他形式，参与幼儿园的民主管理；（七）参加进修或者其他方式的培训。

第九条 "一村一幼"辅导员应当履行下列义务：（一）遵守宪法、法律和职业道德，为人师表；（二）贯彻国家的教育方针，遵守规章制度，执行学校的教学计划，履行"一村一幼"辅导员职责，完成教育教学工作任务；（三）组织、带领幼儿开展有益的社会活动或者其他教育教学活动，对幼儿进行宪法所确定的基本原则的教育和爱国主义、民族团结的教育，法制教育以及思想品德、文化、科学技术教育。（四）关心、爱护全体幼儿，尊重幼儿人格，促进幼儿在品德、智力、体质等方面全面发展；（五）制止有害于幼儿的行为或者其他侵犯幼儿合法权益的行为，批评和抵制有害于幼儿健康成长的现象；（六）不断提高思想政治觉悟和教育教学业务水平。

第十条 "一村一幼"辅导员参加教师公招考试享受加分待遇，同等条件下优先录用，具体加分细则由市（州）确定；"一村一幼"辅导员参加公务员和事业单位公招考试，享受"三支一扶"人员加分待遇，具体执行办法由市（州）制定。

第十一条 本办法由四川省教育厅负责解释。

第十二条 本办法从公布之日起执行。有效期3年。

案例四：

2019年四川省"一村一幼"辅导员培训考核评价参考指标

四川省教育厅

（2019年7月）

为认真做好2019年"一村一幼"辅导员培训，确保真培训、真提高，特制定培训考核评价参考指标。

一、培训考核指标及总分

考核包括普通话水平、保教技能水平、培训现实表现三部分确定，总分100分。其中，普通话50分；保教技能30分；培训现实表现20分。

二、考核合格标准

考核综合总分达到85分、且普通话测试达到三级甲等及其以上者由省教育厅颁发合格证书。

三、考核方式

（一）普通话测试。培训结束前，由培训学校组织辅导员参加普通话机测，并依据成绩评定培训结果。

（二）保教技能。由培训学校依据学员完成培训课程，包括教学设计、方案设计、模拟授课、听课评课、案例分析、简笔画、儿歌、故事、绘本、幼儿操等方面的综合表现给予考评。

（三）现实表现。由培训学校依据"五项管理制度"和"六个不准"要求，制定相应考核细则对学员培训现实表现进行考核。请假天数超过七天的培训作废，不得颁发合格证书。

四、结果运用

考核综合总分未达到85分或普通话测试未达到三级甲等辅导员者，给予一年的宽限提高期，由本人学习提高达到要求。若一年后自费参加普通话测试和培训仍未达标者，不再聘用。

案例五：

凉山州"学前学会普通话"行动实施方案

（2018—2020年）

为深入贯彻党的十九大精神和习近平总书记关于脱贫攻坚重要讲话精神，落实国务院扶贫办综合司、教育部办公厅《关于开展"学前学会普通话"行动的通知》（国开办司发〔2018〕29号）的安排部署及工作要求，根据《凉山州学前学会普通话行动总体实施方案（2018—2020年）结合我州实际，制订本实施方案。

一、目标任务

3年左右的努力，分阶段在全州范围内实施"学前学会普通话"行动，实现具有正常学习能力的3~7岁学龄前儿童（不含已接受义务教育的儿童）在接受义务教育前能够使用国家通用语言进行沟通交流，形成国家通用语言思维习惯，达到幼儿听懂、会说敢说、会用普通话的目标，在全州初步形成使用国家通用语言的氛围，村级幼教点幼教辅导员和幼儿园教师培训体系逐步完善，保教质量稳步提升。

二、实施范围

第一阶段在11个深度贫困县的农村以及安宁河谷县（市）的民族乡（镇）"一村一幼"幼教点实施，重点聚焦农村不会普通话的幼儿。

第二阶段在全州17个县（市）范围内所有幼教点和幼儿园全面实施。技术支持保障项目由北京华言文化发展有限公司（简称"华言公司"）和北京三好互动教育科技有限公司（简称"三好公司"）负责。

三、实施步骤

按照"先行试点、总结优化、全面推广"的实施步骤，从2018年6月正式启动实施"学前学会普通话"行动。

（一）试点准备阶段（2018年6月1日至8月30日）

1. 组织进行幼儿普通话教学辅导用书编写，课程方案编制，教学模式设计，教具学具开发，同步在11个深度贫困县的一类幼教点中，每县选择3个具备实训条件的幼教点开展教学预试点，通过预试点形成符合凉山本土实际，具有在全州进行推广的幼儿普通话教学体系。

2. 制订幼教点辅导员的管理考核方案，和教学效果监测评估方案，并在预试点、幼教点进行测试，修改，完善。以县为单位开展对本县幼教点的集中培训。

3. 对各县预试点阶段的实施效果进行全面评估，根据预试点阶段的问题及时调整优化课程方案、教学内容、教学模式，完善幼教点辅导员管理考核方案与教学效果监测评估方案。

（二）试点实施阶段（从 2018 年 9 月 1 日起）

在对试点准备阶段进行教学效果评估并及时优化工作方案的基础上，从 2018 年 9 月 1 日起，在全州 11 个深度贫困县的农村以及安宁河谷县（市）民族乡（镇）的所有幼教点进行试点实施。

（三）过程总结阶段（从 2019 年 2 月起）

通过一学期试点，从 2019 年 2 月起，对试点实施工作进行总结，及时总结取得的成效和存在的不足，提出改进措施，完善工作机制，集中攻坚行动实施过程中存在的问题。

（四）试点评估阶段（从 2019 年 6 月起）

通过一年的试点，从 2019 年 6 月起，对试点实施工作进行评估，总结提炼模式，形成可推广、复制的具有凉山特色的"学前学会普通话"经验和模式。

（五）全面实施阶段（从 2019 年 9 月起）

从 2019 年 9 月起，将第一阶段试点实施中总结的"学前学会普通话"经验和模式，在全州范围内推广实施，进一步优化民族地区"学前学会普通话"的方案。

（六）常态化实施阶段（从 2020 年 9 月起）

全面实现所有幼教点幼儿园在"学前学会普通话"管理模式、课程方案、教学模式以及辅导员、幼儿教师教学能力、教学效果的监测评估与考核等，形成"学前学会普通话"行动长效工作机制。

四、重点工作

（一）强化基础工作

1. 精准锁定数据。以每年 8 月 31 日为年龄计算时间节点，准确统计全州 3~7 岁学龄前儿童（不含已接受义务教育的儿童）名单，建立州、县（市）、乡（镇）、村（社区）、园（点）适龄学前儿童数据库，摸清适龄儿童底数，每年 11 月进行一次数据动态更新。

2. 完善基础设施。以"一乡一园"为抓手，加快城镇及乡（镇）幼儿园建设，充分整合利用村级闲置房屋和设施资源推进村级幼教点标准化建设，加快完成幼儿园和幼教点的通电、通水、通网络工作，按照《凉山州学前教育村级幼教点基本设施设备参考目录》、幼儿园基本设施设备配备标准和技术保障单位要求的设施设备清单，配齐行动实施必需的教学设施设备。

3. 加强经费保障。积极争取国家、省的政策和资金支持，以县（市）为主统筹整合各类扶贫资金，加大经费投入，重点保障幼教点和幼儿园设施设备配置、辅导员和幼儿教师培训、教育教学活动开展等。将"学前学会普通话"行动列入广东省佛山市与凉山州建立的东西扶贫协作范围，争取佛山市从资金方面的重点支持。积极动员引导社会团体、爱心企业和公民个人从资金、项目上支持"学前学会普通话"行动的实施。

（二）强化师资培训

4. 做好岗前培训。岗前培训利用 2018 年暑假和秋季学期周末，由技术保障单位分别对其负责的范围以县（市）为单位开展辅导员集中培训或轮训，培训考核合格才能上岗，考核结果纳入绩效管理。

5. 贯穿过程培训。根据教学实际需要实时进行远程在线指导，利用周末节日开展针对性的分散培训或在线培训，开展远程教学指导和评估，有针对性地调整和完善教学方式和内容。

（三）强化宣传发动

6. 增强宣传实效。各县（市）要通过电视、广播、报刊、网络等各种媒体，采取展板、宣传片、宣传画、宣传手册、标语等多种媒介加强政策宣传力度，结合"四好村""四好家庭"创建活动，指导建立村规民约等方式，广泛宣传"学前学会普通话"行动的重要意义，提高行动知晓度和影响力。

（四）强化教学效果

7. 分层分类指导。根据办学规模和办学定位将幼教点和幼儿园分为三个类型：一类为办学规模大且具备实训条件的幼教点和幼儿园，二类幼教点为办学规模较大的幼教点和幼儿园，三类幼教点为办学规模较小的幼教点和幼儿园，实行分类要求分类指导。

8. 创新教学方式。采取快乐体验、游戏互动等教学方式，创造丰富的教育环境，建立激励机制，激发幼儿学习兴趣和主动性，帮助其快速学会普通话。

探索推广浸润式情景教学方法，在校园里营造普通话语言环境。

9. 做好效果比对。各县（市）要关注儿童在"学前学会普通话"行动过程中变化，分别选择不同类别的幼教点、幼儿园和不同年龄段参与"学前学会普通话"行动的儿童，比对没有参与"学前学会普通话"行动的儿童学习、发展，研究分析"学前学会普通话"行动的实施效果。

（五）强化规范管理

10. 健全管理制度。建立和健全州、县（市）、幼儿园（幼教点）相关制度，明确州县（市）学前学普办、乡（镇）、村两委、驻村工作队、幼儿教师、辅导员的职责和要求，做到有规可循、有章可依。

11. 明确管理责任。强化县（市）政府的主体责任和乡（镇）政府村两委的管理责任，明确相关部门的监管责任，落实县（市）教育部门、片区教办以及乡（镇）中心校（中心幼儿园）的业务指导监督责任，按照州教育局印发的《凉山学前教育村级幼儿教学点管理办法及规章制度》规范管理。

12. 加强资金监管。统筹利用村级幼教点、各类幼儿园的现有办学资源，在保障"学前学会普通话"行动基本实施条件基础上，不铺大摊子，不搞大而全。加强资金监管，强化资金投入使用情况、工作开展情况等公开公示，做到阳光透明。

（六）强化督查考核

13. 做好工作考核。制定具有科学性、操作性、实用性的辅导员和幼儿教师的教学管理考核制度和教学效果评估制度，加强幼教点、幼儿园和辅导员、幼儿教师的管理、督查和考核，促进管理行为和教学行为的规范。

14. 实施工作督导。制订年度工作计划，实行目标责任制和责任追究制，将工作目标和工作任务层层分解到各级各部门。

15. 建立四项工作机制。按照"国家支持、省监督指导、州统筹实施"的要求，建立健全沟通工作机制、督查工作机制、评估工作机制、考核工作机制。

通过上述一系列的文件和方案，为"一村一幼"，确定了目标，指明了方向，细化了标准，明确了任务，确定了时间表，有力地推动了"一村一幼"计划的落实，收到了很好的效果。

第三节　大面积短时间高效率的全员轮训机制与实践

　　"一村一幼"辅导员培训，涵盖四川 3 个自治州、4 个自治县，16 个民族待遇县，辐射面积 34.3 万平方公里，涉及少数民族人口 540 万。四川省有关党政部门、师范院校及科研院所，打破"经济扶贫"的思维定式，扩展教育扶贫的视角，基于对民族地区儿童失学原因的准确把握，着眼于从源头上打破贫困积累循环效应，确立"民族地区教育扶贫是经济扶贫的基础，教育扶贫是阻断民族地区贫困代际传递的首要措施"的价值理念，创造性地筹划"一村一幼"计划，将民族地区学前教育师资培训作为教育扶贫的关键环节。通过强有力的课程实施和科学的统筹管理，大面积、短时间、高效率、高质量地完成了培训目标。不仅解决了民族地区学前教育师资奇缺的问题，而且为民族地区培训了一支较为稳定的学前教育保教人员队伍，还使民族地区 20 余万学龄前儿童接受到较有质量的学前教育。为边远地区少数民族学生提供了相对平等的受教育机会和条件，从而为实现教育公平，最终达成教育起点公平、过程公平和结果公平提供基本的保障条件，使"一村一幼"计划成为教育扶贫最有成效、最有影响的民生工程之一。

一、三位一体，全域统筹是基础

（一）多级协同，合力推进

　　"一村一幼"计划的实施是一个系统工程，牵涉面广，涉及部门多。该工程在实施过程中实行省、市、县三级管理。省教育厅、承训院校、送培地方、业务处室等形成多方协同合作、职责明确的培训具体管理和实施体系，各司其职，依据方案耕好自己的"责任田"，协同共进，"三位一体"合力推进培训项目高质量实施。省教育厅统筹组织，从经费保障、培训专业指导、普通话检测、培训工作监督和培训结果评估等方面进行周密安排，确保工作有序推进；承训高等学校实行"一把手"责任制，成立培训临时党小组，将辅导员培训提升到民族振兴、脱贫攻坚的历史站位和政治高度，由党委统筹领导，分管校长协同各部门精心组织，周密安排，集全校之力做好培训工作，做到了培训设计合理、管理规范、制度健全、经费及人员保障得力；送培市州、区县教育行政，履行地方职责，组织辅导员参训并督促解决辅导员参加培训的相关费用，选派专业干部全程跟进管理。各县均派出两名教育行政人员全程随训，与学员同吃同住同训，每日查寝，确保参训学员按时参与培训；相关业务部门在省教育行政领导下，加强督查，及时总结，有力促进培训递进提效。

（二）行政推动，强化指导

省委、省政府站位高远，高度重视"一村一幼"辅导员能力提升培训工作，将此项工作作为实施深度贫困县人才振兴工程的重要内容，作为精准、分类、合力推进脱贫攻坚的重要举措，作为民族地区学前教育健康发展的奠基工程，实施整体联动的推动策略，培训工作获得有力保障。培训得到省委省政府领导、省教育厅领导的高度关注和直接指导。行政强化指导，统筹安排部署。省人才办、省教育厅出台文件，行政推动培训项目顺利实施。2017 年，省委省政府办公厅出台《关于实施深度贫困县人才振兴工程的意见》（川委厅〔2017〕66 号），将"教育人才"作为深贫县人才队伍建设举措之首，并将实施"一村一幼"辅导员培训提能纳入乡土人才素质提升首要内容，明确规定到 2020 年省内师范院校对深贫县所有村级辅导员轮训一遍。随即省人才工作领导小组办公室、教育厅研制印发《深度贫困县"一村一幼"辅导员能力提升培训实施方案》（川人才办〔2018〕33 号），系统规划设计"一村一幼"辅导员三年培训行动方案。2019 年省教育厅再下发《2019 年度深度贫困县"一村一幼"辅导员能力提升培训工作方案》，副厅长张澜涛亲自召开系列专项工作会，切实加强对该项工作的安排部署。

二、精设课程，科学培训是重心

培训工作聚焦普通话教学和保育保教技能两个主要内容。课程涵盖民族教育发展政策、幼儿教育理论、普通话发音技巧、幼儿故事诵读、幼儿教学口语、幼儿游戏设计、幼儿游戏活动实践、幼儿活动创编、幼儿教师基本功实训、幼儿一日常规十大课程模块，形成"2+10"科学课程模块、"6+7"培训方式、"五三"培训模式。

（一）丰富多样的培训课程

"一村一幼"辅导员培训，开发了丰富多样的培训课程，我们将其概括为"2+10"科学课程模块。各培训高校结合培训实际，编制一批幼儿教师培训课程与教材，为学员课后巩固，延伸学习及今后工作提供了宝贵实用手册。如四川师范大学聘请彝族、藏族教师和对彝族、藏族文化了解的专家进行教学，形成文化认同氛围，编印《幼儿园活动一日保教常规操作手册》《故事与儿歌》《游戏汇编手册》《普通话训练》等实用性极强的资料。宜宾学院编印针对辅导员实际情况编制了《普通话培训教材》《五大领域活动设计教材》等。在培训中创生"理论课与实践课、文化课与技能课、大课与小课"相融相促的课程组织形式，根据课程属性交错安排，以增强课程实施的科学性。在前期摸底基础上，满足学员诉求，既有师德修养，保教保育专业知识和技能的重点领域，更提升实训课程占比，让学员投入进去动起来。许多辅导员的文化基础薄弱，动手操作实践能力也不强，培训实施既补文化也抓技能，提升辅导员综合素养。有高校注重对学员幼教技能指导，重点在幼儿歌曲简易伴奏编奏编配、幼儿舞蹈创编、幼儿体操、幼儿手工、简笔画、幼儿国学、幼儿礼仪、区角游戏设置等实用性课程上进行分组指导。如四川民族学院强化了普通话、舞蹈、手工、绘画、弹唱等实训项目。

（二）灵活实用的培训方式

各承训高校采用"6+7"培训方式，基本程序是按"需求诊断——分层设班——对症施训——党团领导——'三同'管理——分类考核"六个环节，实施"专家讲授、跟岗学习、技能训练、问题研讨、经验分享、研学访学、试讲试教"七种培训方式，针对性提升辅导员培训实效。

第一，需求诊断。80%的承训高校组织专业人员深入"一村一幼"教学点实地调研，与送培市州县及时沟通，通过问卷调查、座谈会等形式了解学员基本情况，了解各地对培训内容形式的需求，精准把脉辅导员培训需求，按照"因人施策、分类指导、弱什么补什么"的原则，做好做实培训方案。如川北幼儿师范高等学校成立由分管副校长带队的筹备组，专程赴都江堰与阿坝州教育局及4个参培县进行调研和商讨，共同制订了培训方案。

第二，分层设班。根据不同层次学员培训需求设定班级，拟定目标，分班教学。有承训高校根据学员普通话未入级单独设班，有承训高校根据是否有幼师教育背景分类设班，有承训高校根据学员学历结构分层设班。

第三，对症施训。为突出培训的实效性，坚持"因材施教，因地制宜"的原则，分层设置培训内容，合理搭配授课专家，理实结合，学用一体，重点突出普通话和保教保育教学，为学员们量身定制适切的培训课程。

第四，党团领导。许多承训高校在培训过程中，创新管理办法，积极开展党建活动，成立了临时党支部，定期开展支部活动，充分发挥党组织的力量和党员的模范带头作用，以党建促培训，起到了凝聚学员的作用。

第五，"三同"管理。送培各县派出两名教育行政人员全程随训，与学员同吃同住同训，每日查寝，确保了参训学员按时参与培训。承训高校均由党委领导，各部门协同，建立健全各项培训管理制度，设置"双班主任"或者"三班主任"制，运行早晚自习，学员自主研修机制，进行普通话一对一（或一对多）"小导师"制，精心安排跟岗学校，确保"一村一幼"辅导员培训精准高效。

第六，分类考核。设置"3+2"考核标准等措施进行辅导员培训。"3+2"考核标准即"普通话水平、保教保育技能、培训现实表现"三大指标，"综合考核成绩85分+普通话三甲等及以上合格"两项内容。采取过程与结果、理论与实践、定性与定量、自评与他评等相结合的方式，进行多形式、多绩点考核，培训参照标准提能，学员参照标准过关，确保辅导员达到底线要求。而且特别强调学员的案例提交、教玩具制作、文艺汇演等实操性考核。仅2019年的19所承训高校共计呈现学员自制幼儿玩教具近1000件，文艺汇演30余场，学员案例上100个。同时，对学员过程性学习的考勤和查寝制度也落实严格，2018 年参训率绝大多数达到 95%，2019 年度辅导员全勤率高达 94.2%。

（三）创生培训模式

根据学员实情，创生"五三"培训模式，进行"分层编班、分层定制、分层设标"的"三分"分层组织形式；采取"导师制、结对制、补考制"的"三制"教学组织形式；通过"普通话实训为重、幼儿故事＋游戏＋音乐等创编为重、组织幼儿游戏实战为重"的"三重"实操组织形式；按照"理论课与实践课、文化课与技能课、大课与小课相融"的"三融"课程组织；实施"体验式跟岗、深度跟岗、代岗顶岗"的"三式"跟岗组织形式。

1. 三分三制模式

针对参训学员在学历层次、普通话水平方面存在较大差异问题，各院校在制订培训方案和组织实施过程中基本都采取了分层分类培训策略。首先，"分层编班、分层定制、分层设标"，进行专业指导。通过对学员进行训前测试，按照测试等级进行分层编班，按不同层次的班级量身定制课程，邀请国家或省级普通话测试员及播音与主持系教师进行授课，根据学员学习实情设标，阶段性提高递进推进。其次，实施"导师制、结对制、补考制"，精准辅导。将学员分层分类分组之后，针对性配置"教员导师"或"小导师"，进行全天候跟踪对话训练，纠错指导。如四川幼儿专科学校在学前教育专业中为每个班优选 8 人一组的"小导师"团队，与学员共同进行晨训、晚练"三字一话""三声一影"等教学技能。以优带差形成学员结对，定向帮扶共学共进。对于基础特别薄弱，提升较缓，在普通话检测中未达标对学员给予补考机会，分析重难点加以针对性指导，经反复学习巩固后给予补考机会，不放弃每位学员。最后，营造普通话环境，贯穿学习全程。将普通话训练贯穿学习全过程，如早上组织学员进行发音练习，组织学员普通话经典诵读，晚自习进行普通话专项训练，一周进行一次学员普通话演讲赛等。以内江师院为代表的很多高校开放学院"普通话智能评测与学习系统""普通话在线学习训练"，利用空闲时间组织学员进行线上线下学习、针对性训练，将普通话贯穿学习全过程。

2. 三融三重模式

在培训中创生"理论课与实践课、文化课与技能课、大课与小课"相融相促的课程组织形式，根据课程属性交错安排，以增强课程实施的科学性。

第一，重实训，加强技能指导。以健康、科学、艺术等五大领域课程为主，辅以通识性课程、政策性课程及教育教学技术课程，开设多门课程，实训类课程占比较大，综合应用理论讲解、互动讨论、案例示范、活动体验等形式，营造合作化、活动化、参与式的学习氛围，重视学员动手能力和操作能力的培养，促进"知、情、意、行"统一。第二，重创新，强化活动教学。一些高校有效利用本土课程资源开展研学旅行，弘扬红色文化。如四川幼专、川南幼专等成立临时党支部，带领学员到江油纪念区、长江纪念馆、张大千博物馆等爱国主义基地开展现场教学，感悟革命先烈的光辉足迹，领悟红色文化和科学精神。坚定理想信念，增强专业自信。同时，每所高校都组织学员进行文艺汇演，以演促训，以演提技。第三，重实战，开发课程资源。很多高校还根据学员实情设置大小课程。如宜宾学院将 300 余名学员按文化课和技能课分班，文化课分为 3 个大班，营造浓厚学习氛围，技能课分为 9 个班，小班上课兼顾全员。

3. 跟岗三式

第一，体验式跟岗。学员以教师及保育员身份进入跟岗幼儿园，全程、全天参观幼儿园教学及管理活动，在真实的教学现场，细致观察学习跟岗幼儿园教学、管理状况，把听、看、问、议、思结合起来，深刻感受学习参观幼儿园的办园的理念、制度、方法等。跟岗幼儿园类型多样，旨在扩展学员的视野，增加学员的见识。第二，深度跟岗。一些高校将辅导员分组分类安排在一个幼儿园跟岗 10 天，全程介入幼儿园保教保育工作、五大领域课程教学、一日生活常规活动，全面体验幼儿园专业活动，实现深度跟岗。第三，代岗顶岗。深度参与试讲试教与值班活动，跟岗实习后期，学员们积极参与试讲试教和半日值班活动。无论晨检、晨间活动、户外游戏、接送幼儿，半日值班、试讲试教，都注重提升辅导员的教育保育能力。

三、把握节点，提升效率是关键

"一村一幼"计划自 2015 年实施以来，短短 5 年时间里，解决了四川西部山区民族区域由于高山深谷分隔、居住分散、交通不便、经济落后和认识局限，所造成的民族地区学龄前儿童"入园难""入园远""听不懂普通话"、学前教育师资奇缺、力量薄弱，保教质量不高等问题。自 2015 年至 2020 年，凉山彝族自治州、阿坝州、甘孜州、乐山市及相关县（市区）出台 20 余个文件推进"一村一幼"教育扶贫工程。2015 年，四川省委办公厅、四川省人民政府办公厅发布《关于支持大小凉山彝区深入推进扶贫攻坚加快建设全面小康社会进程的意见》，提出了支持学前教育发展，大力开展学前（本民族语言及普通话）教育的意见。相关党政部门及机构，根据文件精神，严格把握时间节点，科学有序地推进这个工程，提升了该工程实施效率。

2015 年秋，四川省委省政府在大小凉山彝区 13 个县启动实施"一村一幼"计划，2016 年扩展到大小凉山彝区 2586 个行政村。2017 年扩展到藏区、羌区、彝区及马边、峨边、金口河、北川 52 个县（市、区）。

2017 年，省委省政府办公厅出台《关于实施深度贫困县人才振兴工程的意见》，将"教育人才"培养作为深贫县人才队伍建设举措之首，并将实施"一村一幼"辅导员培训提能纳入乡土人才素质提升首要内容，明确规定到 2020 年省内师范院校对深贫县所有村级辅导员轮训一遍。

2018 年 3 月，四川省人才工作领导小组办公室、教育厅研制印发《深度贫困县"一村一幼"辅导员能力提升培训实施方案》系统规划设计"一村一幼"辅导员 3 年培训行动方案。该方案规划：2018 年至 2020 年，委托省内高校对 45 个深度贫困县"一村一幼"幼教点现有在职辅导员分期分批进行全员轮训。其中，2018 年培训 5000 人，2019 年培训 4000 人，2020 年培训 2100 人。

2018 年 52 个县（市、区）开办"一村一幼"幼教点 4706 个，招聘 16577 名辅导员，为 20.9 万儿童提供学习普通话的机会。

2018 年 8—9 月，四川省教育厅抽调处室、培训项目办、省教科院等人员，组建 10 个督查组，先后深入四川师范大学、西华师范大学、成都师范学院等 11 所高校开展督查工作，全面督查培训课程设置、专家授课情况、学员参训体验等方面的情况，加强培训过程管理。

2018 年 9 月 29 日，四川省教育厅在四川师范大学召开"一村一幼"辅导员能力提升培训工作总结会，总结培训工作取得的成效和存在的问题，对来年的培训工作做出部署。

2019 年 3 月，四川省教育厅发布《2019 年度深度贫困县"一村一幼"辅导员能力提升培训工作方案》，提出整合原规划 2019、2020 两年的培训经费和培训力量，委托 19 所省内师范院校在 2019 年内对 45 个深度贫困县 9000 名"一村一幼"辅导员进行培训。相关业务部门在省教育行政领导下，加强督查，及时总结，有力促进培训递进提效。为提高培训质量和效益，2018 年和 2019 年省教育厅都抽调处室、培训项目办、省教科院等人员，组建数个督查组，深入承训高校开展督查工作，全面督查培训课程设置、专家授课情况、学员参训体验等方面的情况，加强过程管理。2018 年第一年度培训结束后，还在四川师范大学召开全省的专题总结会，总结工作成效和存在问题，对以后培训工作进行了专业研讨和安排部署。2019 年 7—9 月，四川省教育厅委托四川省教育科学研究院组织调研专家组 34 名，分为 9 个小组，分别对四川师范大学等 19 所承训高校，通过"一查、二听、三看、四问、五剖析"的工作流程开展调研评估工作。

关于"一村一幼"教育扶贫工程经费，自 2015—2020 年，省市县财政共安排 31 亿元，全额保障"一村一幼"运转，完成 1.7 万余名辅导员能力提升培训，支付辅导员劳务报酬，发放了生活补助和绩效奖励，按不同标准落实辅导员"五险一金"，免除所有幼儿保教费，免费提供幼儿午餐。与此同时，省市县财政投入使一村一幼教学环境得到改善，不少教学点配足了学位床位，配套设施设备，通电、通水、通网，营造了良好的学习环境。

"一村一幼"辅导员培训紧紧围绕"说好普通话、练好保教技能"两大主题开展普通话训练、幼儿园保教及常规管理、保教实践能力提升等课程，在高校集中培训 20 天和到幼儿园跟岗 10 天，让辅导员的整体素质得到了有效提升。

四、培育队伍，提升素质是手段

"一村一幼"教育扶贫工程，培育了一支相对稳定的辅导员队伍，整体提升了民族地区辅导员队伍素质，提高了民族地区幼教资源利用率，3 年毛入园率由 2014 年的 55.55% 提高到 2020 年年底的 86%。其中，凉山州、阿坝州和甘孜州学前 3 年毛入园率较 2014 年分别提高近 30 个、近 10 个和 11 个百分点。

（一）学员对培训满意度高

高校和送培区县密切配合，精细施训，科学管理，关怀学习生活，注重培训细节。2018 年学员对培训整体满意度为 93.1%，2019 年为 92.67%。其中对专家的满意度，2018 年为 94.4%，2019 年为 93.69%；对课程内容的满意度，2018 年为 92.1%，2019 年为 92.85%；对培训形式满意度，2018 年为 91.8%，2019 年为 92.4%；对组织服务的满意度，2018 年为 91.8%，2019 年为 91.9%。平均 97.36% 的学员认为，参加的培训对自己今后的工作十分有用。

（二）辅导员普通话提升水平较大

2018 年，四川省普通话测试中心的测试数据显示，普通话等级在二级乙等以上的人数达到了 2785 人，占总人数的 68%，三级甲等以上达到了 96%，普通话极低水平人数大幅降低，仅占总人数的 4%。与培训前水平相比，二级甲等人数由 289 人上升到 522 人，二级乙等人数由 2139 人上升到 2263 人；三级甲等人数由 315 人下降为 182 人，不入级人数由 172 人下降到 34 人。2019 年各等次人员普通话水平均有所上升，培训前测试，有 6081 人达到三级甲等，合格率为 82.68%。培训后测试，有 7051 人达到三级甲等，普通话合格率 94.25%，提升 11.57%；二级甲等由 377 名提升到 911 名，上升 141.64%；二级乙等由 3078 名上升到 3858 名，提高 25.18%。另外，还有 78 名学员达到一级乙等水平，38 名学员达到一级甲等水平。在随机交流的 500 余名学员中，都能用普通话进行流畅交流，使用普通话已成为学员的自觉行为。"一村一幼"辅导员普通话培训成效显著。

（三）辅导员学前教育专业技能得到很大提升

对于 2018 年的培训问卷中，97% 的学员们认为，通过集中培训，掌握了很多实用的游戏设计、音乐编排、教具制作、礼貌用语、教室布置、卫生习惯、普通话等教学知识和技能，基本具备了科学保教的能力。98%的学员认识到自身工作的价值和意义，幼儿教育思想、教育理念和教学实操技能都有了较大程度进步。大多数学员能编排比较合理的早操，融合了简单的律动、队列队形变化和轻器械操。2019年的培训问卷调查显示：学员动手制作教玩具近1000件，进行舞蹈创编、游戏设计、简单儿歌编曲等57项，各承训高校组织学员进行文艺汇演共计30场。在具体的实践活动中，85%以上的幼儿教师能编排简单的幼儿体操、实用游戏和律动操，98.5%的学员掌握了系列实用的环境创设、卫生习惯、礼貌用语、幼儿歌曲等教学知识与技能，具备基本的科学保教能力。

五、教育扶贫，民族复兴是目标

"一村一幼"计划是四川省创新实施的重大教育扶贫工程，是四川从大小凉山彝区实际出发，延伸至全省少数民族地区的精准扶贫、精准脱贫的创新之举，是攻克阻碍中华民族复兴的坚固堡垒的攻坚战，是推动中华民族全面复兴的长远之计，短时期取得了预期的成果。

（一）学前教育推普成效显著

"一村一幼"教育扶贫工程，已帮助彝区藏区幼儿在"学好普通话、养成好习惯"方面取得了显著成效，"推普"活动开展，提高了国家通用语言在民族地区大力普及程度，实现了学龄前儿童"听懂、会说、敢说、会用"普通话的目标，让幼儿在语言学习关键期过好普通话关，为基础教育夯实了基础。2020年11月，凉山州开展全州小学一、二年级学生的三级测评工作，一年级全员普测合格率为95.48%，其中参加过"学前学普"的合格率为96.49%，未参加过"学前学普"合格率为64.3%；二年级全员普测合格率为95.46%，其中参加过"学前学普"的合格率为97.43%，未参加过"学前学普"的合格率为78.78%。

（二）培养了民族地区幼儿良好的生活卫生习惯

"一村一幼"教育扶贫工程不仅使许多孩子养成了洗脸、洗手、洗脚的卫生习惯，而且奠定了少数民族孩子学习双语的基础，培养了他们礼貌待人，热爱学习的文明行为。这为少数民族地区孩子继续学习，不断成长成才、走出大山、走向世界，插上了腾飞的翅膀，有利于从源头上打破贫困"积累循环效应"，根除贫困代际传递。"一村一幼"教育扶贫工程助推了民族地区学前教育跨越式发展，增进了民族理解，夯实了中华民族团结根基。

（三）"一村一幼"成果迅速扩大

"一村一幼"计划自 2015 年开始，为大力推进民族农村学前教育发展，补齐学前教育短板，为民族地区孩子"过好语言关、养成好习惯"创造了条件，在全国少数民族农村地区开创了推进学前教育的示范。新华网、《中国教育报》等国内多家媒体予以报道，引起较大的社会反响。2018 年 1 月，获得教育部主办，中国教育报刊社、中国教育新闻网承办，十多家新闻单位参与的"全国教育改革创新奖"评选活动，授予该项目"第五届全国教育改革创新特别奖"。其实施范围和影响力正在不断扩大，部分省份开始研究试点推进。

2017 年年初，云南省开始了"一村一幼"建设试点，前期将学前 3 年毛入园率最低的 6 个州市列为试点，凤庆、绥江等 6 个试点县的毛入园率均有较大提升。目前，云南、贵州、青海等多省市在借鉴实施推进"一村一幼"计划。

中共四川省委宣传部长甘霖 2018 年 12 月 19 日在《教育厅关于 2018 年度深度贫困地区"一村一幼"辅导员培训工作，开展情况的报告》上批示："这件事抓得好。幼教培训极其重要，三岁看大，七岁看老，加强幼教培训，不仅要根据脱贫攻坚的需要，还应着眼常态化机制化建设。"四川省副省长史哈在《四川省教育厅关于 2018 年度，深度贫困地区"一村一幼"辅导员培训工作开展情况的报告》中批示："此项工作很有实际意义，教育厅抓得及时，已有初步成效，望不断取得成效。"四川省副省长杨兴平、政府总督学傅明、民教处处长谢凤山等同志在视察调研的基础上给予充分肯定，认为这是四川省幼儿教师培训的典范。

（四）创新价值值得借鉴推广

"一村一幼"工程的创新价值主要体现在：

第一，教育政策创新。

在民族地区扶贫的背景下，根据民族地区少年儿童因贫困学困失学辍学的现实问题，制定和实施民族地区"一村一幼"辅导员全员轮训计划，以民族地区学前教育师资队伍建设为抓手，形成党政、科研机构、高等院校、优质幼儿园协同培训的合力，推动该计划的高效实施。

第二，教育实践创新。

通过强有力的课程实施和科学的统筹管理，大面积、高效率、高质量地完成了培训目标。不仅解决了民族地区学前教育师资奇缺的问题，而且为民族地区培训了一支较为稳定的学前教育保教人员队伍，还使民族地区20余万学龄前儿童受到较有质量的学前教育。

第三，解决问题的思想方法创新。

跳出"经济扶贫"的思维定式，扩展教育扶贫的视角，基于对民族地区儿童失学原因的准确把握，着眼于从源头上打破贫困积累循环效应，将民族地区学前教育师资培训作为教育扶贫的关键环节。

第四，解决问题的体制机制创新。

通过建立三级管理制度，寻求政策支持，健全辅导员遴选、管理、经费保障等方面制度体系，确保辅导员队伍持续稳定，促进了学前教育跨越式发展，为民族地区基础教育奠定了坚实基础。

通过学前教育推广普通话和养成好习惯，增强了"中华民族同宗同源，同为一家"的民族共识；通过"小手牵大手，孩子影响家庭"等举措，促进了民族地区的移风易俗。

六、反思与建议

"一村一幼"计划是特殊情况下缓解深度贫困县幼儿上学难的一个过渡措施，虽然目前取得了显著成效，但由于各市州缺乏相对统一的标准和规范的准入程序，导致"一村一幼"辅导员学历层次、师德修养、知识水平、保教保育技能差异较大，辅导员队伍良莠不齐，部分学员把"一村一幼"辅导员工作作为更换更好工作的"跳板"，流动性较大。要真正普及民族地区学前教育，提高学前教育质量，必须从源头上解决问题。因此，针对民族地区一村一幼辅导员队伍存在的问题，我们提出以下改进策略与措施：

第一，加大辅导员学历提升学习和考取幼师资格证的培训力度。在省级统筹普及性培训一遍的基础上，遴选一部分学历达标、有教师资格证的辅导员纳入"国培计划"，一部分辅导员纳入市州或区县组织的幼师培训项目，通过"辅导员准入机制"淘汰一批不符合要求的，补充遴选一批有意愿长期从教且符合要求的新人。

第二，师范院校针对辅导员开设大专学历提升专项班、幼师资格证考试辅导班，不断提升辅导员学历，鼓励考取教师资格证，促使辅导员获得教师身份，以此稳定辅导员队伍，使他们乐意扎根"一村一幼"教学点，肩负起民族地区幼教事业振兴使命。

第三，各区县建立健全"一村一幼"辅导员培训及工作奖惩机制。对"一村一幼"辅导员和教学点教学考核，与其实际教育教学业绩挂钩。建立健全科学管理"一村一幼"辅导员和教学点的机制，让真正踏实肯干、乐于奉献的"一村一幼"工作的辅导员和出色的教学点得到应有的表彰奖励。

第四，建立科学的遴选机制。各区县要综合考量区域经济发展水平、地区民俗文化特点、学前教育发展和师资建设现实等情况，进行合宜的区域性辅导员准入条件，在省控线基础上建立较为系统和完善的辅导员准入机制。

第五，落实政策，完善待遇保障机制，为训后合格的辅导员回到辅导员岗位创造条件，努力提高上岗率，积极筹措资金，确保辅导员基本工资及相应保障按月足额发放，多渠道筹集发放辅导员奖励性津贴，激发辅导员工作激情和专业发展动力，提高队伍的稳定性。

第六，培育本土优秀"种子"教师。基于不同区域的教学点、辅导员差异较大，为确保培训接地气更适用，建议下一步重点遴选深度贫困县城、乡镇中心幼儿园教师或持有幼儿教师资格证的辅导员，针对本土地域文化、幼儿特点、幼儿五大领域课程、混龄游戏、一日生活常规等专项培训，并将这批教师作为培育指导"一村一幼"教学点辅导员的优秀"种子"教师进行培训，为民族地区学前教育培养重要的本土专家型人才，以推动民族地区的学前教育科学发展、持续发展。

第五章　教师成长

——四川乡村教师的成长故事

　　教师专业发展是无限的，是一个毕生学习、奋斗的过程。"一朝受教、终身受用"的时代已不复存在。1988 年，卡内基基金会改进教学委员会对 22000 名教师进行调查，40% 的教师认为职前教育不能满足日后教育教学的需求，39% 的老师认为职后研修对提高和改进教学工作有很大的好处。联合国教科文组织在《教育——财富蕴藏其中》里提出"职后培训在决定教学质量上的作用如果不是更大，那至少和启蒙教育媲美"。近年来，国家、教育行政部门、学校及教师都清晰认识到专业发展的途径很多，但是最主要的途径明确指向教师职后培训。

　　教师专业化是现代教育发展的要求和必然趋势，是现代教育与传统教育的重要区别。教师专业化发展已成为国际教师教育改革的趋势，受到许多国家的重视，也是我国教师教育改革的一个重要取向。其内涵包括专业知能、专业道德、专业自主和专业组织等方面。教师专业化是教师个体专业不断发展的过程，本质上是个体成长的历程，是教师不断接受新知识和增长专业能力的过程。

　　2001 年，国家在《国务院关于基础教育改革与发展的决定》中提出了"完善以现有师范院校为主体、其他高校共同参与、培养培训相衔接的开放的教师教育体系"。首次把培养培训一体化作为师范教育改革的重要举措，这使我们深刻地认识到：师范院校不仅要对在校学生负责，还要对教师的终身发展负责。不仅要搞好职前教育，为社会输送合格的教师，还必须加强职后培训，为教师专业持续发展提供有力保障。2010 年，党中央、国务院印发了《国家中长期教育改革和发展规划纲要（2010—2020 年）》："重视和支持民族教育事业""全面提高少数民族和民族地区教育发展水平"。2015 年，国务院《乡村教师支持计划》要求国培计划"全面提升老少边穷岛乡村教师素质"。2018 年《中共中央国务院关于乡村振兴战略的意见》明确提出"阻止贫困代际传递"。

中共四川省委办公厅、四川省人民政府办公厅《关于实施深度贫困县人才振兴工程的意见》（川委厅〔2017〕66 号）启动我省深度贫困县人才振兴工程，突出加强人才引进、培养、使用和激励，力争打造一支规模宏大、留得住、能战斗、带不走的人才队伍，确保深度贫困县与全国全省同步建成小康社会。《意见》高度重视人才在职培训工程，主要聚焦专业人才全员培训、在职人员学历提升和乡土人才素质提升。在专业人才全员培训方面，到 2020 年实现深度贫困县专业人才全覆盖轮训；对参加成人教育、网络远程教育等方式取得相应证书的人员，由所在单位报销学费；在乡土人才素质提升方面，我省将重点实施"一村一幼""一村一医""一乡一全科""一村一名农技员""一户一名技术能手"。

四川省教育厅高度重视乡村教师养训一体化，依托国家和省相关政策，结合"国培计划"和省级教师培训项目，统筹、规划、实施一系列教师成长专项计划，促进教师专业化。

第一节　三年行动计划学员成长案例

为切实改善深度贫困县中小学校教师教学观念亟待更新、教学方法亟待改进、教学水平亟待提升的现状，四川省从 2018 年起至 2020 年，根据深度贫困县实际，通过"三方协同、四级管理、五级培训"的工作思路和方式，量身打造、按需施训，为深度贫困县建立一支本土骨干教师队伍、搭建共学共研学习平台，整体提升教师能力素质。切实加大"国培计划"和省级教师培训项目对深度贫困县的倾斜力度，省级重点培训 3.8 万人次，其余人员由市（州）、县（区、市）负责培训，到 2020 年实现中小学（含幼儿园）教师全员培训。按照国家对教师继续教育的要求，统筹"国培计划"和省级教师培训项目，省级重点采取培训团队研修、送教下乡培训、教师工作坊研修等线上线下多种混合式培训方式，对深度贫困县中小学教师开展素质能力提升培训。

历经三年专项计划，在省教育厅、省项目办的统筹领导下，承训高校（四川师范大学、西华师范大学、成都师范学院、绵阳师范学院）圆满完成任务，促进了数万老师的专业成长。参训老师学以致用，不断丰富沉淀，充分利用培训平台，整合校内外优质资源，使经验从封闭孤立走向开放共享，站在前辈的肩膀上坚实迈步。不断实践探索，充分利用项目驱动和导师引领，立足学习行为诊断，优化课堂教学行为，使问题从单一表层走向多元内在，紧扣时代孕育风格与精彩。教师专业成长，是一个终身学习的过程，是一个不断探索发现问题，更新解决问题的过程，是一个教师的职业理想、职业道德、职业素质、职业情感不断成熟和创新的过程，需要自身积极主动地学习和努力，更需要创设良好的外部环境。现呈 5 个专业成长案例，供学习参考借鉴。

案例 1：

"国培计划"个人成长案例

——阿坝州汶川八一小学校　刘娇

师者是教育学生的先行者，本身的学识能力水平，决定了教师的思维定式和教育方法，也从中影响了学生的思维习惯和行为作风。因此教师必须得抱定终身学习的观念，加紧学习知识，学习技能，学习自己擅长的，也要学习自己所不擅长的。

她自 1999 年 7 月参加工作以来，一直坚守在阿坝州汶川县的农村薄弱学校任教，其中 1999 年至 2005 年在条件更为艰苦的村小教学点工作 6 年。

在参加"国培计划"培训之前，她是汶川县的一名小学数学骨干教师，在学校引领数学组的老师开展教研活动，最开始还觉得自己游刃有余，随着活动的持续与深入渐渐面临着越来越多的挑战，自己的理论水平不足以支撑教学实践，教研活动的开展不够深入，话题性不强，课堂教学的研究方向不准确，教学设计不能为学生的终身发展服务……之前的教学设计，只关心对知识的设计，而忽略了数学思想和数学活动经验的关注，只会照搬教材的设计过程，不会设计符合学生发展的教案，只会注重课堂活动，淡化了情感和能力的培养。她常常觉得自己的专业发展遇到了瓶颈期。

就在此时，"国培计划"犹如甘露来得那样及时，聆听智者的教诲，参与伙伴们的探究，让她学到了不少教学理论方面的知识和教学经验，认识了不少良师益友，给她今后的教育做坚强的后盾，让她在教育的路上满怀信心，笑对未来！

【参训收获感悟】

"国培计划"培训内容丰富，形式多样，有县内外教育专家的专题讲座，全县名教师的教学展示，有学员围绕专题进行的互动讨论，更有专家指导、评课、讨论。通过国培，收获颇丰、感想颇深、眼界开阔了、思考问题能站在更高的境界。心中的困惑、教学中的疑难、成功的经验都是他们热心交流的话题。这是一个畅所欲言、平等交流的地方，使她对教育与新课程又有了一个新的认识，不断完善自己，取长补短，通过培训让她在理论水平以及实践能力上有了质的飞跃。

通过"国培计划"学习，她感到自己身上的压力变大了，要想不被淘汰出局，要想最终成为一名合格的骨干教师，就要更努力地提高自身的业务素质、理论水平、教育科研能力、课堂教学能力等。她觉得要学的东西还很多，不能因为自己"新"而原谅教育教学上的不足，因为对学生来说小学教育也只有一次。而这就需要她付出更多的时间和精力，努力学习各种教育理论，并勇于到课堂上去实践，及时对自己的教育教学进行反思、调控，她相信通过自己的不断努力会有所收获，有所感悟。

她认识到作为教者应该高屋建瓴，整体把握所教课程的体系，知道整个学科的内容，掌握每个学段的知识分布和应该达到的目标要求，理解每册教材的编排体系和意图，每单元章节的知识点，更应理解每个学段的内容对下一学段学习要提供怎样的基础，培养怎样的思维习惯和学习方法。而教学应以学习者为中心，让学生从学会到会学。要关注学生的学习过程和可持续发展的能力，给学生动脑的机会、思考的时间，即现在专家提出的教育是慢的艺术。教师在教学设计时应该用心研究学生特点、需要和思维方式，以最能调动学生参与的方式去进行课堂教学。

她一直在思考什么样的课才是一节优秀的数学课。个人的思考总觉得不成熟和难以操作，培训中多位老师的精彩课堂实录让她醍醐灌顶，给她留下了深刻的印象，真正看到了素质教育的课堂。她想，在今后的教学中，一定会让学生把自己的创造力展现在数学课上，让其在知识的海洋里自由翱翔。

她觉得作为教师还应该加强学习，真正做到温故而知新，即保持自己原有的知识高度，不能成为人们所说的小学教师只有小学水平，而把以前学过、现在不用的知识全部忘光。要通过各种途径真正了解当前的教育理念和动态，如国家的教育导向、新课标的修改意图等，做一个既不忘本又能站在时代前沿的人。

"国培计划"的学习扎实而有效，专家及名师的讲座为她的教育科学理论注入了源头活水，给她带来了心智的启迪、情感的熏陶和精神的享受，让她饱享高规格的"文化大餐"，感受着新思潮、新理念的激荡。鲜活的案例、丰富的知识内涵及精湛的理论阐述，给了她强烈的感染和理论引领，每一天都能感受到思想火花的冲击；她分享收获的喜悦，接受了思想上的洗礼，受益匪浅。国培就像一朵盛开的奇葩，宛若傲雪红梅，分外娇艳，为他们搭建了一个交流学习的平台，能和更多的同行交流，探讨疑惑。在一次次的感悟中，颇感自己的责任重大、知识贫乏。

【训后实践提高】

通过国培，她提高了认识，理清了思路，找到了自身的不足之处以及与一名优秀教师的差距所在。她以此为起点，让"差距"成为自身发展的原动力，不断梳理与反思自我，促使自己不断成长。通过努力她逐渐成长起来，先后被评为全国优秀教师、四川省优秀教师、四川省第一批中小学省级名师工作室成员、阿坝州骨干教师、县优秀教师、县先进教育工作者、县首批名师工作室领衔人、阿坝州教学名师、县学科带头人、骨干教师等；还被聘为国培教师网络研修项目的指导专家、四川省中小学教师资格考试面试考官、阿坝师范学院"小学数学课程教学"兼任教师、师范生"教学能力"竞赛专业评委；她执教课例曾获省、州、县优质课评比一、二等奖；撰写的15篇教学论文在全国、省、州、县评比中获一、二等奖，并在刊物发表。

她不断学习先进的教学理论，更新教学理念，研磨教学方法，注重将教学理念转化为教学行为。先后总结出了"乡村小学数学生活化的培养策略""小学数学课堂活动有效性的实施方法""如何切实提高学生数学探究学习的实效性的方法""小学数学课堂提问有效性的方法"，形成了她扎实而独特的教学风格。她到全州各县及本县各学校先后执教观摩课20余节，做专题讲座十余场；多次承担"送教下乡"国培及省培项目的主持工作；先后两次参加四川省的科学和数学赛课活动及教师技能大赛，分别获得一、二等奖；积极参与省级课题《学校少先队感恩教育的实践与探索》《基于核心素养下小学数学思维拓展训练策略的研究》，主研州级课题《基于核心素养下农村小学生思维能力培养的实践探索》《小学数学课堂活动有效性的实践研究》《乡村小学数学生活化》等。其科研成果获得省、州一等奖。她执教班级的数学成绩历年来均保持全县第一，为中学输送了一批又一批品学兼优的学生。

她还充分发挥自己作为名师工作室领衔人和学科带头人的引领作用，带领老师们扎实开展课堂教学改革，认真做好教师培训工作。与数学老师们一起开展教学研究，磨课、上课、研究课题，指导青年教师执教多节评优课、研讨课、示范课。先后指导10余名教师参加课堂教学、教学设计等比赛，均获省、州、县一、二等奖。培养王琴、王宗飞两位教师成长为州骨干教师、县学科带头人、骨干教师，所领衔的工作坊成员5人均被评为阿坝州骨干教师，学校数学教研组被评为"县优秀教研组"。

"国培计划"的学习虽已结束，但学习永无止境，教学之路漫漫其修远，作为一名一线教师，她将决心以这次学习为新的起点，全身心地投入教育教学事业中去，为做一名优秀的基层教师而不断求索前行。

案例2：

"国培"引领我成长

——阿坝州汶川县中国中铁映秀幼儿园　马晓玲

马晓玲，女，汉族，生于1978年10月，本科学历，学前教育专业，高级教师，现任汶川县中国中铁映秀幼儿园副园长。2015年，她有幸参加了"国培计划（2015）"幼儿教师国培项目教师培训团队置换脱产研修。在两年的周期性培训中，聆听了多位专家的讲座，通过专家的引领，提高了认识，进一步理清了思路，学到了新的幼儿教育理念；影子跟岗、返岗实践中更让她领悟到教师应与时俱进，要不断在学习中反思，反思中实践，将新鲜的血液融入新的教学中，才能让自己不断成长。

返岗实践中，在汶川县教师进修校教师的指导下运用培训所获，马晓玲老师拟订了国培计划（2015）学前教育"送教下乡"培训项目计划并参与培训组织。培训中，看着参培教师从不愿参与交流到主动分享的变化，她明白了"当一个人朝着一个方向不断前行，只能一个人走得快，当一群人向前走，那么在这条路上就会形成五彩斑斓的世界"这句话的深刻含义。在这种思想的鞭策下，先后6次采用现场诊断、实践操作、示范讲解等形式带领参培教师探索"科学优化一日生活环节""如何提高幼儿园集教活动的有效性""探索区域活动的创设与组织"等方面的内容，让自己起到示范引领的作用。

返岗实践中，她的分享交流不仅让全县幼儿教师对《指南》有了更深的认识，懂得在《指南》背景下科学、有效地组织与实施幼儿园一日生活各环节。也锤炼了马晓玲老师，让她逐渐成为汶川县幼儿教育方面的本土专家，同时也被选进四川省专家信息库。2017年7月被西华师范大学应聘为"阿坝州 2017 年行动计划乡村幼儿教师职业道德与专业发展培训项目西华师范大学培训班"的学员，做"民族地区幼儿学习方式与特点"的授课专家。授课中，她将自己的教学领悟和方法分享给参培教师，引导他们将"本土特色"融入幼儿园一日生活中的策略，得到学员的一致好评。

为了能更好地发挥示范引领作用，马晓玲老师 2017 年申报成立了"汶川县学前教育马晓玲教师工作坊"。3 年时间里，以工作坊为平台，采用线上、线下研修和自主研修相结合的形式，定期组织全县幼儿教师开展研课、磨课、教学研讨活动共计 26 余次，带领工作坊成员编撰了 2 本研修成果——《汶川幼教之春》和《废旧材料制作益智区玩教具与使用案例》，并在全县幼儿教师中进行交流分享，帮助大家因地制宜地解决在教育教学中的困惑，让工作坊起到一坊带动一方的作用。2018 年她率领工作坊团队成员，利用"国培计划（2015）"培训模式，继续实施"省培计划"2018 年深度贫困县（汶川）——幼儿教师素质能力提升培训项目，承担并圆满完成"送教下乡"集中培训活动的任务。

马晓玲老师积极开展教育研究，撰写的《加强园本教研，推进幼儿教师的专业发展》《幼儿园早操音乐的选择艺术》《如何开展幼儿园美术教育活动》等多篇论文分别在《新课程》《家校育人周刊》、四川省乐山师范学院《基础教育论坛》《素质教育》等省级刊物发表。2018 年撰写的论文《浅谈幼儿园益智区材料的投放》在中国教育研究会主办的学前教育论文评比活动中荣获二等奖，并在《素质教育》上发表；主研的教育科研课题《绘本阅读中提高幼儿观察力的方法研究》获得阿坝州科研课题二等奖，并于 2019 年 5 月代表阿坝州参加了四川省西南片区优秀教育科研交流活动并做了成果汇报。

一路走来，回头瞻望，国培塑造了一个全新的幼教人——马晓玲老师，她在阿坝州汶川幼教这片蓝天下茁壮成长！2019 年 3 月，马晓玲被遴选为四川省李佳名园长工作室阿坝州青年骨干教师；2019 年 12 月被遴选为阿坝州第一届学前教育学科带头人；2019 年 7 月荣获汶川县教育系统优秀共产党员荣誉称号；2019 年 9 月被汶川县人民政府，汶川县教育局授予"汶川县师德标兵"荣誉称号。

成绩属于过去，未来马晓玲老师将继续把所学的先进理念、知识运用到教育教学中，加强学习，与时俱进，进一步提升自己的专业核心素养，为提高全县幼儿教师的专业素养，提高本民族地区幼儿园保教质量做出贡献。

案例 3：

牵手"国培"助力成长

——乐山市金口河区教师进修学校小学语文教研员　吴晓梅

学而不思则罔，思而不学则殆。2019 年，金口河区的"小语人"再次牵手"国培"，砥砺前行。一群志同道合的"小语人"，仰望小语星空，探索教学之路，立足生本教育，推动课堂改革，助力师生成长。我们从瓦山脚下、大渡河畔扬帆起航！

一、科学整合，减负增效

我们将线上工作坊网络学习与线下送教集中研修深度融合，减少了工学矛盾，起到了减负增效的效果。每次的送教下乡都采取区内外教师多课型教学示范和专家讲座、说课评课议课、交流互动、实战演练等形式开展，不仅将工作坊与送教下乡有机融合，更是让参培教师真正学有所得、学有所获。真正做到了工作"充电"两不误，素质提升展新篇。

二、总结启动，聚力前行

2019 年 9 月 12 日，"国培计划（2018）"——四川省深度贫困县金口河区中小学教师研修项目培训第一年总结暨第二年启动会在区教育局隆重举行。尊重赢得尊重，真诚赢得支持。本项目在西华师范大学、中国教师研修网、金口河区教育局统筹规划和领导下、区教师进修学校及中国教师研修网的精心设计与组织下，自 2018 年 10 月 19 日举行启动仪式，通过各阶段的远程学习、问题反馈、专家答疑、分学科分轮次地送教培训。到 2019 年 1 月 10 日，在各级管理员和学科坊主恪尽职守、精心指导下，参训学员攻坚克难、努力学习，完成各项既定任务，达到了预期的培训效果，取得了显著的成绩；全体学员积极参训，认真研修，共同分享资源，为本次培训积累了大量的生成性资源。6天工作坊、12天送教下乡都采取县内外教师同课异构和专家讲座、说课评课议课、交流互动的形式开展，不仅将工作坊与送教下乡有机融合，更是让参培教师真正学有所得、学有所获。2019年，我们且行且思、凝心聚力、奋力前行。

三、网络研修，提升素养

老师们非常珍惜这次难得的学习机会，克服工学矛盾，静心学习、勤于实践、用心感悟。认真观看视频，积极参与线上研讨，及时发帖、跟帖、回帖；主动进行线下实践、团队磨课；送教下乡示范课展示、点评、交流；同课异构教学设计与展示等。我们以群体带动个体，以集中拉动分散，既利用了整体优势，又充分发挥个人特长，相互研讨借鉴、相互取长补短、相互支持鼓励，按时保质保量完成了研修任务，提升了教师素养。小语工作坊的坊员100%的参培率、100%的合格率。50位坊员以校为单位将研修活动中的学、思、得、悟、做汇编成《研修成果集》。《研修成果集》图文结合、内容丰富、各具特色，我们从中选出3份优秀的《研修成果集》出书，供大家学习借鉴。

四、亲历示范，言传身教

学科教研员亲自为学员上示范课、做专题讲座。教研员由"幕后"走到"台上"、由"指手画脚"到"动手动脚"。率先示范，言传身教，精彩的课堂教学和生动有趣的专题讲座赢得了西华师大、中国教师研修网专家的好评和学员老师的赞许。

五、多元课型，梯度呈现

我们聚焦阅读教学，进行了单篇阅读教学—群文阅读教学—整本书阅读教学。首次尝试整本书阅读导读课—赏读课—议读课的教学，多形式、有梯度地呈现（普通教师的真实课—培训学员的提升课—名师的引领课），所有的示范课各美其美，美美与共。在阅读教学改革的道路上，我们又向前迈进了一大步！

六、专家引领，互动交流

西华师范大学韦油亮副教授、中国教师研修网总编辑陈昌发、浙江浦江特级教师祝响响、成都名师施丹等深入浅出地剖析课例、解读文本、反思教学，并与学员老师们进行互动交流。变"一言堂"为"大家谈"，变"要我说"为"我要说"，有效促进了学员老师的深入思考和个性表达，让其真正动起来了，学员老师不再是研修活动的"旁观者"，而是研修活动的"主角"。

七、评价反馈，创新形式

活动前，学科教研员精心设计《金口河"国培"（2019年）第＿次线下、第＿次送教活动反馈表》，要求老师们听课时，先对每节课进行"2+2"评价，完成对每节课的自我认知，找到学习、借鉴的地方和需要规避的问题。在听了他人议课和专家点评后，修正自我认知，全方位、逐环节剖析每一节课，进一步寻找亮点、误点，再进行"2+2"评价，让学员们将每个教学场景上升到理论，站在理论的高度来剖析教学现象，以此提高学员老师的教学评价能力。

八、种子培训，深耕内涵

10月底，秋风瑟瑟，9名小学语文教师再次奔赴南充，开启了"国培计划"（2018）四川省深度贫困县小学语文素质能力提升第二轮培训的征程。在目标任务的驱使下，我们跟随培训的风帆一同起航。观摩名师课堂，聆听专家讲座，我们知道了只有让"课堂教学，思维策略可视化；把握教材，思想认识体系化；教师成长，教科培一体化；全科起步，跨界整合项目化"，才能适应时代发展、教改需求。在分组的第一年送教经验分享与第二年送教方案展示活动中，我们成功的做法、丰富的成果得到了老师们的好评。中段阅读课、低段写话课共同备课，微型课题研究方案设计等，我们小组同其他学习小组共同挑灯夜战。培训进入尾声，成果展评相继亮相。我们的低段《猫和老鼠》写话课共同备课及教学展评荣获一等奖，中段《盘古开天地》阅读课共同备课及教学展评荣获二等奖。再次牵手国培，我们在教育教学路上满怀憧憬，步伐更坚定。

九、云端教研，共享资源

为使学员老师正确认识课内外阅读的重要性，了解整本书阅读导读课的教学流程、教学目标的制定、教学重难点的确定、学生的学习情况分析等，我们以《安徒生童话》为例，采用"互联网＋教育"的"云教研"形式开展了"共读童书 同课异构"实战演练活动。金口河区的学员老师和浦江县龙峰国际学校的语文老师通过自主设计、集体备课、返岗试教、头脑风暴、修改完善等环节的实践演练，进一步了解了整本书导读的教学流程，厘清了整本书阅读教学的知识点。能准确把握其教学目标、教学重难点，提出了可操作的教学方法及策略，形成了一份份较为完善的《安徒生童话》导读课教学设计，助推了我区整本书阅读教学的进程。

"互联网＋教育"的"云教研"创新了我区的教研方式，为我们搭建了一个更广阔的教育平台。互联网架起了与两千公里以外浦江的同步教研，让"浦金"两地师生手拉手、心连心，师生共享优质的教育资源。就如响响老师在主持时说："今天，我们借助这条'小鱼'，满载着'浦金'两地教育情谊的纸船一定可以驶出大渡河，满载着'浦金'两地教育希望的风筝也一定可以飞过大瓦山。"

十、研修致远，追梦同行

影子跟岗培训是"国培计划"脱产置换项目中一个非常重要的环节，4天的影子跟岗培训是对南充集中培训成果的应用与升华。期间，各位学员遵守各项规章制度，积极参与各项培训活动：观摩他们的学校，对其先进的办学理念有了进一步了解；聆听他们的教研、培训活动，感受了他们浓厚的教研、培训氛围；观看他们的宣传视频，做了大量的学习和借鉴；和他们进行面对面交流，解决了不少教育教学、教师培训的热点、难点问题。

教师素质能力提升是提高教育教学质量的关键，教师培训是实现教师素质能力提升的重要路径，我们一致认为：终身学习是每一个老师都绕不开的成长路径。教师教育研修之漫漫长路，有起点，无终点，让我们朝着新起点，踏上新征程，迈开坚实的步伐，继续砥砺前行。

十一、整理提炼，固化成果

每次活动结束后，学科教研员都要及时收集整理活动资料：活动通知、简报，上课教师教案、说课稿、课件，专家讲稿、点评资料，小组研讨记录、教学设计，学员活动反馈表、心得体会等。从中提炼形成了内容丰富、形式多样的"国培"研修成果集：《相约云端教研 共享快乐读书》《学以致用

国培助力　知行合一教育并进》《"国培"路上放飞梦想》《聊聊国培》《静待花开》等。

十二、回顾反思，深度促进

在"国培"实施过程中，学员老师被动参训多，主动学习少，应在调动教师参训积极性上下功夫。在培训中不少学员老师的问题意识不强，对问题分析不透、思考不深入，解决问题创新性不突出。要想使学员老师将每日上课不至于变成单调乏味的义务，唯有引导学员老师走上研究教学这条幸福的道路。

千淘万漉虽辛苦，吹尽黄沙始到金。"国培"虽止，探索不断。金口河区的"小语人"将凝心聚力、携手前行，实践不止，思考无限，成就"拨云见日"般的内化生长！

案例4：

"一学二观三议四磨"校本学习新模式

——凉山州盐源县卫城镇小学　罗心泉

卫城镇小学由旧时的柏香书院发展而来，是一所古朴中彰显独特气息的百年古校。近年来，在州、县各级领导的关怀下，校本研修工作有声有色，在全县小学校中起到了一定的模范带头作用。自2019年启动深度贫困县中小学教师素质能力提升培训（纳入国培计划）以来，更是积极探索实践培训重心下移、阵地迁移的路径，积极对接盐源县教育局、教师进修学校的培训工作安排，以培训基地学校打造建设为平台深度参与项目实施各环节，逐步形成"一学二观三议四磨校本学习新模式"。

【一学】指语、数学科12个教研组各自组织好教师，从网络共同学习微课的理论知识最少3次，并做好笔记。

【二观】首先由教师自主选取一节微课自行观看，然后教研组长选课全组共同观看。全校共观看微课20多节，做听课记录。

【三议】学科教研组教师议课堂设计、重难点；同学段教师议学生学情；语、数学科及校本管理员同议录制技巧。

【四磨】高、低段各推选一名青年教师仿课例同上一堂课，全体学科教师听课评议而改进，此为一磨；同学段教师听课交流并改为二磨；同年级教师听后研讨再改是三磨；中心小学与各村小全体教师听后又改则为四磨。最后，此课再作为优秀课例录制并存入资源库中以供分享。

在整个培训活动中给我印象最深的是在语文教研组选取《部首查字法》来学课、做课的情景：当语文组40多位教师观课评议后，不少老师感叹："网络真是个好东西，国培正如及时雨。"有了网络学习让老师们明白了只有用现代化的武器指导教学实践，才能避免自己的教育教学在低水平上徘徊。老教师徐远平道："网络微课讲解清楚，但有些简单，不知道多数学生学后是不是仍会感到有些茫然。"罗家村小学青年教师徐鸿琳觉得如果是他们班学生，应该把重点放在"查字的步骤"这一环节；而中心小学邓艳老师又认为"查找页码方法"是班级学生的弱点；大堰沟小学的陈明凤老师则发现录制时PPT视觉效果不如她意……

在教研组激烈地讨论后，同感网络微课相当优秀，可老师只能根据自己的学生来设计课堂；而每一堂优秀的课除解读教材外，还要从学情来确定每节课的重难点。学生不同，角度不同，教师语言不同，教学风格不同，课堂教学效果也会不同。而后这三位教师设计了自己的《部首查字法》微课并上课，经过老师们的观课、议课、磨课后，徐鸿琳和邓艳老师的微课都进入了州级比赛。后来在研修学习中，近20位老师的微课也参加了各级微课大赛。

同时在教研组的规划、监督实施下，罗家村小学语文组、大堰沟小学数学组等5个组被评为优秀教研组。谢婷、邓艳、孙娅玲、陈明凤、杨英等10多位青年教师也在校本与国培这一沃土中脱颖而出。

从参与"微课"校本学习新模式活动的100多名教师中，看着贺桂红、周光现等30多位青年教师一个个拨打有关微课咨询电话的场景，望着他们一张张看微课、一遍遍录微课新奇而激动的面庞，我突然感受"累并幸福着"原来就是他们最真实的写照！

孔子曰："学而不思则罔，思而不学则殆。"国培的理念不能只停留在认识层面，更重要的价值是在于给人精神和气质的熏陶！所以，我们要求50名学员参训率达到100%，参与活动率90%以上，并严格按照学校校本制度给学员评分，定级要求他们认真完成各项作业，让每位学员都能学而有用。

在国培中，学校的这种研修新模式融同课异构思路于一体，发于网络学习，经一学二观三议四磨后，教师们掌握了微课知识及录制技巧，设计制作出了个性化的微课堂。这小小的微课在全县小学起到的引领作用不正是在"网中以学促思"得来的吗？

在此，我们感谢国培，感谢如微课一样的网络学习，给我们学校的课堂带来的大变化。既学之则要用之，我相信在校本研修这条路上我们的辛酸、迷惘、喜悦……都会在不断地学习中有效整合，让大家用真诚的心激荡起一次次教学的涟漪吧！

案例5：

激活内驱、以我之成长成就学生之发展

——喜德县光明镇中心小学校语文教师 罗旭

我是2018年深度贫困县中小学教师素质能力提升培训的一名送教学员，因参加培训团队研修的种子教师名额有限，同时也因为当时自己年轻，教育教学能力尚待提高，很遗憾没有成为种子教师。在参加两年的送教下乡活动中，"六同"课堂模式的送教对我影响深远，两年的培训使我收获满满。2020年6月，西华师范大学精准帮扶喜德县光明片区学校，我校是重点帮扶小学，我以在送教过程中的成长和反思，积极主动参与各项帮扶活动。以下是我学以致用，备战展示教学观摩课的心路历程。

【初识帮扶】

2020年7月3日，西华师范大学专家诊断评估团队到学校开展了"一对一"精准帮扶诊断评估工作。诊断评估团队的专家对我校的教育现状进行实地考

察、工作访谈，旨在找到指导帮扶我校未来发展规划的有效方法，精心研制"一对一"帮扶培训方案，助力教师专业发展和学校质量提升。并于 2020 年 9 月 19—20 日，实施"小学全科教师素养养成与能力提升"培训，喜德县光明片区 6 所小学 167 名教师全部参训。

作为喜德县光明镇中心小学校的一名教师，我很荣幸参与了诊断和培训活动，但感觉帮扶依然遥远。

【走进帮扶】

四川省教育厅组织召开"四川省凉山州未摘帽县片区学校'一对一'精准帮扶提升工程推进会"，学校选派我做青年教师代表赴昭觉县，于 10 月 13 日上午上一堂分组现场观摩课。

2020 年 9 月 25 日，我接到任务后选择了《蝴蝶的家》这篇课文。这是提问策略单元的最后一篇课文，它要在前面 3 篇课文的提问能力训练基础上进行教学，是有一定难度的。但既然已经选择了，就立即着手去做准备。我先把整个单元的课文、课前导读、旁注、课后练习题、语文园地通读了一遍。可以看出，教材对提问要求是由易到难、由浅入深、递进式安排的。《蝴蝶的家》这篇课文，不断提出问题并进行思索，正好和这个单元的语文要素相吻合。基于这样的文本解读，我确定了教学目标、重难点：提问、分类、筛选、尝试解答。

我参考了学校使用的优教资源，看了一些名师视频，用一天的时间完成教学设计，一天的时间做了教学课件。在做教学课件时，为了做一张有声效的幻灯片，费了九牛二虎之力，但最终的定稿没有用这张幻灯片。

走进帮扶，才恍然原来需要奉献和付出。

【深入帮扶】

9 月 29 日，第一次磨课。

我的教学环节一是"故事导入"，讲了一个有关"学问"的小故事。故事很有意义，和本单元、本课的教学目标也很契合——"学""问"不可分割，要会学会问，才能成为真正有学问的人；环节二是"找读问句"，课文中的问句分为三类：疑问句、反问句、设问句，我在课件上用表格将它们分类，让学生品读三种问句的不同表达效果；环节三是"复习旧知、提出问题、梳理解答"，学生复习前3课学到的提问方法，自己提出问题，小组讨论、筛选问题。这个环节，我在后面的修改中保留了下来，并做了改进；环节四是"拓展延伸"，通过互联网查询了蝴蝶在下雨时躲在哪里？蝴蝶会被雨淋湿翅膀吗？几种动物的家是怎样的？后面的修改中，这个环节全部砍掉了。

我们学校的教研团队，包括李庆惠校长、从西华师大到我校挂职的副校长冯世强参加了我的磨课，提出了很多很好的意见，让我做了调整、改进。

放国庆假回来。10月9日，晚上9：00，接到了西华师大培训中心韦主任的电话，说帮我联系了南充市五星小学的赵欢老师，让我多咨询赵老师。我马上把教学设计和课件从微信上发给了赵老师，赵老师看后马上打电话给我，说感觉教学环节有点凌乱、问题太大、指向性不明。导入的"讲故事"，用在已经学了3课提问方法之后的这篇课文前面不太合适。我一听，心里就慌了，如果要换课，也来不及了，时间太紧了。赵老师说让我再思考一下，第二天再磨一次课，把课堂实录发给她，看了再说。我又开始修改教案、修改课件。但固有的模式已经成型，变动太大，怕乱了阵脚，就只把导入修改了一下。

10月10日，第二次磨课。

中午，把视频发给了赵老师，文件太大，传送和下载都花了很多时间。赵老师在百忙之中抽出时间看了我第二次磨课实录，重新帮我设计了教学板块，还提出了很多中肯的意见和建议。赵老师把这些发给我的时候已经是快晚上12点了。我看到信息是在10月11日早上，由于我一整天都有课，11日晚上，我才根据赵老师发给我的资料，把教学设计动了个"大手术"。我采纳了赵老师的版块一、版块五，保留了自己的两个教学环节：自己提问、小组讨论。我认为还是有必要让学生进行合作交流和探究，虽然这在课堂上的生成不好把控。

当我把教案、课件修改好之后，已经是12日深夜的12：30了。不过，我感觉思路的确清晰了很多！特别是不去把问句分类，而是去品味不断追问的表达效果，由此引导学生体会作者的着急，从写法上指导学生思考、提问。

这样设计，更体现了教学生"学会提问"这个教学目标，真正做到了用教材教会学生如何去提问。这比分类朗读真的要好太多！

10月12日，我联系了昭觉县四开中心小学黄老师，让她把"复习题单"和"预习题单"发给了学生，布置学生复习和预习。

10月13日上午9：30，在推进会活动地点昭觉县四开片区中心校，我上了一堂分组现场观摩课/《蝴蝶的家》。除了专家、领导、昭觉县四开片区所辖学校教师现场参加外，其余未摘帽县片区学校教师扫描二维码在线观看同步直播。

广西南宁师范大学教师教育学院王文蓉副院长对七堂观摩课进行了点评指导。王院长在点评中3次提到《蝴蝶的家》这堂课，说在课堂中注重了对学生学习方法的指导、教学设计中考虑了时间因素，学生把提出的问题粘贴在黑板上分类的表格里，既节约了让孩子们一个一个汇报问题的时间，又让问题一目了然。不足之处是对教学目标达成情况的检测反馈做得不够等。

深入帮扶，才豁然开悟业精于勤荒于嬉。

【感恩帮扶】

在"凉山州未摘帽县'一对一'精准帮扶提升工程"中，我收获颇丰，成长很多。深深体会，老师的一步一步发展是成就学生一次一次成长的最好阶梯，也是老师成为学生生命成长引领人的必经阵痛。感恩西华师范大学在"一对一"精准帮扶中对我校的学校规划、课程教学、内部管理、教师培训等方面的鼎力帮扶！

【继续帮扶】

基于我在观摩课备战展示中比较出色的表现，尤其是在精准帮扶专项活动中对学校小学语文教研组的管理、教研活动开展，对学科组勤勤恳恳的努力与付出，得到了县教育体育与科学技术局的肯定。2021年春季开学，调任喜德县欣欣小学分管教学副校长。我将继续坚守情怀，不忘初心，努力巩固精准帮扶、脱贫攻坚胜利成果，并不遗余力让其和乡村教育振兴无缝对接，为喜德县教育高质量发展继续奋斗。

第二节　"一村一幼"辅导员成长感悟

"一村一幼"计划是四川创新实施的重大教育扶贫工程，是民族地区少年儿童学习国家通用语言、化解基础教育阶段教学语言障碍、培养良好行为习惯的奠基工程。"一村一幼"计划的实施，从源头上打破了"贫困积累循环效应"，从根本上阻断民族地区贫困代际传递。

在这项重大工程中，有这样一群人，他们在自己的工作岗位上挥洒热血和青春，为民族地区幼儿教育贡献着自己的力量。今天，他们用朴实的文字，讲述着自己的故事与成长感悟：因角色转变而无法适应，茫然不知所措，对自己从事幼儿教育信心开始动摇，却因一句"老师你好漂亮"坚守下来的俄么措；因生在大山，没读过幼儿园，在之后学习中屡遇困难，立志投身家乡幼教事业，想成为孩子们心中的"灯"的阿生伍加；放弃前沿城市丰厚收入，投身家乡幼教事业的阿一阿果；差点放弃，却因孩子们吃饭无筷子、穿湿棉袄上学而不忍离去的姚巧；因幼时受到老师帮助，从自卑阴影中走出来，从教后决心用爱走进幼儿心灵的胡洪霞……

从这些朴实的文字和平凡的故事里，我们能够感受到一种坚守、一种奋进、一种成长、一种幸福、一种满足……简单的话语，平凡的事迹，却折射出了他们人性的光辉。

成长 1：韩靓·有志者事竟成

2019 年 8 月 20 日，我们来到郫都区西华大学参加了"一村一幼"辅导员能力提升培训。在这期间，进行了普通话的能力训练，包括声调、音变、作品朗读、说话训练等。还学习了幼儿园游戏、手工、区角以及简笔画等能力训练课程。其中，我想着重谈一下关于普通话训练的心得体会。

首先，我认识到自己在偏远地区接受教育，启蒙老师发音部位不准确和发音方法有所欠缺，使得我的普通话发音存在很大问题。当考上"一村一幼"教师的时候，我意识到了提高自身普通话水平的重要性。因此我加强学习，参加了普通话的强化班，纠正了许多不准确的发音，取得了一定的进步。

参加"一村一幼"辅导员能力提升培训之后，我学习了声母和韵母的发音部位和发音方法，并在科学理论的指导下进行发音训练，同时普通话水平有了质的提高。在课堂上，指导老师会耐心地教读，还会抽学员单独朗读，对于朗读中出现较大问题的学员，课下会单独开展个别指导，有针对性地帮助问题学员。对于朗读中出现问题较小的学员，老师则会课上给予指导。指导老师的责任感和耐心让我学有所获。为了进一步巩固课堂学习成果，我还会自己找时间练习普通话，有意识地注意自己的发音部位，同时也会听新闻，模仿主持人的发音。此外，我们学员之间课下还会用普通话进行交流，并指出彼此出现的问题。"三人行，必有我师焉"，在他们的帮助下，我大致掌握了课堂学习内容。经过自己的努力以及相互间的取长补短，我克服了存在的发音问题，比如，声调错误等。

我深知，学习普通话并不是一件很简单的事情，但有志者事竟成，在接下来的时间里，我会每天抽出一定的时间来专门学习普通话，同时虚心向老师学习，向他们请教发音原理。学好声母和韵母的发音部位和发音方法，对于较难发的音我会反复练习，直到能够准确发出为止。此外，我会借助字典整理方言和普通话词汇对照表，随时识记普通话读音，纠正自己不规范的发音。最后，我会向普通话好的同学学习，寓学习于娱乐之中，在语言环境中提高普通话水平。

路漫漫其修远兮，吾将上下而求索。我相信在不断地努力之下，我的普通话水平以及各个方面能力都会有所提高，我定努力做好人类灵魂的工程师工作。

成长2：俄么措——坚守幼教

我在教学岗位上已有 20 个春秋，算是一位老教师，但在幼儿教育岗位上

7年，是一位新手，7年前由于家庭的需要，转到幼儿岗位上。

最初，我以为幼儿园教师就是带孩子玩玩，很轻松很自在，可真正转岗后发现并不像自己想象的那么简单，感觉自己因转岗而走上了下坡路，思想上转不过弯来，觉得从小学"滑"到幼儿园是走下坡路，面子上过不去。我原来是小学骨干教师，而现在的身份变成了50多个孩子的"妈妈""阿姨"或者是"看孩子的保姆"。不仅如此，还体验到一种教师角色权威感的丧失。在小学，老师是老师，学生是学生，老师的威信很高；而在幼儿园，老师是朋友、是父母、是长辈，你要有耐心。小班幼儿入园哭闹，你要去哄；小朋友哭着找妈妈，你就要变成妈妈；幼儿吐了、尿了，你就是保姆，必须帮他清理干净；不吃饭你得喂，不睡觉你也得哄。出现了角色焦虑和不平衡心态，小学转岗到幼儿园，不仅是工作环境的重大改变，也是教师角色意识的一次洗礼，一度让我茫然不知所措，面临着巨大的挑战。工作压力大，在小学，教师只需到时间去上课，课余的时间则可自由支配，如批改作业、进行教研等，有一种自我掌控感。而幼儿园实行的是包班制与坐班制，幼儿教师必须从早到晚与幼儿待在一起，甚至忙得没时间喝水、没时间上厕所，这让我觉得万分疲惫，一方面身体上失去了自由，一方面精神上高度紧张。其次感觉能力上欠缺，如果小学教师的教育教学能力是"专能"的话，那么，幼儿园教师所要具备的则是"全能"，十八般武艺样样都要精通，要具备弹、唱、画、舞的基本功，对幼儿园环境布置、材料投放、区域创设、家长工作等，也要耗费精力。每当要放弃的时候，他们天真、灿烂的笑容使我感到安慰，早上小朋友入园时偷偷塞给我一块饼干给我吃；累了在板凳上小憩一会儿时，一双双小手给我捶起了背；中午午睡坐在小朋友床边时，一双小手一直抱着我的手；晨检活动小朋友们一直喊着老师追我呀；穿上一件新衣服他们会说"老师你好漂亮哦"；下午放学家长来晚接时要我抱抱；周末在马路边距离很远大喊着"老师好"……和孩子们朝夕相处的每一个日子无不感动着我，我觉得幼儿教育的幸福就是累并快乐着。慢慢地，我学会了把所有的眼泪和烦恼藏于身后，坚持用一颗爱心、细心、责任心对待我的孩子们。有一年大班班上来了一位特殊的男孩，有自闭症。他不会说话，反应缓慢，不守纪律。其他小朋友上课，他在厕所玩水，有时不知什么时候溜走了，害得我到处找。我也和家长沟通能不能转到特殊学校，但家长没有经济能力。我开始翻阅相关自闭症的书籍，慢慢亲近他，经常把他叫到自己身边，陪他一起游戏，语速放慢多和他交流。渐渐地孩子和我亲近了，经常拉着我的手，给我指指这儿指指那儿，别的小朋友不听话他还会打小报告，早上还会模糊地说："老师好！"他的家长也很感激我对孩子的不放弃，给予孩子的关爱。终于我得到了家长们的认可和喜爱，当听到家长们一声声"谢谢您，俄老师，您辛苦啦"的话语时，我眼眶湿润了，因为付出终于得到了回报，坚守终于得到了肯定。每天与孩子们朝夕相处的日子，就是我们共同成长的日子。我用汗水和爱心浇灌着孩子们稚嫩幼小的心灵，孩子们也用他们的天真、坦率和真诚感染着我，激励着我，促使着我一直奋斗在幼儿教育的行业中。一直以孩子为伴，以孩子为友，我为我选择了这份在充满欢乐与温暖的乐园播撒爱的职业而骄傲、自豪。

由于是转岗教师，针对自己专业能力的不足，我深入认真学习《幼儿园教育指导纲要》及相关理论知识，转变教育理念，积极主动向经验丰富的教师学习，也积极参加上级安排的转岗培训。经过7年的实践、积累、学习，现在我能胜任幼儿教育岗位，也对幼教事业充满信心。

说实话，在我从事教育工作这些年，这段幼教生涯特别有意义、充实、精彩，虽然其中的辛酸无以言表，但看到孩子们灿烂的笑容，听到孩子们甜甜地叫着老师，我所有的一切烦恼烟消云散了。开始懂得如何做好幼教工作，走好我的幼教生涯。我坚信给孩子一缕阳光，孩子们会回报我一个太阳。在以后的幼教生涯中，无论遭遇到什么困难，我都会坚强，都会努力，争取给我的幼教生涯添光彩！

成长3：姚巧——再累也要坚持，再苦亦不放弃

2016年，因家人原因把我从成都叫回家乡，成了"一村一幼"这个最基层的教育者。家人总说，一个女孩子不能一直在外面飘着，稳定才是最重要的。于是基层教育工作一待就已经是3年多了……期间有很多次因为工资低、车费贵、条件差想要放弃，可是看见那些孩子，一次次忍住坚持了下来。

　　刚开始我满怀着刚从学校毕业的激情，迎来了我的第一个工作岗位——"一村一幼"辅导员。可是我被现实打击得一败涂地。上岗第一天，家长带小朋友走进学校，看着孩子们黝黑的脸、脏兮兮的手，才意识到不是我想的那么美好。这里面的孩子因为离乡镇很远，家庭条件不好，都没有上过幼儿园，五六岁了还待在家里，大多数孩子也听不懂汉话，更别说普通话了。因为孩子们太脏了，所以我们两位老师开学第一天干的第一件事，是给孩子们烧热水洗手洗脸。虽然是9月，可水是从山上接下来的，冷得刺骨。简单了解了班上孩子的基本情况后，午饭时间到了。学校没有能力提供午饭，孩子从书包里面拿出来的全是塑料袋装着的冷饭——米饭或是冷了的土豆，当然也没有勺子。看到这个情况，我们两个老师都惊呆了。学校里面有当地教育局提供的烤箱，可是没有碗没有筷子，我们也无从下手，只能看着孩子们吃，但是他们脸上没有因家庭条件差而流露出一丝自卑的神情，因为都一样。

　　在接下来的生活中，我们两位老师因为路远来回折腾麻烦，住到了学校里，严格把关孩子们的卫生情况和基本常规。在我们的努力下，孩子们有了很大的转变。我们向中心校反映，给孩子们要饭盒，要生活用品、学习用品。但是中心校经费有限，也记不得要了多少次才批下来。我们幼儿园附近驻扎着一支部队。一天，解放军叔叔给孩子们送来了许多书包。抓住这次解放军叔叔来看孩子们的机会，我又和他们商量，能不能赞助一些衣服，哪怕是穿过的也可以。因为冬天要来了，孩子们衣服少，不够换。这里的天气多变，初春花都开了，可是过几天能下大雪。即使是夏天，早上起来大多是大雾天气，衣服常常晒不干，更别说冬天了，爸爸妈妈都要干农活，没时间给他们洗衣服，并且家里面大多都没有洗衣机，只有哥哥姐姐周末回家才有时间给他们洗衣服，就算洗了，遇到天气不好时几天都晒不干。在一次迎接省教育厅检查的过程中，发生了一件我现在还记忆犹新的事情。检查前一天接到通知，领导们第二天11点到，我就让孩子们明天换干净衣服来幼儿园上课。第二天一切正常地进行着，快10点时，我发现平常一个非常活跃的小女孩儿有点异常，一直死气沉沉呆坐着不动，我把她叫到跟前，才发现她在发抖，嘴巴已经有点紫了。我摸着她的肩膀问她是不是有点冷，才发现她的衣服全是湿的，摸到衣服时我的心和她的衣服一样冷。我问她为什么穿湿的衣服来？她说老师说了要穿干净的衣服来上课，她的衣服都脏了，爸爸昨天才洗的还没有干。我说没有衣服可以不用来幼儿园啊，她回答我她想来上课，那一瞬间，我的眼泪止不住流了下来。另一个老师听到立马拿出自己的衣服给她换上，我拉着她去了我们寝室的烤火炉旁边。我不知道她是如何扛过的，我和另一个老师心里难受得无法用语言表达。我不禁有些自责，我的一句话，给孩子们带来如此大的困扰。下午放学，我又和所有孩子说了一遍，以后没有干净的衣服穿，来幼儿园就穿最不脏的那件。不久，赞助的衣服到了，我悬着的心也落下来了，同时我也被调到了另一个幼教点。

这是我这3年来待过最困难的一个点，但也是最有感情的一个幼教点。孩子们放在大门口的花，山上采的小竹笋，停电时孩子们拿来的柴火，揣在书包里的热洋芋，还有家长送的洋芋白菜，不会说汉话的老阿玛努力地和你说路上小心，送孩子回家的路，孩子调皮捣蛋的情景，就像放电影一样一幕幕在脑海浮现。舍不得，放不下，我还要很多事情没有做完，可还是要走......

都说老师是太阳底下最光辉的职业，但其实我们遇见这些孩子是最大的幸福。我们一同成长，经历了许多我来之前没有遇到过的事，也是这些孩子让我坚持下来，同样在"一村一幼"这个大家庭中还有很多老师和我一样因为爱孩子而留下来的。我们领着每个月不到2000的工资，除了车费，日常开支已经剩得不多了，更别说还有一些老师是有家庭的，需要养家糊口。欣慰的是我们的坚持换来了国家政策的扶持，对"一村一幼"的重视，"学前学普"行动的推广，组织老师多次进行专业培训，今年暑假我还参加了西华师范大学的南充培训之旅。反之如果这个项目有一天没有了，老师都坚持不下去了，这些孩子该怎么办啊！所以我希望"一村一幼"越来越好，让幼儿园的设备设施更加齐全，老师们的素质和能力也不断提高，让孩子们学到更多的知识，当然，我也会坚守下来，为山村孩子的未来增添一笔色彩。

成长4：舒艳梅——严格要求，收获满满

我从事"一村一幼"工作已经快两年了，在这段时间里，一点一滴坚持

不懈地学习，使我成长了许多。今年有幸参加"一村一幼"辅导员能力提升培训活动，更是让我收获满满。

我之所以选择做一名教师，是因为我从小就立志要做一名老师，这是我的职业信仰。在我的心里，教师这个职业是神圣而伟大的，老师是世界上知识最渊博的人，是知识的源泉，也是教你领悟生命真谛的引路人，所以我想做一名老师。

感谢党和国家的优惠政策以及对偏远山区教育的重视，使我有机会从事"一村一幼"教师工作，这份工作不仅解决了我的后顾之忧，同时也能不断地提升我的能力。从事"一村一幼"工作期间，我一直严格要求自己，以更好的状态从事这份伟大而神圣的职业，努力做出好的成绩，为家乡教育事业的发展贡献一己之力。虽然我工作的地方条件比较艰苦，但是在领导的关心和孩子们的支持下，我每一天都过得特别充实而有意义，这让我拥有一种"斯是陋室，惟吾德馨"的满足感。在从事这份职业后，我通过努力也取得了一些成绩，每学期都被评为优秀教师。人们都说"教师是人类灵魂的工程师"，不管是现在还是未来，我都不会后悔选择教师这份职业，我会一直为家乡的教育事业献出绵薄之力。

我很荣幸参加"一村一幼"辅导员能力提升培训班的学习，为期一个月的培训，我感受到前所未有的满足感和获得感。学校不仅给我们安排了舒适的住宿和丰盛的饭菜，还给我们精心准备了一场又一场的文化盛宴，让我们不断地汲取精神食粮。普通话训练课上，老师耐心地给我们讲解发音原理，用科学的理论指导我们进行普通话练习，对于普通话水平较差的学员，还会课下单独辅导。在儿童文学作品朗读课上，老师给我们讲了连读、停顿、语气、语调等朗读要领，以便我们能够对幼儿进行朗读指导。在教育活动设计与指导系列课程中，我们学习了如何高效地组织课堂活动，明白了课堂活动不仅要具有知识性，还要兼顾趣味性，寓教于乐，提高学生的学习积极性。通过学习，我提升了自身的专业素养和知识水平，提高了教育活动设计能力和课堂组织能力。

此次培训时间虽然不长，但这足以在我的职业生涯中画上浓墨重彩的一笔。不积跬步，无以至千里；不积小流，无以成江海。我知道，要成为一个好老师，还需要一点一滴坚持不懈地学习，跟上时代前进的步伐、加快知识更新的速度。吾生也有涯，而知也无涯，我会坚定终身学习的理念。相信在不久的将来，我会成为一名优秀、合格的好老师，我也相信，家乡的教育事业会在我们共同的努力下越办越好。

成长5：阿生伍加——渴望的爱

幼儿，我的牵挂！你们的现在是我的过去，我的现在不会再是你们的未来！好熟悉的环境，好熟悉的山坡，好熟悉的山路，好熟悉的足迹，好熟悉的声音："妈妈，听说城里有电灯，电灯长什么样呀？"我出生在大山里，小时候对大人口中的所有新东西都很好奇，每次都想象着大人口中的每一个新名词，心里渴望着与这些新事物相遇。小时候，我家所坐落的村里还没通电，天黑了靠烧柴或点煤油灯照明。那时候，充满了对灯的渴望。也很幸运，开明的父母让我从小就读书，我也靠着自己的努力，终于来到那个小小的县城读初中，看见了灯火通明的城市，即使那时候县城的路还没有路灯，但家家户户的窗户透出来的光，对我来说，已经是大都市的灯火通明，繁华灿烂。初中的我们，交流着每个人的成长经历，我发现我的成长历程与县城里的小孩不同，城里的小孩读过一种我从没读过的学校，那个学校叫幼儿园。听着朋友们讲他们口中的幼儿园，我只能保持沉默。后来，我更懂得，幼儿园给他们的童年增加了无数乐趣，也为后来的学习奠定了良好的基础，特别是汉语言的能力，山里的孩子落后太多了。那时候，我偷偷地想，也许村里有个幼儿园，自己的汉语言能力就不会那么差，学习成绩应该会更好。但我已成长，错过了那段时光，能做的只有想象。我渴望我的童年能有关于幼儿园老师与同学的印迹，渴望自己也能像同学一样会说一口流利的普通话，更渴望我的成绩能赶上他们，可惜，基础太差了……

2017年9月，我有幸成为一名幼儿教师，虽然我的童年缺少了幼儿园的印迹，但如今，我可以成为其他幼儿记忆里的老师，我深知幼儿老师的责任就是保教，先保护后教育，幼儿组织器官还没有发育成熟，神经系统的机能处在不断发展和完善之中，免疫功能较差，他们缺乏自我保护和独立生活的能力。因此，幼儿教师首先担负着料理和保护幼儿健康成长的责任，其次才是教育。教师要保护幼儿健康，根据幼儿身体发展的特点，照顾幼儿的日常生活，保护幼儿身体不受损伤，为幼儿创造最佳的生活条件，保证幼儿健康成长。幼儿教师不仅要照顾幼儿身体健康，还要疏导其心理健康。保证幼儿的身心健康对幼儿后继发展有重大意义，特别是偏远山区的幼儿老师，因为其环境特殊，肩负的责任更重，这点在近几年的培训和幼儿教育实践中，我有了更深的体会。

农村地区由于其特殊的环境，一方面父母对幼儿的安全健康成长意识弱；另一方面幼儿所面临的环境也恶劣，从小就要学会自己独立上学。我所在的幼教班中，一个小男孩不小心用刀将大拇指划伤，我一边给他做清理伤口止血工作，一边给其父母打电话告知其孩子受伤了。可我发现，农村的父母不像城里孩子的父母，男孩的父母得知孩子无生命危险便不管了。我只好仅用培训所学的知识及幼教点所配的临时医药品做了伤口处理工作，幸运的是，男孩的伤口并没受感染，后期恢复良好。经历这个事情后，我意识到要加强幼儿的安全意识教育，于是，我在平时的幼儿教育中，融合了更多关于安全的主题，教会孩子如何识别危险。经过一段时间的教育，我发现幼儿的安全意识提高了很多。比如，孩子们之前会互相提醒危险的存在，有孩子在玩粗木棒的时候，其他孩子会提醒他不要玩，会伤到自己或者其他小朋友，有些小朋友也学会了如何向老师报告危险的存在。每次看到小朋友的成长，我都感到很满足，我感觉自己在从事着一份很伟大的工作。有时候想想，自己可以影响这么多小朋友的健康成长，也有那么一些骄傲，更加坚定了从事幼儿教育的决心。

凉山农村地区的幼儿家庭环境比城里复杂。近几年的幼儿教育工作中，我接触到了各种家庭环境里成长的孩子。有些孩子的父母由于生存问题，不得不背井离乡，去远方打工，把孩子留在爷爷奶奶身边；有些孩子的父母离婚了，从小就缺少了完整家庭的温暖；有些孩子从小就遭遇父亲或者母亲的离异，缺少了父母的爱……很多孩子，感受着家庭的不幸，只是他们还小，无法表达这些缺失对他们造成的影响。曾经遇到一个很可爱的小女孩，刚开始来的时候，每天都是一把眼泪一把鼻涕地走路来到幼教点。我猜小女孩可能内心充满了对未知的幼儿园的恐惧。后来的几天里，我特别留意这个小女孩，每天都给她讲不同的故事，跟她做好朋友并鼓励她跟我一起参与到其他小伙伴的活动中。经过一段时间，小姑娘每天都开开心心地来学校，每次都特别有礼貌地说老师好，她的家长还反馈小女孩在家里自编自唱念老师的好。我听到这样反馈的时候，内心充满了感激，感激小女孩用最美妙的声音赞美我的付出，感激家长对我工作的认可。特别是不经意听到有些家长对我的赞美时，就觉得我是一盏有用的明灯，牺牲自己，照亮别人，无私奉献！有时候也感激自己，无论在幼儿工作中遇到什么困难，从没想过退缩，一直鼓励自己，付出总会有回报，孩子们灿烂的笑脸就是对我最大的回报。看着小朋友们心理健康地成长，我更加认可了自己的幼儿教育工作，也给我继续努力狠狠地加了"油"。

曾经，我渴望城市里的灯火通明，现在，我有幸成为孩子们心中的"灯"。未来，无论在幼儿教育中遇到怎样的困难，我相信，我都可以当好孩子们成长中的这盏灯。我希望这盏灯，一方面可以照亮孩子们前进的道路，让他们少跌倒，即使跌倒了，也学会坚强地站起来；另一方面，照亮孩子们的心理世界，让他们不再害怕黑夜，心里总有一盏灯，照亮他们的内心，并伴他们一路成长。无论当前的幼儿教育工作多么难，幼儿，将成为我一生的牵挂。

成长 6：蒋垚丹——做海绵一样的人

我是来自小金县城关第二小学附属幼儿园的蒋垚丹。很荣幸我能有机会参加 2019 年深度贫困县"一村一幼"辅导员能力提升培训。

重回校园，是一种全新的生活和体验，和以往每天周而复始的烦琐工作相比，突然有一种异样的感觉，每天紧张而又有回报的学习生活，让我潜心研修。短短 15 天，我好像从里到外受到了一次洗礼，是心灵的震撼和理念的转变。通过听讲座，参加交流，试讲等不同幼儿园形式的学习，我初步掌握了儿童学习与发展的规律，强化了自身发展意识，我感觉自己要学的东西实在是太多了，十几天里我就像一块干燥的海绵拼命地吸收着知识的养分。

初来川北幼专，心里真的没有太多的期待，总觉得这只是一次普通的培训。但经过了15天的上课、讲课以及实训，我不仅感受到川北幼专的领导和各位老师带给我们的热情和帮助，学校的各种设施设备还让我在幼儿园教育、幼儿园办学理念等方面都有了更好更深的认识。无论从住宿、伙食方面还是课程安排设计方面，川北幼专的领导及老师都为我们考虑了很多，给我们提供了一个很好的学习环境和能力提升的大平台。同时也让我们明白了自己在"村幼"辅导员这个岗位上应有的态度。

此次小金县参训人员都是来自不同学校的老师，有的是非专业教师，有的是幼儿专业教师，还有的是教育类非幼儿专业教师，所以在教育教学等方面大家都存在着差异。我是一名教育类非幼儿专业教师，在我的教育理念里，作为教师无论在教学哪一个领域或者阶段应该都是相同的体验，都以教书育人为本，但当我来到川北幼专培训了十几天之后，我很快否决了以前固有的理念。在川北幼专老师们理论知识与实践经验相结合的教学模式下，我深深感到了我们的责任，我们是孩子人生旅途的启蒙人。我们教育中的一点一滴将直接影响一个孩子的未来，只有不断反思，努力审视自己的教育行为，更新教育观念，确立新的目标，规划新的发展，才能使每一个孩子的潜能得到充分展示。培训使我重新认识了幼儿，并为我的转岗工作打下了坚实的基础。传统的教育观，把幼儿当作一个接纳知识的"容器"，一个被动的接受者。但此次使我知道了，幼儿不仅是一个学习者，更是一个有能力的思考者、思想者。他们有自己分析事物的逻辑，有独特的解决问题的能力，更有我们无可比拟的大胆的想象力和创造力！重新认识幼儿：从一个"容器"到有能力的学习者，有能力的思考者，在这一过程中我获得了更多更好的教育灵感和教育智慧。在幼儿教学活动中，我们应该以幼儿为主体，以游戏的方式开展活动，为此后我的转岗工作带来了很大影响。

在这十几天的培训中，我收获最大，印象最深刻的是普通话培训。来自阿坝州的我们很少有机会讲普通话，加上地方方言较重，普通话对我们来说是个大难题。但经过川北幼专普通话老师们的专业指导和纠正，初试之后开展培训班，一对一帮扶，再加上学员自己起早贪黑地努力，我们在普通话这块儿取得了很大的进步。不禁自己感到欣慰，同时也为我们各县的"推普"工作带来了积极影响。川北幼专的老师们还为了丰富我们的业余生活，培养爱好，为我们提供了很多活动平台，比如，诗歌朗诵比赛、文艺汇演，每周的简报编辑，都是对我们能力的锻炼和提升。

总的来说，我非常感谢领导给我这次学习机会，让我们不断地充实自己，给自己增加能量，不仅提升了自身修养，还学到了很多理论知识。我想在今后的工作中，我们定不辜负领导的期望，把所学知识用到实际教学中，为乡村幼儿园贡献自己的力量。

成长 7：胡洪霞——我在"一村一幼"的经历

对教师这个行业本身就有一种特殊的情感，这源于我幼时的老师对我的影响。我来自农村，到城里读书，特别自卑也特别内向，从来不敢在班里发言，这种情况一直持续到我小学毕业。直到上了初中，老师总是鼓励着每个学生，给予我们展示的机会，老师对我的鼓励让我敢于站在同学面前去展示我自己，找回了自信。所以，我特别感谢我的老师，也认识到老师的重要性，一个好的老师，可以给学生改变命运的力量。其次，我很喜欢孩子，我喜欢孩子的天真无邪，喜欢孩子的活泼灵动。跟孩子在一起仿佛又回到那个无忧的童年，看着孩子纯真的笑容，自己也会特别开心，和孩子在一起很快乐，这也就是为什么我选择一村一幼辅导员这个职业。

幼儿园工作与在学校学习的知识是有一定出入的，理论基础很重要，但是刚开始工作时，需要更多的是你的工作经验、沟通的能力，团队的配合，还有幼师所需的各方面技能，诸如美术、手工、语言、唱歌、弹琴，这些是幼师必须具备的基本技能，很多幼师工作时非常难上手就是因为自身的技能不够硬。

幼儿园的日常工作是琐碎和平凡的，同时情况又是复杂多变的，有时孩子的行为不正确，有时孩子的生活又需要教师特殊的照顾，在这样艰巨的工作下，许多教师不免会出现烦躁情绪，而这种情绪会传递给敏感的孩子，使他们感到焦虑不安。所以教师应该对幼儿教育工作的特点有一个正确的认识，有充分的准备，坚定信念，保持执着的责任心。在日常生活中，幼儿是自己的孩子，要用一颗爱心走进孩子的心灵。例如，在孩子生病的时候或者不开心想妈妈的时候，要呵护他，宠爱他。小朋友在家什么事情都是被包办的，如吃饭、穿衣服都不能自理，所以到幼儿园一下子要他们学会是很难的，但是一味地帮孩子做又让他们养成了依赖的心理，使孩子失去了锻炼的机会。例如，一天早上起床后，我班的程程小朋友，我帮他穿好衣服后，就告诉他自己试着穿鞋。开始他努力在穿，过了一会儿十分焦虑地拿着两只鞋跑到我面前，示意我帮忙，于是我帮他穿了一只鞋，并要求他细看我怎样穿，留下另一只让他自己穿，在非常努力的学习下，他终于穿上了另一只鞋，当时他非常高兴，因为这是他第一次自己穿上鞋。这样经过多次尝试，现在程程终于学会了穿鞋。从不会自己吃饭穿衣到能够帮老师做力所能及的事情，从不爱说话到能够自信地交谈，这些都是孩子带给我的礼物，是对一个老师最大的肯定，也是我最大的收获。

孩子的心都是美好的，我深刻体会到了这一点。记得我们班新学期来了个小男孩，由于特别内向怕生不敢和班里其他孩子交谈。对于这个孩子，我总是耐心地和他交谈，用他感兴趣的话题吸引，消除他对我的陌生感，并且鼓励他能够多多和其他孩子一起玩耍，这样爱的教育渐渐让他融入我们的班集体中。有次，早上他一来到幼儿园看到我就哭了，我问他，你为什么哭？他说，他在家做了一朵小花，想要拿来送给老师，路上掉了，于是他很难过地哭了起来。听到他这么说我特别感动，深深地感到这份工作对我来说是值得的。

每个孩子都像一张白纸，需要在这张白纸上增添色彩，我愿意做一支笔，为他们描绘出七彩的童年。

成长 8：阿一阿果——怀揣感恩之心，情系家乡幼教

美姑县柳洪乡尔且村，是我美丽的家乡。多少次梦回故里，看一看巍峨挺拔的高山，摸一摸郁郁葱葱的树木，听一听潺潺的流水声，倾听孩子们的

嬉戏打闹声，喝一口家乡的山泉水，尝一尝妈妈做的美味佳肴。

2016年，我放弃了珠海待遇丰厚的幼师工作，回到了怀念已久的家乡。尽管这里山峰陡峭交通不便，尽管这里物资匮乏收入不高，尽管这里条件艰苦一无所有，但家乡培养教育了我，我要将我的青春和未来奉献给她。

我是个幸运儿，知识改变了我的命运，改变了我的生活。从大凉山走出去后，我才发现，任何事物也改变不了我热爱家乡的这颗心。我为自己能够重回大凉山，成为一名幼教辅导员而兴奋，我要将所学知识传递下去，让更多的孩子们走出大凉山，看看外面精彩的世界。

经过深思熟虑，我决定报考本乡本村的"一村一幼"辅导员，经过严格的考试，我顺利地成了这里的"孩子头儿"。从此，尔且村拥有了第一所幼儿园，我是村里第一名幼儿老师。

来到这里，我发现幼教点的环境比我想象的还要艰苦。三十几个孩子，年龄参差不齐，不会说普通话，没有可供使用的教材和教具，而且孩子们养成了说脏话、不讲卫生等坏习惯。

首先，我从教育孩子们讲卫生和懂礼貌入手。每天要求孩子们洗脸、洗手、刷牙，每周洗一次澡，见到老师、同学和客人都要问好，不说粗话和脏话，爱惜书本和书包等。通过点点滴滴的渗透，孩子们的学习生活习惯慢慢地发生着变化，我为他们的每一个小小的进步点赞。

其次，重点任务是教会孩子们说普通话。只说彝语，交流的空间非常有限。必须让孩子们学会普通话走出大山，我心里暗暗下了决心。新语言的接受和学习是非常困难的。幼儿时期虽然是语言学习的最佳时期，但是面对没有任何教材和教具，没有相应的语言环境等，教学工作可谓困难重重。我只能凭借以前学过的知识，到网上查找相关的学习资料，写教案，做笔记，制教具，教后写心得，改方法，以便让孩子们更好更快地接受普通话的学习。

最初孩子们就是不肯张嘴说，怕说错，我一遍遍耐心地教，特意夸张地做口型，孩子们慢慢接受了，大胆张开了嘴，音调真是千差万别。虽然艰苦，但我们都没有放弃，孩子们一遍遍地跟着我说，我不厌其烦地一遍遍纠正，当孩子们第一次能够用标准的普通话说出"老师好"的时候，我激动得热泪盈眶，与他们紧紧地拥抱在一起。我为他们能够战胜自我而骄傲，我为自己的不懈努力教会孩子们普通话而欣喜。现在的孩子们不再讨厌普通话了，他们都主动和我用简单的普通话进行交流。

记得9月的一天，太阳马上落山了，我的一个学生沙马晓伊，远远地看见我迎面走在小路上，兴奋地跑过来，对我说："果果老师，早上好！"一起同行的朋友取笑道："你怎么教的，天都黑了，还说早上好？"我也高兴地说"早上好"，并与他亲切地拥抱在一起。沙马晓伊虽然用错了时间，我却开心地笑了，因为他终于不再需要我一遍一遍地鼓励，可以自己主动大胆地开口说普通话了。

在学前阶段就学会普通话，不仅能带给孩子们一个很好的语言基础，更能带给孩子们一条平坦的求学之路。一年前，5岁的甲拉石作还听不懂汉语，见到陌生人就躲在大人身后，在村里的幼教点就读后，今年上小学一年级的她，不仅能用普通话背诵儿歌，还主动与人打招呼，由原来的内向腼腆变得开朗大方。看到她的变化，她的妹妹甲拉阿里和更多的孩子也来到我们的幼教点学习。

教学过程中，我告诉他们要学会感恩，爱祖国，爱家乡，爱父母，爱学习，爱生活。每一次进城，我把自己节省下来的生活费，无偿为孩子们购买铅笔、卷笔刀、橡皮和小红花等学习用品，只希望能够带给他们一份惊喜，让他们有一个更好的学习环境。在我的心中，只有一个愿望，就是让他们的学习生活变得更加丰富多彩，让他们拥有一个健康快乐的童年，带着美好的憧憬和向往，走出大凉山，走向世界。

看着孩子们每天的成长和变化，我真的很开心。短短的3年里，见证了孩子们从不擦鼻涕、听不懂普通话，到养成良好的卫生习惯、学会说礼貌用语、能用普通话进行简单交流的蜕变，成就感和幸福感一直荡漾在心底。回想起曾经的自己，9岁上小学，到三、四年级才能听懂一些简单的普通话，后来费尽九牛二虎之力学说普通话的经历，期间的辛酸苦辣无人知晓。不能再等了，我要竭尽全力改变尔且的历史，我要成为尔且第一位教普通话的幼教老师，带领大山深处的孩子们，学好用好普通话，向光明的未来出发。

现在孩子们养成了良好的习惯，能用流利的普通话进行交流，脸上洋溢着充满自信的笑容。每当孩子们能够完全掌握我所教的知识，大胆在别人面前展示，他们的每一个举动总能吸引我的视线。看到孩子们一张张可爱的笑脸，脑海里经常浮现出一幅幅3年来我们共同拼搏和奋斗的画面，一起做游戏，一起参加运动会，一起庆祝生日，一起学习和成长……我的心情久久不能平静，永远忘不了孩子们带给我的快乐和喜悦。

我们的幼教点在不断地发展壮大，现在有两位辅导员了，我们相互配合，积极参加各种形式的学习和培训，共同研究讨论幼教方法，不断总结经验，不仅更新了相关知识，而且树立了全新的教育理念，各项幼教工作也开展得非常顺利，得到了上级领导和家长的好评。我们对幼教工作的未来充满了信心，干劲十足，精神风貌焕然一新。虽然前方的道路困难重重，但我们毫不动摇，将学前推普坚持下去，让尔且村的幼教事业更上一层楼。

3年的时光匆匆流逝，我深刻地认识到幼教工作，不仅是陪伴孩子写字、认字、画画、跳舞、唱儿歌，不仅是与孩子们一起学习和运动，还是辅导孩子们一起掌握新知识、培养好习惯的漫长过程，更是与孩子们共同成长的欢乐时光，因为我们肩负着带领他们奔向美好未来的历史使命和责任。

我将全身心倾注于我所热爱的幼儿教育事业，倾注于家乡孩子们的学习，把我所学的知识和感恩之心传递下去，带领孩子们走出大山，奔向美好的未来！

成长9：泽郎斯满——愿做童心世界的守护者

我是马尔康市第三小学学前教育中心的幼儿教师，5年前，带着创造一个激情生活的梦想，带着对教育事业的无限热爱之情，带着想成为一名理想幼儿教师的豪情，我踏入了马尔康市第三小学学前教育中心，从此与幼教事业结下了不解之缘。行走在童心的世界，也见证了我园发展的历程。

选择幼教，以退为进开新篇

5年前，我是一名中学语文教师，又是班主任，刚送走一批毕业生。当我以一个优秀中学教师的身份跨入幼儿园时，曾一度令朋友、亲人替我感到惋惜，而我始终坚定自己的信念，这一切缘于我对幼教事业的热爱，缘于在新形式，新时代下，老百姓对优质学前教育工作的渴望，缘于我市领导人对幼教事业同样充满激情的发展规划，缘于"马三小人"兢兢业业的一种创业感动。

直面挫折，不忘初心正心态

但当我踏上工作岗位的第一天，孩子们用昏天黑地的哭闹声，欢迎了我这位新老师，当时我急得不知所措，感觉从未有过的无助，也完全颠覆了我的想象。后来的日子，孩子带给我的是无休止的哭闹和告状，磕磕碰碰都要老师亲力亲为。碰到个别不配合的家长还会轻视地说："你们不就是一个'高级保姆'吗？有什么了不起的啊？"有时我真的很寒心。但日复一日，年复一年，我渐渐成熟，更深刻地体会到一名好幼儿老师的真正含义。

从头做起，勤练技能求成长

身为幼儿教师，我在求得个体生存的同时，也在承担着教书育人的责任，更从中获得真切的幸福，我无时无刻不在享受着和孩子们共同生活的乐趣，无时无刻不在享受着幼儿教育的幸福。我爱我平凡的幼教工作！我工作着，我幸福着！也许有人会说："幼儿教师就像一个小保姆，日常工作又烦琐又劳累，有什么幸福可言？！"还有人看不起幼儿教师，认为幼儿教师不需要什么技能，甚至有这样的论调："教不了中学的教小学，教不了小学的去教幼儿园。"事实上一名真正合格的幼儿教师，他所具备的技能必须是全方位的，除了教师基本功之外，还要有音乐、美术、体育、舞蹈等多方面的才能。为此，我投入很多时间和精力，上网查资料、看视频、练技能，减少自己在幼儿教育所需知识、技能方面的盲点和缺陷，提升着自己的多方面素养，努力成为一名优秀的幼儿教师，并在此过程中体验幸福。

学用结合，与时俱进谋发展

我深深感到：要想成为一名优秀的幼儿教师，只凭一些简单的技能技巧是远远不够的，要跟上教育改革的步伐，就要不断提高自身的各项基本功水平，适应形势发展对幼儿园教师的要求。在教育教学活动方面，我认真学习新教学幼教指南，以新思路、新方法来指导工作，认真备课，扎扎实实地打好基础，积累了丰富的教育经验，精心设计每一节教育活动，力求使教学方法做到新颖，恰到好处地激发挖掘幼儿的思维潜力。让幼儿在轻松愉快的氛围中积极主动去思考、去探索、去创新，从而掌握多方面的知识与技能。

因材施教，创造机会助转化

在日常教育教学中，我十分重视幼儿的随机教育，利用课间谈话、户外郊游等日常活动向幼儿进行爱护环境，节约用水，不浪费粮食，热爱大自然，爱护花草树木的教育与引导。同时对顽皮好动的孩子进行耐心的教育，尽量不使一个小朋友掉队。我班的卓玛小朋友是班上出了名的捣蛋大王，小朋友们都怕他，每当他做错了事，我从不当面指责批评他，总是单独地跟他谈话，可光说没多大效果，后来就抓住他爱动脑筋的"闪光点"，让他在课堂上、集体中常常露几手，当他表现突出的时候还当众表扬他。渐渐地，他有了明显改变，学会关心别人、帮助别人了。小朋友们都喜欢跟他做朋友了。

准确定位，狠抓习惯促养成

幼儿阶段是孩子们养成良好行为习惯的关键期。帮助孩子们矫正不良习惯、养成良好习惯是幼儿教育的一大任务。我一直深信，习惯确定性格，性格决定品格。为此，我把养成教育作为育幼、护幼、爱幼的根本点。在学习上，我狠抓孩子们养成保持正确写字姿势的习惯、养成大声诵读的习惯、养成课前准备的习惯、养成先举手后回答的习惯、养成别人说话时不打岔的习惯、养成和同桌交流的习惯等；在生活上，我努力让孩子们养成饭前便后洗手的习惯、养成不挑食不偏食的习惯，养成"自己能做的事自己做"的习惯，纠正爱吃零食的坏毛病，还让学生学会分享、学会谦让、学会包容。我时刻提醒自己，不增加课业负担，不强调考试分数，避免幼儿教育小学化，还孩子们一个绚丽多彩的、天真烂漫的、充满生命活力的幼年生活。

家园共育，真诚合作得信任

在搞好教育教学工作的同时，我还协助园内其他工作人员，密切配合做好保教结合工作，认真完成班级各项教育教学与卫生保健工作，针对所发现的问题，认真研讨制定合理有效的教育措施。积极地参加幼儿园组织的各项活动，认真完成领导交给的各项任务，精心为幼儿排练运动会项目和文艺节目，策划幼儿园组织的"六一"、元旦亲子、联欢会和家长开放日等活动。为了进一步做好家园共育教育工作，我认真填写家园联系手册，积极与家长沟通，使家长更进一步了解到早期教育的重要性与幼儿园教育的特殊性，提高了家长的素质，得到了家长的一致好评。用家长的话说就是"孩子交给泽老师，我们放心"！

海纳百川，守得云开见月明

做蜡烛，就燃烧出通红的火焰，做江河就容纳百川，做雄鹰就翱翔蓝天！今后，我将继续发扬成绩，克服不足，时时刻刻铭记着自己的神圣使命，更脚踏实地地立足于幼教岗位，用始终如一的热情实践着人生的诺言——把爱奉献给孩子们！

一位哲学人说过一番耐人寻味的话：天空收容每一片云彩，不论其美丑，故天空广阔无比；高山收容每一块岩石，不论其大小，故高山雄伟壮观；大海收容每一朵浪花，不论其清浊，故大海浩瀚无比。孩子就是孩子，面对孩子的失误、缺点，我选择了平静与理智，我和孩子们共同营造了成长的温馨家园。

第三节 "一对一"精准帮扶提升工程中青年骨干教师成长故事

"一对一"精准帮扶项目磨课心得——越西县

《盘古开天地》磨课心得

越西县普雄民族小学 吉克日西

我们常说"课堂教学是一门遗憾的艺术"，而科学、有效的磨课、课后的反思改进可以帮助我们减少遗憾。思之则活，思活则深，思深则透，思透则新，思新则进。反思这一个月的磨课，总结每堂课教学的得失与成败，对整个教学过程进行回顾、分析和审视，才能形成自我反思的意识和自我监控的能力，才能不断丰富自我素养，提升自我发展能力，逐步完善教学艺术。

这次磨课活动参与面广，人人都参与备课、上课、评课、议课、再上课的过程，对我的专业成长有很大的帮助，是一次自我提升的机遇。在这次活动中，我深入备课、深度反思、深刻总结。听课教师直言不讳、畅所欲言，我虚心接受意见、极力改进不足，使整个教研组形成了良好的教研氛围。

我也深深地认识到集思广益的作用，知道一堂优质课不是一蹴而就的，需要多方面的打磨，而在一次次的打磨中，除了对教材的理解更加深入，也知道自己的不足，在一次次磨课中进步，一次次修改自己的教案，一次次改变自己的执教方式，一次次总结这堂课的优与缺，虽疲惫，但获益良多。

凡事需要打磨。玉不琢，不成器。人不学，不知义。有效的磨课能提高老师的教学水平，学无止境，要活到老，学到老。这次磨课活动，让我受益匪浅。今后我也将更加积极地投入磨课中去，不断地历练、完善自己，让自己做一名更合格的教师。

"一对一"精准帮扶项目磨课心得——美姑县

《分数的初步认识》教学反思

美姑县依果觉乡小学校　庄永碧

很荣幸，在凉山州"一对一"精准帮扶提升工程推进会上，我作为美姑县教师代表上了一堂观摩课。我执教的是 2013 年人教版三年级数学上册第八单元第一节《分数的初步认识》。回顾从课堂教学设计到课堂教学的过程，感受颇多，现在整理反思如下。

一、教学目标与环节的设计

《几分之一》这一部分是在学生掌握了一些整数知识基础上初步认识分数的含义，从整数到分数是数的概念的一次扩展。无论在意义上、读写方法上，分数和整数都有很大差异。学生初次学习分数会感到困难。教材提供了情境图和操作活动。课标中要求我们"在教学中，要引导学生联系自己身边具体、有趣的事物，通过观察、操作、解决问题等丰富的活动，感受数的意义，体会数用来表示和交流的作用。"同时根据"结合具体情境初步认识分数，能读写分数。学习分数各部分的名称，初步理解分数的意义"等学习要求，我为这节课设计了三个学习目标：（1）初步认识分数，理解几分之一的含义，会读和写几分之一；（2）通过操作、比较、推理、交流等活动，经历几分之一的认识过程，体验迁移和类推的方法；（3）在动手操作、观察比较中，学生勇于探索和主动学习。

为了更好实现教学目标，教学环节设置了 3 个任务闯关。任务 1：小组讨论我们是怎样得到这个月饼的二分之一？任务 2：利用教材创设的具体情境，在 4 次平均分物活动中给出分数的"符号"。任务 3：通过小组合作探究，用正方形的纸片折一折、画一画、说一说、涂一涂等活动表示出它的四分之一。

二、教学过程重点回顾

1.有趣的问题引入。为了调动孩子们的积极性，我通过小朋友们都爱看的动画片入手，课件出示熊大和熊二为了分一块年糕觉得怎么分都不公平的视频，从而引出要公平地分就必须平均分。通过月饼的分配问题引发矛盾冲突，能充分调动学生学习的积极性，提高学生的学习兴趣。当整数不能表示出结果时，就自然地引出了分数。这一学习过程自然又流畅，学生不知不觉经历了分数的产生过程，并积极地创造分数，体会了分数的优越性。

2.预设与生成的有效处理。教学中通过多种方式的学习和数学活动，希望学生初步理解了分数各部分的含义，几分之一的认识是理解其他分数的一个基础，以学生的认识为突破口，采用联系生活、多重感知的方法。最后通过学生折纸创造分数，将"数"与"形"结合起来，对于分数的概念有了更清晰的体会，学生能在动手实践活动中感悟数形结合思想。

但是在学生的实际反馈中，在引入部分中学生看了动画片后，老师提问要有针对性，以免学生误入歧途，讲出了"孔融让梨"的故事；再折一折，涂一涂环节中，有学生不知道涂哪里。因为学生一看四块儿，这个是四分之一，那一个也是四分之一。这个时候我就缺少一点在教学上的机智和应变，应该立马看出来这个问题的原因，规范自己的数学语言，向学生强调：任意一个都是四分之一，所以，涂哪一个都对！

三、教学所思所悟

通过这堂观摩课的打磨过程，我认识到了课前要充分了解上课学生的基本情况，如语言表达能力，动手操作能力等，再根据学生的情况合理设计教学过程和教学目标，做到不偏不倚、难度适中，才能让学生有学习的积极性。好的教学设计不能生搬硬套，应适当修改，符合本班学生实际情况而设计的教学才是有效的。课中提问要精准，要以学生的学习为中心，教师以引导为主，注重培养学生动手、动脑、动口等各方面的能力，因为只有从"做"来的知识，才是"真知识"。课后要及时反思，没有做到位的及时更改，遇到问题及时处理。今后，我将改善自己的不足，通过多听课、多看书、多学习提高自己的课堂效率和课堂水平。

"一对一"精准帮扶项目磨课心得——布拖县

《妈妈睡了》磨课心得

布拖县龙潭镇中心校　胡正英

9月25日，挺开心的一天！刚刚上完课就接到教务主任田老师的电话，只听田老师说："有一个交流课，问我愿不愿意参加？""当然愿意啊。"故事就这样开始了。

报送了课题后，我就开始大海捞金似的，在各种网站平台寻找优质课视频，反复观看，想借鉴视频中老师上课的宝贵经验。根据视频和自己的想法，我写好了教案，也做好了课件，每天晚上都去几个年轻同事那里讲给他们听，而且连续借了3个二年级平行班进行反复试上，觉得一课三磨三改，肯定差不多了吧，可以在专家面前好好表现一下了。10月5日，专家来了，我按照自己的准备上完了这一堂课，满心期待等着专家上示范课。不看不知道，一看吓一跳。走进教室，深深地被张速老师折服，课程进行了1小时7分56秒。全程学生都认真积极，参与踊跃，连课堂超时，学生都好像不知晓，而是全神贯注投入学习中，从未有过的课堂氛围让我动容。课后，成都的专家们结合老师的示范课和我的课堂，进行了详细指导：一是课堂常规做得不够好，自己平时也有一些课堂的小口令，但不能像张老师那样从一而终去贯彻到底；二是在课堂上没有高低起伏的语音变化，这样就带不动上课的氛围；三是自己的课堂任务太多，虽然每个知识点都有讲，但都只是蜻蜓点水，学生不能真正地接受。对于一知半解的知识应用，很快就磨光了学生兴趣。于是，成都的专家们和张老师带着我开始备课，从确定课时，编写教案，到课件制作进行详细指导。10月9日，我再一次把张老师指导的课程拿到二年级六班去上，学校教研组长请了年长的、有经验的老教师帮我听课，但是课程没能顺利地进行下去，我的教案根本带不动这个班的孩子，我开始着急，不知所措，甚至想放弃了。我更不敢给平时指导我的熊艳教授讲，可教研组长杨老师心平气和地跟我说没事的，慢慢来，我们一起坐下来，再好好地看看哪些地方需要修改调整。于是，教案进行了第三次修改。离去昭觉只有一天了，我的心里不只是焦急、烦恼，更多的是担心，担心学校给了我这么好的机会，我却给学校丢脸。连续两天晚上，我又结合试讲情况进行不断修改，一遍又一遍阅读自己的教学设计，组织自己的语言，出发前，选择了二一班再次试课，这一次，我终于顺利地上完了这一堂课。10月13日很快就到了，带着布拖县教体科局上上下下领导的鼓励，来到昭觉县四开乡中心校，见了自己的学生，还教他们玩了游戏，看得出来，我的突然出现让他们很是喜欢。在课堂上，我也能游刃有余地上课，学生的积极性很高，40分钟很快就到了，我终于完成了任务。

回顾这次磨课经历，我深有感触：在课的前面加上一个"磨"字，其中的往复和历练考量心智。其实磨课，就是磨理念、磨学法、磨学情才能赋予课堂第二次生命。教师要经营出一堂拿得出手的"好"课，其实是一个不断否定，不断完善，"众里寻她千百度"的过程，是一个反复打磨、反思，让顽石通透金属般质地的过程。非常感恩有这次刻骨铭心的磨课经历，促进了我的专业发展，提升了个人业务水平，今后我将更加积极地参加这样的活动，在活动中磨炼自己，完善自己！

"一对一"精准帮扶项目磨课心得——普格县

"几分之一"磨课心得

普格县花山乡中心小学校　韩宁

2020年10月13日，我有幸来到昭觉县，成功展示了一次汇报课。为了上好这堂课，不仅我自己付出许多，还得到了四川师范大学教授、普格县教科知局、进修校和所在学校领导、前辈的指点与帮助，数次磨课过程也历历在目，现将我磨课的心路历程汇报如下。

9月底刚刚接到这个任务的时候，我内心既兴奋又有点忐忑不安，兴奋的是这是一个锻炼自我，展示自我的好机会，不安的是这不仅代表个人还代表普格县的全体教师，代表了川师大帮扶的成果。在翻阅回顾了三年级数学的知识内容之后，经过冷静思考，我将课题定为了"几分之一"，因为这是小学中段数学教学的一个起点。随后便是精心准备教学设计，教学课件，在学校老教师帮助下还为课件结尾安插了趣味小视频。

　　磨课的过程也是一波三折。第一次磨课时，因为紧张在授课过程中问题不够简练明确，语言缺乏亲和力。在指导学生学习二分之一的时候，学生掌握并不扎实，因此在拓展提升时，"对PPT中黑板报图片用几分之一来估计"，学生有些迷茫。

　　带着对问题的思考，并在领导和同事们的指导下，修改教学设计和课件，进行第二次磨课。这一次，上课铃声响起时，我平静了许多，但因为授课语言太过平淡缺乏启发性和生动性，学生学习积极性和专注度明显不如第一个班。自己对全体学生的关注度也明显不够，缺乏与学生的互动和指导，甚至出现了指名提问学生后忽略了学生的情况……当天下午，我进行了反思总结，再次优化自己的课件和教学设计，并对授课时的语言进行了再一次组织改进。第三次磨课时的我怀着对学生的关爱，对学生的关注，积极与学生互动，尽量让所有学生参与到课堂中的一切活动中来，而不仅是一个"听众"或者"观众"。在学生活动时，走下讲台去逐个指导他们，甚至参与他们中去，把学生当成课堂的"主人"，而我只是一个引领者。在与学生交流时，把自己当成他们的朋友，尽量做到亲切温和……这一次授课下来，感受到了学生们学习的热情和积极，感觉自己成长了许多，进步了许多。

　　这就是在展示课之前的磨课经历，每一次都有很大的改变与进步，在此感谢对我提供了指导与帮助的领导、专家和同事。

"一对一"精准帮扶项目磨课心得——金阳县

《秋天的雨》磨课心得

金阳县马依足乡中心校　黄里说

　　非常感谢省教育厅和州、县的有关部门，让我有幸参加凉山州"一对一"精准帮扶提升工程推进会的展示课。这次活动让我得到了很大的锻炼，尤其是在教学目标的确定，教学文本的解读、教学环节的设计，环节之间的串联等方面有了很大变化。

在此之前我还是一个只在本校上过两三次公开课的新手老师，虽然已有3年教龄，却还没参加过这样大型的教学教研活动，除了紧张还是紧张，害怕自己上不好，害怕自己影响金阳县的教师队伍形象。但经过这次研课磨课上展示课的活动，听到了专家们客观、中肯的建议和指导，也学习到老教师们的教育教学智慧和经验，对我来说是一次可遇而不可求的锻炼和提升机会，作为青年教师的我，受益匪浅。杨国华老师是个大学教师，他不仅有高层次的教育教学理论，也有6年的小学教学经验，而黎琼老师是绵阳的特级教师，她有非常丰富的小学阶段教育教学实践基础。能得到他们二对一的指导帮助，这是难得的自我锻炼和提升机会。第一，对备课有了更深刻的认识。我的指导老师杨国华和黎琼国庆假期，两位老师和我进行了多次线上磨课，基本每天都会讨论教案设计近两小时，最后结合教材对教学设计进行修改。那时候我才明白，原来我根本没有读懂教材，对学情把握存在不足，无法精准把握教学目标。想想以前上课是读了几遍课文就照着教师参考书备课，教参怎么写就怎么抄下来去讲，现在我知道了备课时一定要结合每一单元的目标通盘考虑好本篇课要教什么；要结合学情，预设课堂中哪些知识学生懂可以不教，哪些知识学生似懂非懂，哪些知识学生不懂，老师要如何搭好支架帮助学生学习；还要明确课堂教学的具体环节有哪些，每个环节要做什么，各环节间的衔接、过渡，想好怎样才能保持课堂的流畅。第二，对教学目标有了更高的把握能力。以前处理类似课文，只知道第一课时的目标是识字书写和整体感知，第二课时是对句子段落的学习和理解，并不知道该怎样才能让学生达到课时目标的要求，简单说就是我也不知道他们到底学会了没有。现在知道了教学目标是上好一堂课的前提，是保证课堂教学质量与效益的基础，因为它是教学活动的灵魂，制约着教师的教学活动。这次磨课，杨老师和黎老师剔除了那些我教学设计里无效的、与教学目标无关的教学活动安排。原来，教学目标的科学合理设定规定了一节课的教学内容、重点难点、学习层次水平，影响着教学策略的选择以及教学的深广度，目标统摄下的教学环节是聚焦的环环相扣的，是为让学生在学习过程中充分理解和掌握。第三，对教学存在的不足有了更清楚的认知。几番试课，自我感觉教学语言缺乏启发性和艺术性。授课时过渡句略显生硬，引导学生品词析句还是不够老练，对于像"五彩缤纷""你挤我碰"等词语的挖掘不够深刻。课堂细节处理不到位。比如，对时间的把握不够精准，对学生的评价语言还要更加准确到位，偶尔还会重复学生的话。这是我以后努力的方向，相信在下一次的教学中，我一定会有所进步和突破。

那些磨课的日子，杨老师和黎老师一遍又一遍地修改我的教案设计，和我一次又一次讨论每个环节，从我能做好的每一个小细节鼓励我肯定我，让我相信有些事情只要好好努力也能做到，我以后也会这样鼓励和支持我的学生。这段经历也让我明白，原来为了一件事情努力，真的可以突破自己的极限。我愿意不断去突破我的极限，努力成长为一个可以为彝区的乡村基础教育事业贡献微薄力量的教师。

"一对一"精准帮扶项目磨课心得——昭觉县

《坐井观天》磨课心得

昭觉县四开中心小学校　杨洪珍

10月13日，四川省教育厅主办的凉山州"一对一"精准帮扶提升工程推进会在昭觉县召开，我作为昭觉县代表在四开乡中心小学校讲授了《坐井观天》一课，经过对口帮扶昭觉县四开片区的四川省教科院专家们专业耐心的磨课指导，收获颇多，受益匪浅。

一、课前设计

《坐井观天》是一则寓言故事，课文通过简短而又传神的对话，讲述了一个有趣且寓意深刻的故事。本课除了第一自然段，全部是青蛙和小鸟的对话。读好对话是本课的教学重点。根据低年级课标及学生的年龄特点，教学本课可以将朗读作为教学的主要任务和手段。通过分角色朗读、男女生读、指名读、同桌合作读等不同形式的朗读，让学生在朗读中识字、在朗读中理解、在朗读中发展思维。

二、试课

10月10日上午我在学校进行了第一次试课。从趣味导入开始，引出青蛙这个动物，接着板书课题，板书后进行"观"字的识字教学。并出示了什么是寓言，接着听视频朗读，提出问题，逐次讲解，抽学生朗读对话，课后与四川省教科院的专家一起分析，明确了既然是第二课时，学生们对课文内容已经有了初步的感知，再出示谜语导入就显得画蛇添足。在教学"观"字时，直接在板书课题时就在田字格里讲解分析其间架结构、字义更合适。得出结论：第一次磨课，重点未突出，整节课成了灌输式的教学，教师没有起到引导示范的作用。

三、磨课

10月10日下午，在四开学校阶梯教室里，教科院何立新所长、付建勇老师、李迎春老师一一点评和指导，经过再次备课，10月11日一早递交教学设计稿，仍然存在目标不明确，杂乱无章的问题。专家们带着我对教案删繁就简，重点通过指导朗读来理解、感悟。11日下午第二次借班试上课，专家们认为有了明显的改进。课后接着再磨，专家们不厌其烦地手把手指导。

四、展示

经过多次讨论、磨课和修改，终于在13日早上8点55分开始正式上课。这是从教20年来所上的规模最大的观摩课，100余人现场观摩，同时还通过网络线上直播，甚是激动和自豪！与孩子们的零距离接触，感受到对彝族学生们语文功底、思维、想象力的培养已经落实到课堂中，深切感受到因生而学，以生为本，交给学生学习的方法才能真正培养学生的语文素养。

五、课后反思

现场会上教育部和省上专家的点评指导，让我对语文教学有了更深刻的理解和感悟：一节好的语文课要基于三个特点：基于语文教材的特点、基于课标的特点、基于学生的年龄特点，让语文真正姓"语"。经过这节课，我蜕变了，成长了！在今后的教学实践中我要以生为本，把课堂交给学生，改变灌输为引导，让学生自主探究，培养和发展学生的核心素养，真正做到轻负高效。